U0572796

市场过程的含义

——论现代奥地利学派经济学的发展

[美] 伊斯雷尔·柯兹纳　著

冯兴元　景朝亮　檀学文　朱海就　译

冯兴元　朱海就　孟庆龙　校

中国社会科学出版社

图字：01-2009-7408 号

图书在版编目（CIP）数据

市场过程的含义：论现代奥地利学派经济学的发展／（美）柯兹纳著；冯兴元等译.—北京：中国社会科学出版社，2012.9（2020.12 重印）
（西方现代思想丛书）

ISBN 978-7-5161-1407-0

Ⅰ.①市…　Ⅱ.①柯…②冯…　Ⅲ.①新奥地利学派（经济学）–研究
Ⅳ.①F091.343

中国版本图书馆 CIP 数据核字（2012）第 216669 号

出 版 人	赵剑英
责任编辑	李庆红
责任校对	张慧玉
责任印制	张雪娇

出　　版	中国社会科学出版社
社　　址	北京鼓楼西大街甲 158 号
邮　　编	100720
网　　址	http://www.csspw.cn
发 行 部	010-84083685
门 市 部	010-84029450
经　　销	新华书店及其他书店

印　　刷	北京君升印刷有限公司
装　　订	廊坊市广阳区广增装订厂
版　　次	2012 年 9 月第 1 版
印　　次	2020 年 12 月第 3 次印刷

开　　本	880×1230　1/32
印　　张	9.75
插　　页	2
字　　数	258 千字
定　　价	58.00 元

凡购买中国社会科学出版社图书，如有质量问题请与本社营销中心联系调换
电话：010-84083683

《西方现代思想丛书》之一

主　　编　冯隆灏

编委会委员　(按姓氏笔划为序)

冯兴元　孟庆龙　陆玉衡

青　泯　陶季业　韩永明

译 者 的 话

《市场过程的含义》(*The Meaning of Market Process*) 一书，出自奥地利学派经济学家伊斯雷尔·柯兹纳 (Israel M. Kirzner) 之手，它秉承了奥地利学派经济学的传统，又发展了奥地利学派经济学。本书的副标题"论现代奥地利学派经济学的发展"界定了全书论述的范围，而主标题《市场过程的含义》则道明其论述的主线为市场过程及其相关理论。在原文前言里，作者柯兹纳强调，本书既是对经济理论的现代历史，也是对奥地利学派经济学当代复兴的一个贡献。作者在书中梳理了奥地利学派的学术史研究成果，剖析了奥地利学派的市场过程观以及与之相关的主观主义方法论。一些学者认为，奥地利学派的主观主义方法论从根本上来说，与主流经济学主张存在市场均衡倾向的观点无法调和。对此，柯兹纳明确表示反对。他认为，逻辑一贯地加深奥地利学派的认识，不一定要否定主流经济学的主旨（即将市场结果理解成倾向于根据资源约束情况反映消费者的相对偏好），而只需强调主流经济学的这些结论只有通过引入奥地利学派传统的主观主义思想才能得到自洽的捍卫。也就是说，柯兹纳试图在奥地利学派的非均衡论和主流经济学均衡论之间铺设一座桥梁，因此，他虽然坚持非均衡论，反对主流经济学中的均衡论，但认同主流经济学的市场"可均衡性，"观点，不认同可实际上达至均衡。正是这种对"可均衡性"的认同，铺设了奥地利学派经济学与主流经济学之间的桥梁。这种"可均衡性"意义重大，不等同于达致均衡本身。

可用来正确理解这种"可均衡性"以及"均衡化"过程的理论，就是奥地利学派的市场过程理论。

奥地利学派经济学在西方是一门生机勃勃的科学，绝非"沉闷的科学"（dismal science）。[①] 把经济学视作"沉闷的科学"，有其较为久远的历史，马尔萨斯（1766—1834）在其1798年发表的《人口学原理》中曾作出一个著名预言：人口增长超越食物供应，会导致人均占有食物的减少。[②] 19世纪苏格兰历史学家托马斯·卡莱尔（1795—1881）曾于1839年写道，这种场景是"沉闷的"。[③] 10年之后，他于1849年在一篇有关为重新引入蓄奴制度辩护的文章中，提出社会科学是一种"沉闷的科学"。随着时间的推移，后人把经济学戏谑地称为一种"沉闷的科学"，甚至张冠李戴，误以为卡莱尔鉴于马尔萨斯的上述预言而将经济学贴上"沉闷的科学"之标签。

1972年，罗马俱乐部发表了其第一份研究报告《增长的极限》。根据该报告的预言，由于世界人口增长、粮食生产、工业发展、资源消耗和环境污染这五项基本因素的运行方式是指数增长而非线性增长，全球的增长将会因粮食短缺和环境破坏于21世纪某个时段达到极限，也就是"增长的极限"。该报告进而建议，要避免因超越地球资源极限而导致世界崩溃，最好的方法是限制增长。罗马俱乐部的报告无疑与马尔萨斯的预言一脉相承，又一次描绘了人类未来"沉闷的"前景。[④]

---

① Carlyle, Thomas, "Occasional Discourse on the Negro Question", *Fraser's Magazine*, 1849.

② Malthus, Thomas Robert, *An Essay on the Principle of Population*, 1st ed. London: J. Johnson, 1798.

③ Carlyle, Thomas, *Chartism*, in *Pamphlet*, 1839; Carlyle, Thomas: Chartism, Boston: Charles C. Little and James Brown, 1940.

④ Meadows, Donella H., *The Limits to Growth*; *A Report for the Club of Rome's Project on the Predicament of Mankind*, Universe Pub; 2 edition, March 1972.

不过，对于是否存在"增长的极限"，仍然存在两类观点。罗马俱乐部属于悲观主义者，认为存在"增长的极限"，要用"堵"术限制增长，使得人类的经济、社会与生态系统能够处在一种平衡状态，也就是实现推行"堵"术基础上的"可持续发展"，而这需要人类以牺牲个人的自由和享受为代价。部分乐观主义者否认存在"增长的极限"，部分则认为，即便存在，它也是不断地被往后推移，人类也永远看不到，这等于没有极限，因为人类的知识、制度、技术和组织的发展是无止境的，新的资源会不断被发现，新的技术会不断被发明，生产的"可能性边界"由此也不断被拓展。正因为如此，乐观主义者主张通过推行"疏"术来促进增长，增进财富，增进个人的自由与享受，也就是实现推行"疏"术基础上的"可持续发展"，其要旨在于增加人类的知识，改善人类的制度、技术和组织，其核心就是发展善治所必需的制度体系，并实现善治。

对于罗马俱乐部那些悲观主义者来说，经济学无疑仍然是一种"沉闷的科学"。其任务不再是促进经济利财富的增长，而是要对其进行限制。而对于乐观主义者来说，经济学不会"沉闷"，正好可以人展身手，促进人类经济与财富的增长。

在很多人眼里，现代的经济学世界流派纷纭，迷雾茫茫。一个单一的个体已经很难掌握全部经济学的知识。20世纪30年代"大萧条"之后，凯恩斯主义的兴起使很多人迷信于"需求管理"和赤字财政，它也意味着新古典经济学占据主流，古典经济学退居二线。与此同时，新古典经济学越发成为显学。很多主流经济学家踊跃充当"帝王师"，新古典经济学也成为辅佐"帝王"的"御用工具"。其结果是，新古典经济学，尤其是其中的宏观经济学，在很多国家成为政府权力恶性膨胀、侵犯私人产权的工具。很多新古典经济学家专注于扩大政府支出，维持短期经济增长，提供更多的社会福利支付，而置个人的基本权利尤其是产权于不顾。目前的世界各国似乎都已沉湎于这一轰轰烈烈的全球"产权破坏运动"之中。因此，新古典经济学家绝对不会觉得主流经济学是"沉闷的科学"。但对于很多奥地利学派经济学家来说，主流经济学因其在破坏产权方面助纣为虐，确实是够"沉闷的"。

奥地利学派经济学不属于主流经济学，没有参与到上述全球"产权破坏运动"当中。相反，奥地利学派经济学坚持产权保护，坚持市场经济是增进人类发展和福祉的唯一道路。一般人以为，奥地利学派既然不是主流，就没有借鉴和利用的必要。事实上，作为显学的主流经济学看上去是一条主流，而奥地利学派经济学看上去只是一条支流。但是，如果把经济学放在时间的长河中，这条支流就有可能成为主流。其实，即便奥地利学派经济学是支流，它代表的是一种米塞斯意义上的人类行为学[①]，涵盖个人在政治、经济与社会领域的所有选择，它与其他非经济学领域的学科是相互贯通、相辅相成的，比如与个人主义哲学和立宪主义思想的关系，由此构成的洪流目前实际上要远远大于新古典经济学这条"主流"，它在未来也应能代表经济学的长远发展方向。新古典经济学则不然，它与人类迄今为止在非经济学领域的研究成果相互隔绝、相互背离，其本质是强调在经济领域通过政府权能的相对扩张和私人领域的相对压缩来促进"社会总福利"意义上的整体"自由"，而这种整体"自由"是一种幻象，往往是建立在损害个人的自由基础上的，因为个人福利不能简单加总，而且往往相互冲突。在西方国家，新古典经济学中的宏观经济学往往与现代民主政体的多数表决制一拍即合，造成"多数暴政"，成为践踏个人自由的帮凶。在某些东方国家，新古典经济学往往与政府威权体制相结合，也会对个人自由造成侵犯。可以说，新古典经济学

---

① Mises, Ludwig von, *Human Action*: *A Treatise on Economics*. 3rd revised ed. Chicago: Henry Regnery, 1966.

中的宏观经济学虽然有其合理的一面，但总体上是一门伪科学。奥地利学派经济学没有此类问题。

　　国内对奥地利经济学的关注在不断扩大。之所以如此，主要是因为奥地利学派经济学的落脚点是对个人及其行为的分析，将个人行为看成在真实世界里基于自身偏好与主观价值观所做的选择。我们完全可以把它看作一种"有关真实世界的经济学"。奥地利学派将对个体生产活动的分析建立在了个体消费者的偏好、需求与主观价值基础之上。每一个消费者的自我选择都受到自身偏好与价值观的影响；而这些相互作用、相互联系的价值观决定了消费者的需要，影响所有生产活动的数量与方向变化。奥地利学派经济学致力于分析个体面对真实环境时的状态，认为生产活动建立在对于满足消费者需求的预测之上。奥地利经济学还是一门有关个人基本权利的经济学，主张私人财产是有效运用资源所不可或缺的，认为企业家精神是发展经济的主导力量，论证了市场经济是一种"自发秩序"和人类合作的"扩展秩序"①，是一条通往自由与繁荣之路，坚信政府对于市场过程的干预将会导致非意图的不良后果。

　　奥地利学派的形成可以1871年门格尔的《国民经济学原理》的出版为标志。② 该书一出版，即对英美世界处于统治地位的英国经济学构成了一系列挑战，也对德国主流经济学派历史学派经济学构成了挑战。门格尔把经济学视为个人选择的理论科学，推演出了一系列普遍规律。他在英美世界复兴了"经院哲学—法国"

---

　　① 参阅 Hayek, Friedrich August von, *Law, Legislation and Liberty*, Vol. 1: Rules and Order. Routledge & Kegan Paul, First edition edition, Oct. 1973, 以及 Hayek, Friedrich August von, *The Fatal Conceit: The Errors of Socialism*. The University of Chicago Press, 1991.

　　② Menger, Carl, *Grundsätze der Volkswirtschaftslehre*, Wien: Braumüller, 1871.

式的经济学。而且经过他的努力，这种理论更加巩固。① 但是，当时德国历史学派排斥理论和普适规则，认为经济学只是经验科学，不过是一种数据的堆积，目的在于为国家服务。② 门格尔的奥地利学派经济学推演、总结出他们认为的普适规则，德国历史学派的经济学总是让人推演出一国的特殊论，尤其是德国特殊论，或者"德国模式"。如果放在中国，就容易推演出"中国特殊论"，甚至"中国模式"。但是，一国"特殊论"或者"模式论"容易以偏概全。中国经济成功在很大程度上是经济自由有所增进和维护以及经济运行环境较为稳定的结果。所谓的"中国模式"论总体上是指通过维护某种程度上的经济自由并结合以威权政治控制来推进经济增长。但是，如果这是模式的话，其名称就得改叫"东亚模式"了，因为东亚国家以及我国的台湾地区早就如此行事。经济发展实际上遵循"天下模式"，它包括两大部分的因素：一是经济自由的增进和维护；二是保障经济运行的稳定环境。它在不同阶段有着不同的内涵：在最初经济发展水平较低的情况下，威权政府或者法治体制均可在实现以上两个因素方面发挥较好的作用，提高人均收入水平；而经济发展水平到了一定阶段后，要实现较高水平的人均收入，则须通过法治体制来增进和维护经济自由，进一步解放生产力，同时为经济运行提供一个稳定的环境。威权体制往往做不到进一步解放生产力，甚至会束缚生产力。这样一来，经济的生产可能性边界就不能进一步大幅往外拓展，就难以跳出所谓的"中等收入陷阱"。

　　正如在《市场过程的含义》一书中介绍的那样，门格尔出版《国民经济学原理》之后的最初 12 年里，该书备受德国新历史学

　　① Ludwig von Mises Institute, "What is Austrian Economics", http://mises.org/etexts/austrian.asp.

　　② Ludwig von Mises Institute, "What is Austrian Economics", http://mises.org/etexts/austrian.asp.

派经济学家的冷落。那时还无"奥地利学派"之称，也还未真正
出现奥地利学派。当庞巴维克和维塞尔在 19 世纪 80 年代开始陆续
发表著述推崇门格尔的思想时，这些新的文献获得了"奥地利"
学派的名头，但这在更大程度上是傲慢自大的德国新历史学派经
济学家们安于这些学者头上的一种"诨号"，而非一种尊称。但
是，恰恰是奥地利学派思想独到的洞察力和说服力为其赢得了尊
严和生命力。其实；这类事例在经济当中也往往存在：第二次世
界大战之后，"德国制造"曾经是劣质品的代名词，后来则是优质
品的化身；20 世纪 80 年代，"中国制造"也曾如此，是否在今后
也能获得与"德国制造"同等的美誉，则需要国人努力打造。①

自门格尔以降，涌现了众多杰出的奥地利学派经济学家，其
代表人物包括庞巴维克、维塞尔、塞斯、哈耶克、罗斯巴德、柯
兹纳和拉赫曼等。这些学者不断发展壮大了奥地利学派的思想和
方法论体系。

奥地利学派的思想博大精深，主要包括：（1）方法论的个体
主义。它把一切社会现象看作是个体行为和个体之间互动的结果，
认为一个集体或者群体不可以被看作是一个独立的决策者，集体
或者群体只不过是许多个体的组合。（2）主观主义认识论。它承
认只有通过有关个人的知识、信息、感知和预期，才能理解和解
释人们的行为。（3）主观主义价值论。它认为，产品和服务的价
值大小取决于购买者肯为此付出多少代价，也就是取决于消费者
的偏好和需求。由于每个人都有不同的偏好、需求和条件，客观
上不存在所谓"正确"的经济价值或价格。（4）边际效用理论。

---

① 胡适先生曾于 1919 年发表过一篇名为《差不多先生传》的传记题材寓言，讽
刺了当时中国社会那些处世不认真的人，也就是"差不多先生"。在寓言中，每个国人
效仿"差不多先生"，都成了"差不多先生"。可以说，直到现在，国人仍然多数是
"差不多先生"。这种"差不多文化"需要克服，否则最终影响"中国制造"的声誉。
参见胡适《差不多先生传》，《新生活》1919 年第二期。

门格尔完整地提出和阐释了边际效用理论，认为个人占有的某种财货的数量越多，它赋予每新增单位财货的价值越小。[①]（5）机会成本理论。按此，机会成本是指由于做出一项选择而被放弃的、价值最高选择的成本。（6）有关消费和生产的时间结构理论。它认为人们的消费有时间偏好，生产活动建立在对满足消费者需求的预测之上，提出"迂回性生产"的作用，而这里的"迂回"就关乎时间。（7）提出竞争作为发现程序的理论。该理论认为竞争是一个过程，是发现很多事实的程序。很多分散知识是在竞争过程中创造和产生的。竞争之所以有价值，部分原因在于竞争的结果不可预知。[②]（8）提出市场过程理论。柯兹纳认为，市场过程是由一系列发现而造就的变化构成，这些发现是因为有构成最初不均衡状态的无知的存在。它把市场看作是在所有时间都表现出激励真正的、有价值的发现的强大力量。企业家的警觉在其发现过程当中发挥着重要作用。（9）人类行为学理论。[③] 这是一种有关人的行为普遍规则的经济理论。按此，人是"行动着的人"，人的行为的一大特点就是其目的性。人从其目的出发，试图采取手段去实现其目的，因而人的行为在此意义上是理性的，但这并不意味着人的理性不会犯错。人类行为学的研究方法使得人们能以此探

---

① 除了门格尔之外，还有两位经济学家几乎在同一时间分别提出了边际价值理论。他们是瓦尔拉斯（Leon Walras）和杰文斯（Stanley Jevons）。正如柯兹纳在《市场过程的含义》一书中所言，门格尔 1871 年的《原理》与杰文斯 1871 年发表的《政治经济学理论》和瓦尔拉斯 1874 年发表的《纯粹政治经济学纲要》，均被公认为"边际主义革命"的一个中心成分。参阅 Jevons, W. S., *The Theory of Political Economy*, London：Macmillan, 1871, 以及 Walras, L., *Eléments d'économie politique pure*, Lausanne：Corbaz, 1874。

② Hayek, Friedrich August von, Der Wettbewerb als Entdeckungsverfahren, at a 1968 Lecture Sponsored by the Institut für Weltwirtschaft at the University of Kiel, Kieler Vorträge, No. 16.

③ Mises, Ludwig von, Human Action：A Freatise on Economics, 3rd revised ed, Chicago：Aenry Regnery.

索适用于所有人类的行为规律，包括经济规律。人类行为学认为经济问题需要在人类行为学总架构里面加以讨论。而奥地利经济学派的方法论个人主义解释方式则有助于针对特定的历史时期进行研究。此外，奥地利学派的周期理论、资本结构理论等，均是独到的、有特色的理论。

我国大陆对奥地利学派代表人物著作的译介，从我个人所掌握的资料看，新中国成立前就有。庞巴维克的《马克思主义之崩溃》发表于1936年。① 新中国成立后，直至"文化大革命"，也有一些译介问世。比如，门格尔的《国民经济学原理》和哈耶克的《物价与生产》出版于1958年，② 庞巴维克的《资本与利息》出版于1959年，③ 哈耶克的《通向奴役的道路》出版于1962年。④ 庞巴维克的《资本实证论》发表于1964年。⑤ "文化大革命"期间，这方面的译介出版工作基本上停顿了。"文化大革命"结束之后，奥地利学派的著作逐渐恢复出版。比如，维塞尔的《自然价值》出版于1982年，⑥ 哈耶克的《个人主义与经济秩序》出版于1989年版。⑦ 20世纪90年代中期开始，奥地利学派译介作品开始日渐增多。米塞斯《自由与繁荣的国度》出版于1995年版。⑧ 哈耶克的

① 欧根·冯·庞巴维克：《马克思主义体系之崩溃》，商务印书馆1936年第1版。
② 参阅卡尔·门格尔《国民经济学原理》，刘絜敖译，上海人民出版社1958年版，以及海约克《物价与生产》，滕维藻、朱宗风译，上海人民出版社1958年版。
③ 欧根·冯·庞巴维克：《资本与利息》，何昆曾、高德超译，商务印书馆1959年第1版。
④ 弗里德里希·奥古斯特·冯·哈耶克：《通向奴役的道路》，滕维藻、朱宗风译，商务印书馆1962年版。
⑤ 欧根·冯·庞巴维克：《资本实证论》，陈端译，商务印书馆1964年第1版。
⑥ 弗·冯·维塞尔：《自然价值》，陈国庆译，商务印书馆1982年版。
⑦ F. A. 冯·哈耶克：《个人主义与经济秩序》，贾湛、文跃然译，北京经济学院出版社1989年版。
⑧ 路德维希·冯·米瑟斯：《自由与繁荣的国度》，韩光明译，中国社会科学出版社1995年版。

《自由宪章》（另译为《自由秩序原理》）出版于 1999（1997）
年，①《通往奴役之路》的新译本出版于 1997 年②，《法律、立法
与自由》与《致命的自负》均出版于 2000 年。③ 其后，奥地利学
派的译介趋于"井喷"。奥地利学派经济学的名字，如门格尔、庞
巴维克、米塞斯、哈耶克等，越来越为更多的国人所耳熟能详。

　　《市场过程的含义》的作者柯兹纳是继米塞斯与哈耶克之后最
杰出的奥地利学派经济学代表人物之一。他 1930 年 2 月 13 日出生
在英国伦敦，1940 年随家人迁居南非，1947—1948 年就读于开普
敦大学，1950—1951 年入读伦敦大学国际项目，并于 1954 年获得
布鲁克林学院最优等学士学位，1955 年获得工商管理硕士学位。
学完 MBA 课程后，柯兹纳偶遇米塞斯，当即决定放弃会计专业而
决心成为一名学院经济学家。1957 年，他曾短期担任布鲁克林学
院讲师职务。同年，他在米塞斯的指导下完成学位论文，获得纽约
大学经济学博士学位。其博士论文在 1960 年以《经济学视角》
（*The Economic Point of View*）为题出版。其后，他在纽约大学执
教。1968 年担任该大学经济学教授，直至 2002 年正式退休。其
后，柯兹纳一直作为荣誉退休教授发挥作用。

　　柯兹纳是奥地利学派、米塞斯思想和经济学方法论权威专家
之一。其主要研究工作集中在有关知识、市场过程和企业家精神
的经济学分析，以及市场伦理研究。他对企业家精神的研究成果

---

①　《自由宪章》（*The Constitution of Liberty*）一书有两个译本：弗里德里希·冯·
哈耶克：《自由秩序原理》，邓正来译，生活·读书·新知三联书店 1997 年版，以及弗
里德里希·奥古斯特·哈耶克：《自由宪章》，杨玉生、冯兴元、陈茅等译，中国社会
科学出版社 1999 年版。后者参照了英文版和德文版两个版本翻译。

②　弗里德里希·奥古斯特·冯·哈耶克：《通往奴役之路》，王明毅、冯兴元等
译，中国社会科学出版社 1997 年版。

③　弗里德里希·奥古斯特·冯·哈耶克：《法律、立法与自由》第一卷，邓正来、
张守东、李静冰译，中国大百科全书出版社 2000 年版；弗里德里希·奥古斯特·冯·
哈耶克：《致命的自负——社会主义的谬误》，冯克利、胡晋华译，中国社会科学出版
社 2000 年版。

有其独到之处。2006年，柯兹纳由于提出强调企业家精神对经济增长和资本主义过程运作重要性的经济学理论而获得全球企业家精神研究奖。

柯兹纳迄今为止出版了17部著作，其中最经典的作品为1973年出版的《竞争与企业家精神》（*Competition and Entrepreneurship*）和1992年出版的《市场过程的含义》。《竞争与企业家精神》系统论述了市场过程、竞争与企业家精神。柯兹纳有关这三个相互关联方面的基本原创性思想，总体上包括在此书中。《市场过程的含义》梳理了奥地利学派经济学的思想发展脉络，其主线仍然是对这三个方面的奥地利经济学思想发展的梳理和分析。可以说，该书更为系统地总结了《竞争与企业家精神》中有关这三个方面的思想。在某种程度上《市场过程的含义》一书还超出了《竞争与企业家精神》。《市场过程的含义》一书尤其得到美国乔治-梅森大学经济学教授、著名奥地利学派经济学家彼得·贝奇（Peter Boettke）的高度推崇。[①] 贝奇教授几度提议推荐柯兹纳为诺贝尔经济学奖候选人。他认为，在柯兹纳的作品中，上上之作当数《市场过程的含义》。该书梳理和解释了价格和盈亏这些引致市场变量与嗜好和技术等基本市场变量之间的系统关系。根据贝奇的解释，在柯兹纳的市场过程理论里，市场是一种没有终结的对来自交换的共同收益机会的企业家发现过程。在任何一个给定的时点，基本的嗜好和技术可能性变量展示了对价格和盈亏这些引致变量的强大拉动。而且即便没有任何干预性变化，来自交换的收益的诱惑也足以引致变量与基本变量看齐。但是市场过程是一种不间断的变化，而且由于嗜好和技术可能性持续变化的性质，引致变量在永远趋向基本变量方向的过程中从来不是相当完善地映射基本

---

① Boettke, Peter, "Kirzner?" September 10, 2005, http://austrianeconomists. typepad. com/weblog/2005/09/kirzner.html.

变量。

　　奥地利学派的市场过程理论把市场过程看作是系统性的、相互协调的一系列计划修正。正如柯兹纳所言，对于奥地利学派而言，市场过程被理解为提供一种系统性的力量，这种力量通过企业家的警觉而被启动，倾向于降低相互性无知的程度。"均衡"确实从来都没有被实现，但市场确实展现出强烈的"朝向均衡趋近"的倾向性。

　　根据柯兹纳的观点，企业家能够警觉地发现现有市场选择协调模式中的缺陷，允许我们看到为何可以把系统性（"均衡化"的）市场趋势归因到创造性的、原生性的企业家警觉。但他也认为，企业家在发现和消除错误的过程中也会犯错，在这个过程中趋向于动态均衡（但不是达致"均衡"）。

　　柯兹纳市场过程理论中的企业家理论不同于熊彼特的理论。柯兹纳在哈耶克的知识理论基础上，在 20 世纪 70 年代连续发表数篇文献，复活了熊彼特的"创造性破坏"（creative destruction）的思想，[①] 并逐渐将它融入主流经济学理论。熊彼特在 1911 年出版的《经济发展理论》一书最初引入了一个"循环流转"的状态，其中没有企业家和创新，生产过程只是循环往返，周而复始。随后他引入了企业家和创新，从动态和发展的视角看待经济体系。作为创新的结果，原来的"循环流转"状态被打破，经济进入更高层面的"循环流转"状态。熊彼特在后来的《资本主义、社会主义与民主》一书中指出[②]，企业家就是经济发展的带头人，是能够实现生产要素的重新组合的创新者，是创新的主体。对于熊彼特，所谓"创新"，就是"建立一种新的生产函数"，把一种从来

---

　　① Schumpeter, Joseph A., *Capitalism, Socialism and Democracy*, London：Routledge, 1942.

　　② Schumpeter, Joseph A., *The theory of economic development：an inquiry into profits, capital, credit, interest, and the business cycle*, Transaction Publisher, 1934.

没有过的关于生产要素和生产条件的"新组合"引入生产体系，替代旧组合。他认为，动态失衡是健康经济的"常态"，而企业家正是这一创新过程的组织者和始作俑者。通过创造性地打破市场均衡，才会出现企业家获取"超额利润"的机会。熊彼特认为资本主义成功的一个主要原因即"创造性破坏"。资本主义不仅包括成功的创新，也包括打破旧的、低效的工艺与产品，代之以新的、高效的工艺与产品。这种替代过程使资本主义处于动态过程，并刺激收入迅速增长。

　　上述熊彼特的企业家理论，主要解释的是一个经济体如何依赖企业家的"创新"打破原有的"循环流转"状态，从一个均衡走向另外一个均衡，因而是仍然立足于均衡论。但熊彼特承认，理想的均衡状态的位置从来未达到过，是变化着的，因为数据（外部条件）在改变。柯兹纳的企业家理论是市场过程理论的重要组成部分，它秉承了奥地利学派的主流观点，即不承认存在"均衡"，只承认市场存在可均衡性和趋向于"均衡"的特点。但这个"均衡"总是在没有达致之前就因市场情势的变化而被打破。这点看法类似于熊彼特的上述看法。柯兹纳的企业家理论主要解释了企业家创新发生之后，企业家的警觉和发现如何使得经济朝着趋向于"均衡"的方向发展，尽管这个"均衡"没有真正达至。当然，柯兹纳的企业家理论也可用来补充解释创新过程中所要求的企业家警觉和发现。但这至少在柯兹纳的理论中并没有占据过多笔墨。此外，熊彼特和柯兹纳企业家理论的另外一个差别是，熊彼特的理论很少从信息不完全或者分散知识的角度去论证企业家过程，柯兹纳的理论则充分利用了信息不完全或者分散知识的视角。正因为如此，柯兹纳在《市场过程的含义》一书中指出，哈耶克所指熊彼特理论中所缺乏的东西就是"对市场过程的正视"。而在市场过程中，"所有有关资源可得性和消费者估价的分散信息被调动起来并据以支撑支配生产和资源配置的选择"。柯兹纳认为，"需要引入熊彼特经济体系思想的是对企业家警觉性和想象力的角色的认可，它们能够激发和驱动这一知识动员的市场过程——尤其在面对不可知未来的十足的不确定性的时候"。他由此得出结论，正因为熊彼特未能认识到市场过程的这个主观维度，使得他相信消费者的价值评估可以自动转换成生产者对生产要素的价值评估。对于柯兹纳来说，正因为存在这一主观维度，消费者的价值评估和生产者对生产要素的价值评估都是会犯错的。而这些犯错的可能性或事实本身又为容易犯错的企业家警觉和发现创造了机会。

有关市场过程中企业家警觉与发现的作用，柯兹纳认为，人类行为中的企业家因素，就是对纯利润机会信号做出的反应，这种纯利润源于社会中由于分散知识而产生的错误。正是这种纯利润激励促成了"竞争性的企业家发现过程"，它让市场参与者了解越来越多的、分散于市场中的相关信息。按照柯兹纳的观点，正是这种企业家的竞争性过程，解决了集中计划者难以回避的根本性的知识问题。他认为，假如集中计划取代企业家发现的过程，无论是全社会范围的大包大揽计划，还是自由市场中国家零敲碎打式的干预，计划者都扼杀了市场超越基本的知识问题的能力，还使自己在面对这个问题时束手无策。他坚信，这个问题的根源就是哈耶克所指的知识分散问题：集中计划没有办法解决知识分散问题；权力的集中即使不是彻底终止市场发现的过程，也是对它构成了阻挠。

根据柯兹纳的观点，直接激发以及塑造企业家行为的是（对于未来会如何的）想象而不是这些事实本身。但是企业家的警觉性使其努力去注意的并且正确地想象的是（将要发生的）未来的现实，并且是这些现实带来的预期收益"开启"了企业家的警觉性。柯兹纳在其理论中实际上引入了"试错"的观点。他认为，说企业家的行为可以被看成是对"现实"做出"反应"，一定是在一种修正的意义上讲的；为未来而采取的行动总是在试图更正确地想象未来（并且从中获利）的基础上进行的。当因为企业家警觉性不足，没有对这些激励做出反应，企业家采取的行动虽然是错误的，但仍然创造了一种新的现实情况，它们可能现在对企业家的警觉性提供一种激励，使得他们的行为趋于实现社会效率。

本书的每一个章节不仅仅是对奥地利学派思想的综述，而且还包括深度分析和发展。读者可以从中感受到奥地利学派思想的博大精深以及柯兹纳自身对奥地利学派理论的"企业家警觉"和"企业家发现"。如果多加研读此书，相信读者会有一种醍醐灌顶和豁然开朗的感觉，会利用其中的洞见去感悟微观市场过程和宏观经济政策。每个读者都可以是"企业家"，可以对周边的任何市场和非市场交换过程保持"企业家警觉"，获得"企业家发现"。

本书各章节的翻译和校对任务分工如下：莫志宏翻译了前言和第1、2章，冯兴元翻译第3章，檀学文翻译第4—6章，景朝亮与冯兴元翻译第7、8、12—13章，景朝亮与朱海就翻译第9—11章。此外，朱海就翻译了索引。冯兴元与孟庆龙负责全文校对和定稿，朱海就参与了部分章节的校对。对于上述所有参加翻译和校对的同人，我在此均表示感谢。另外，我还代表编委会对参与和支持本书出版工作的其他所有同人表示感谢。

冯兴元

2016年4月8日于北京颐源居

前　　言

　　这里的论文集既是对经济理论的现代历史，也是对奥地利学派经济学（Austrian School of Economics）当代复兴的一个贡献。在这个世纪的大多数时间里，由于主流的经济学思想已经偏离了奥地利学派奠基者们的研究线路，这个学派的一些思想在当代的重新发现引发了人们重新审视率先出现在奥地利学派传统中早期的一些基本思想，以及它们重新出现在我们这个时代之前如何在 20 世纪经济思想的"地下世界"得以存活的问题。并非巧合的是，这些**学术史**（dogmengeschichtlich）探索也使我们深入理解了奥地利学派思想中市场过程（market process）的性质，并在对这个过程的阐释中也深入理解了主观主义思想的作用。这个深化了的认识使我们可以更明确地重申奥地利学派的市场过程视角，把市场过程看作是系统性的、相互协调的一系列计划修正（sequence of plan revisions）。在某些极端的主观主义思路的论著中，某些人也呼吁强调奥地利学派的市场过程视角，认为奥地利学派的主观主义在根本上与把市场看作是存在着均衡倾向的做法是无法调和的。本作者坚决认为，这些方向上的努力虽然意在对进一步推动奥地利学派方法的发展做出有价值的贡献，但根本上是在朝着不幸的方向发展，也是错误的。实际上，他们可以坚持，逻辑一贯地加深奥地利学派的认识，不是一定得否定主流经济学的主旨（也就是说，它将市场结果理解成倾向于根据资源约束的情况反映消费者的相对偏好），而是争辩，主流经济学的这些结论只有通过引入奥地利学派传统的主观主义思想才能得以自洽地捍卫。本作者希望这些论文可以有助于人们从这个视角看问题。

得益于萨拉·斯凯非基金会（Sarah Scaife Foundation）以及约翰·俄林基金会（John M. Olin Foundation）的资助，这里的多数论文才有可能完成。对这两个基金会，以及对詹姆斯·皮雷森（James Piereson），尤其是对理查德·拉里（Richard M. Larry），本作者感激不尽。这些文章中有不少在过去的多年里都曾在纽约大学的奥地利学派经济学每周座谈会上讨论过。本作者非常感谢座谈会成员提供的思想启发和帮助，尤其是已辞世的路德维希·拉赫曼（Ludwig M. Lachmann），还有马雷奥·里佐（Mario J. Rizzo）、劳伦斯·怀特（Lawrence H. White）、彼得·贝奇（Peter J. Boettke）、斯蒂芬·伯姆（Stephan Boehm）、桑福德·池田（Sanford Ikeda）以及伊斯特邦·汤姆森（Esteban Thomsen）。当然，文章的缺陷不由这些人中的任何一位负责。

目　录

第一部分　市场过程分析方法

第一章　市场过程理论：捍卫奥地利学派的中间立场 ……… （3）

　加里森命题 ……………………………………………… （3）

　知识和市场协调 ………………………………………… （4）

　数据的可变性和经济科学的活力 ……………………… （5）

　企业家精神和奥地利学派的中间立场 ………………… （6）

　中间立场所面对的双重攻击 …………………………… （8）

　市场协调和奥地利学派传统 …………………………… （9）

　对于市场协调的攻击：观念史中的悖论？ …………… （12）

　主观主义和均衡：朋友抑或敌人？ …………………… （13）

　主观主义和社会效率的含义 …………………………… （15）

　目的论和非目的论的视角 ……………………………… （19）

　对于奥地利学派中间立场的主观主义批评：一个总结 …… （21）

　一个没有错误的世界？ ………………………………… （25）

　为一个不存在的未来进行选择 ………………………… （27）

　协调的含义：简单的情形 ……………………………… （31）

　协调的含义：动态的情形 ……………………………… （34）

　市场均衡化趋向意味着什么 …………………………… （37）

第二章　市场过程的含义 ································ （41）
　　关于市场的均衡观点 ···························· （42）
　　市场过程理论家们 ······························ （44）
　　市场过程的特征 ································· （48）
　　发现的性质 ···································· （49）
　　理解市场 ······································ （52）
　　市场过程和个体自由 ···························· （55）

第二部分　奥地利学派观点的兴起

第三章　奥地利经济学派 ···························· （59）
　　奥地利学派的创始人 ···························· （60）
　　第一次世界大战之后 ···························· （65）
　　奥地利经济学在其后的发展 ······················ （69）
　　今日奥地利经济学 ······························ （70）
第四章　门格尔与经济学的主观主义传统 ················ （74）
　　门格尔的观点 ·································· （75）
　　门格尔思想中的主观主义 ························ （77）
　　门格尔主观主义的不完善性：事后聪明的好处 ········ （78）
　　门格尔与完全知识假设 ·························· （81）
　　方法论的题外话：门格尔的实在论 ················ （84）
　　门格尔：主观主义者的先驱 ······················ （88）
第五章　门格尔、古典自由主义与奥地利经济学派 ········· （90）
　　门格尔、奥地利学派经济学家以及自由放任主义：
　　　　若干矛盾 ·································· （91）
　　门格尔与边际效用革命 ·························· （94）
　　门格尔与市场经济效率 ·························· （96）
　　门格尔、消费者主权以及政府干预的范围 ··········· （98）

门格尔革命及对自由放任的分析：简要评估 ……… （101）

冲突性证据的调和 ……………………………… （102）

总结性思考 ……………………………………… （103）

第六章　有关经济计算的辩论：奥地利学派经济学家的教训 ……………………………………………… （106）

对发现过程观的明晰强调 ……………………… （107）

经济理解的多重层次 …………………………… （110）

作为发现过程的市场 …………………………… （112）

发现观的演变 …………………………………… （116）

奥地利学派福利经济学的发展 ………………… （118）

价格的功能 ……………………………………… （123）

在持续的辩论 …………………………………… （126）

第七章　米塞斯与哈耶克：奥地利学派主观主义的现代发展 …………………………………………… （127）

米塞斯与哈耶克的矛盾性 ……………………… （128）

米塞斯、哈耶克和主观主义 …………………… （129）

两类主观主义 …………………………………… （130）

罗宾斯、奥地利学派经济学家与新古典经济学 ………… （133）

罗宾斯意义上的经济性追求者的世界：主要的怀疑点 … （136）

米塞斯与人类行为学 …………………………… （140）

哈耶克与知识的作用 …………………………… （143）

米塞斯、哈耶克与主观主义的经济学理解 …… （144）

第三部分　关于奥地利学派分析方法的新探索

第八章　价格、知识的交流与发现过程 …………… （151）

汽车与分散知识的问题 ………………………… （152）

均衡价格与市场协调 …………………………… （155）

　　非均衡价格与市场协调 ……………………………（157）

　　分散知识、价格体系与经济学文献 ………………（160）

　　哈耶克与市场发现过程 ……………………………（163）

　　交流与发现 …………………………………………（165）

第九章　经济计划与知识问题 ……………………（166）

　　引言 …………………………………………………（166）

　　个人计划与知识问题 ………………………………（168）

　　基本的知识问题与有关知识搜寻的经济学 ………（169）

　　集中计划与知识问题 ………………………………（172）

　　企业家的竞争性发现程序 …………………………（175）

　　市场、企业与集中计划 ……………………………（177）

　　结论 …………………………………………………（178）

第十章　知识问题及其解决办法：一些相关的区别 ………（179）

　　对哈耶克知识问题的扩展 …………………………（181）

　　市场背景中的知识问题 ……………………………（183）

　　两种知识问题 ………………………………………（186）

　　在更大的背景中讨论两种知识问题 ………………（189）

　　制度的自发形成 ……………………………………（190）

　　知识问题 B 的解决：外部性问题 …………………（192）

　　哈耶克、门格尔和货币的出现 ……………………（193）

　　结论 …………………………………………………（197）

第十一章　福利经济学：现代奥地利学派的观点 ………（199）

　　关于福利经济学的一些看法 ………………………（199）

　　福利经济学——关于其历史的一些概述 …………（200）

　　哈耶克与福利经济学批判 …………………………（203）

　　哈耶克的福利标准：协调 …………………………（204）

　　过分乐观世界中的哈耶克 …………………………（206）

　　分散的知识、最优的无知与真正的错误 …………（208）

两种协调 ………………………………………………（210）

第四部分　奥地利学派经济学分析方法中产生的一些相关问题

第十二章　自利与新的经济学批判：在长期论战中的新机遇？ …………………………………………（215）

自私与经济学 ……………………………………（217）

标准的辩护与标准的反驳 ………………………（220）

"理性"与市场过程：推出一种新阐述 …………（222）

微观经济学与经济理论 …………………………（223）

自利与发现 ………………………………………（225）

对经济学的不充分或不当辩护 …………………（227）

自利与二十世纪末的经济学 ……………………（229）

第十三章　发现、私有制与资本主义社会中的正义论 ………（231）

关于资本主义非正义性的指责 …………………（232）

私有制、纯利润以及关于资本主义正义的经典辩护 …（234）

"给定的馅饼"之观点 ……………………………（240）

发现的含义 ………………………………………（242）

发现和运气 ………………………………………（244）

发现即为创造 ……………………………………（245）

"发现者即占有者"的伦理与私有制 ……………（247）

"发现者即占有者"与资本主义的正义性 ………（249）

参考文献 ……………………………………………（252）

索引 …………………………………………………（269）

第一部分
市场过程分析方法

第一章 市场过程理论：捍卫奥地利学派的中间立场

本章都用来讨论奥地利学派的市场过程观点。有关奥地利学派对于市场的理解，以及对这个过程的阐释经济学是如何理论化的，第二章将会有一个总览。此处的引入性章节目的在于强调这样一个论点，即奥地利学派在现代经济学思想中处于一个中间地带，介于两个更为"极端"的立场之间，并且它针对近来极端主观主义的倡导者们提出的批评而对这个中间立场进行捍卫。将奥地利学派的方法认定为中间立场并不仅仅是一个基本的归类问题；它将表明，这样的认定（并且尤其是维护此立场以对抗当前的批评）有助于人们更好地体会，市场过程理论到底可以为理解经济学问题做出什么样的贡献。正是因为它有着这样的价值，本章可以作为本卷的引文。我将这个主题——市场过程方法居于中间地带——称为加里森命题（Garrison thesis）。[①]

加里森命题

在对劳斯比（Loasby）教授多年前的一篇会议论文的评论中，罗杰·加里森（Roger Garrison，1982）第一次引入了这样的重要

[①] 当然，加里森教授不需要对在这里以这样的形式表述的他的思想负责。

见解：奥地利学派经济学居于当代经济学的两种极端视角之间。一方面是主流的新古典视角，它基于均衡位置对于解释真实世界是非常有用的这样一个假定；另一方面是那些对主流理论的均衡模型是否有意义以及是否具有现实相关性持严重怀疑的人们（包括后凯恩斯主义者）的视角。加里森教授向我们展示了，在很多重要的问题上，奥地利学派的立场都不同于这两种极端的立场。我们先关注其中的两个问题，它们对我们接下来的讨论非常有帮助。

知识和市场协调

　　加里森指出，主流经济学对于知识持一种极化的立场。"完美知识——或用概率分布表示遮盖下的完美知识——几十年来已经是标准理论的主要领地"（Gallison，1982：132）。（或许我们可以加上说，在加入了跨时交易的多期一般均衡中，完美知识假定在原则上已经延伸到所有未来时间的知识上了。）许多来自于后凯恩斯主义者如沙克尔（Shackle）及其他人对于主流经济学的批评，都是从笼罩着未来的根本性的不确定性出发的。这种不确定性被视为是不可穿透的，以至于它使得那些从个体的最优选择出发（这些选择被认为在很好定义的、备选的未来可能性之间进行）建构出来的新古典模型完全不具有现实相关性。就像沙克尔（Shackle，1972：465）说的那样，源自于不确定性的未来的"知识的空白"（gaps of knowledge）使理性"笨手笨脚"，无法起作用。当然，知识似乎不是完全地不存在，但是，这些人认为，在市场理论中，"目标开放"情形下的无知是没有办法被消除的。（去调查也不是解决问题的办法，因为"对于新知识的价值，只有当我们有了它时才能进行评估。而那时去决定花多少钱来打破障碍以鼓励它的出现，则又已经太晚"。)

因此，存在关于他人未来到底如何行为的无知，这种残酷的局面使市场无法引致个体选择之间的一致性（Lachmann，1986a：第56页起）。

正是在这里，奥地利学派的市场过程理论在知识和可能的市场均衡问题上采取了一种避免这两种极端的立场。一方面，完美知识假定使我们追问市场过程如何导致个人选择之间的协调变得没有意义，因为这样的协调已经隐含在完美知识假定之中。另一方面，关于无法超越的无知的假定使通过系统性的市场过程实现系统性的协调的可能性变得不可触及。

但是，对于奥地利学派的经济学家而言，共同的知识（mutual knowledge）在任何时候都不是无漏洞的，而市场过程被理解为提供系统性的力量，这种力量通过企业家的警觉（entrepreneurial alertness）而被启动，倾向于降低相互性无知的程度。知识既不是完美的，无知也不是必然无法战胜的。均衡确实从来都没有被实现，但市场确实展现出强烈的朝向它的倾向性。市场协调不是基于假设而偷偷进入经济学的，但是同样也不能简单地通过指出未来的不确定性就把它排除出经济学。

数据的可变性和经济科学的活力

加里森进一步指出，主流经济学似乎经常持一种不承认经济现象背后的数据的变动性的极端立场。在这个极端上，"偏好，可利用的资源，以及技术都根本不变。这里，除了路径依赖问题，均衡倾向不存在怀疑。这个极端立场一直以来是新古典理论家普遍采纳的假定"（Garrison，1982：133）。另一方面，存在着另外一种极端立场，它把经济数据看成是"比我们通常想象的还要变动不居。在这种情况下我们可以预期不仅朝向均衡的问题会得到否定的回答，经济科学本身也会不存在了"（第133页起）。处在这两种极端的观察世界的视角之间的是滋养了奥地利学派传统的视角。它把世界也看成是不断地以不可预测的方式变化的。人们死去，婴儿出生，嗜好自发地变化，可利用的资源随时间而变化，技术知识可能自动地演化。但是，它会坚持说，这些变化的速度和不可预测性，一般而言，不是如此之大，以至于使有规则的经济现象无法出现。正是因为这些变化足够频繁以至于不均衡总是存在，我们才需要理解均衡力量的性质。正是因为这些变化的变动性很可能存在着至少一定的限度，这些均衡力量，至少有时使经济表现出来明显的规则性。就像加里森所说的那样，一种有价值的经济科学的范围和可能性不仅取决于对经济数据可变性的承认，而且取决于即使存在这种可变性，市场的协调属性在多少程度上也能够被感受到。

企业家精神和奥地利学派的中间立场

在几年前的一篇文章（Kirzner, 1985a：第 1 章和脚注9）——其灵感来自于加里森论点——中，本作者运用了这个论点来为定位奥地利学派的企业家观点在相关的经济学观点谱系中的位置，找出了两种对立的关于企业家的"极端"观点。

第一种观点把企业家看成是对市场条件做出无摩擦的反应，并且与其完全协调，一个典型的例子是由舒尔茨（T. W. Schultz, 1975）提供的。在他那里，企业家被认为能顺畅地对市场做出积极的反应，向市场提供所需要的服务，并同样能对不均衡条件下的情势做出反应，提供重新配置资源的服务。因为这样的服务是有价值的，所以对应于它存有一条需求曲线。并且，因为对付不均衡的能力是稀缺的，对于这种服务也存在着对应的供给曲线。因此，对付不均衡的企业家服务产生出一个市场价格，这个价格由供求曲线的交点决定。很明显舒尔茨将市场看成是总是协调的：市场总是产生出正确的服务数量以矫正不正确的选择。这种极端化的观点，似乎是要将企业家精神压缩回新古典的均衡匣子，虽然它被定义为处理非均衡的一种能力。

第二种有关企业家的极端的观点几乎以完全相反的视角来看待企业家的能力。这样的观点典型地体现在沙克尔的大量深刻的作品中。对沙克尔而言，企业家根本就不能被纳入基于严格的理性选择的均衡理论的框架中（Shackle，1972：92，134）。更严重的是，对沙克尔来说，人类所有表现出来的选择，（正像企业家行为那样）都涉及一种"原创性的和想象性的技艺"（第364页），在任何意义上都不能化约为对给定条件的机械反应。因此，对沙克尔而言，承认企业家成分的无处不在意味着对于整个新古典理论都有极端的破坏性的意义。沙克尔认为，这样不能将企业家精神吸收进均衡理论之中，而且正是因为均衡理论与人类行为中普遍存在的企业家成分根本不相容，它存在着无法解决的问题。

在这两种极端观点中，一种把企业家精神看成是与均衡经济学一致的，另一种把企业家精神看成是彻底摧毁均衡经济学的重要性的因素。本书作者提出介于上述两种观点之间的第三种（"奥地利学派的"）关于企业家精神的观点。这种观点由本书作者在更早的几篇作品里基于米塞斯的思想发展而来，发现企业家精神与均衡状态不相容，但与均衡过程是相容的，而且就均衡过程观而言，企业家精神也是非常重要的维度。

本书作者认为，奉行第三种观点可使我们从上述两种更极端观点中抢救出那些重要而有效的组分。我们可以循着沙克尔的理路，保留我们对人类选择的"原创性"（比如"企业家"）视角的赏识。但是我们不必迎合舒尔茨所强调的有关企业家的协调作

用的洞见。这一有关企业家的第三种观点承认企业家能够警觉地
发现现有市场选择协调模式中的缺陷，允许我们看到为何可以把
系统性（"均衡化"的）市场趋势归因到创造性的、原创性的企业
家的警觉（entrepreneurial alertness）。

中间立场所面对的双重攻击

容易招致来自它所避开的两极视角的批评，这与奥地利经济
学的中间立场的本性有关。这些中间立场必须从两种很不相同的
侧面来加以卫护。也许必须反驳两类相当不同的攻击，这两类攻
击的立论也许乍一看就显得相互之间几乎背道而驰。确实，美国
经济学就处在这样一种境地……这也是相当自然的事情。

奥地利学派经济学家必须抵御来自主流新古典经济学家的批
评，他们对奥地利学派的含糊性、非决定性和不精确性表示不快，
他们认为这些性质与奥地利学派决意承认持续性非均衡状态（pe-
rennial disequilibrium）的分析方法密不可分。同时，奥地利学派经
济学家还需要抵御来自主流新古典经济学家的批评，他们对奥地
利学派经济学家所认为的存在着可能强有力的均衡化趋势的观点
感到不快。

直到最近，奥地利学派经济学家发现他们经常需要有意识地
应对来自于主流的新古典立场的批评来捍卫自身的立场。这并不
出乎意料。毕竟它们与主流经济学的分歧本身就是奥地利学派立
场的主要特点。不过，最近奥地利学派经济学的中间立场受到了
来自另一方向的批评，该批评不是源于主流的均衡信念，而是源
于对这些信念的最不妥协的拒斥。这条极端主观主义的批评线路
不是因为奥地利学派的中间立场对于目标开放的不确定性（open-
ended uncertainty）、个体选择的创造性以及不均衡的市场条件的普

遍存在的承认而攻击它，而是因为他们认为这样的中间立场对这些方面的承认还不够完全。

尤其是，这条批评线路认为，在主要由主流的新古典理论家以及他们最激烈的反对者所占据的阵地上，要坚守这样的中间立场根本不可能。它认为，如果我们准备拒绝接受主流理论中均衡模型的一整套约束性假定，逻辑一致性要求我们也得同时接受这样一种观点：这些模型对于理解经济现实是完全不相关的。如果奥地利学派拒绝接受实际上只承认均衡状态的经济学，他们也必须同时全盘拒绝均衡化的观念。没有中间的位置。奥地利学派试图占据的中间立场并不享有他们试图避免的两种极端立场的优势。相反，试图同时获得两个根本不相容的世界的优势会使它存在着内在不一致的问题。

本章旨在通过对来自于主观主义线路的批评（它们坚持完全拒绝新古典范式）的审视，来重申奥地利学派的中间立场是可行的。有鉴于奥地利学派传统对于市场的社会功能的历史上的态度，这样的奥地利学派的中间立场的捍卫具有特别的意义。

市场协调和奥地利学派传统

奥地利学派经济学家的早期理论贡献使得他们与德国历史学派之间陷入了严重的冲突。冲突的症结在于宣称存在着重要的经济规则性的一整套理论是否正确、有效。假定经济规则性存在有着一种意蕴，即这会对评价市场经济带来某种后果，这一点一直贯穿于经济学的历史中。当不存在对这样被公认的规则性时，市场经济可能被看成是一个存在着明显不足的社会系统，这种不足要求一种仁慈的政府有意地实施某些矫正性的措施。一种与人们的正义直觉相抵触的收入分布模式可以由合适的再分配政策来矫正。市场价格在政策制定者或他们的选民眼中可能太高或者太低，因此，要求由一定的立法来加以纠正。经常是经济学理论家们的反对意见对这些社会政策的有效性提出质疑。经济规则性的存在意味着对这些矫正性的政府力量的运用存在着严厉的限制。事实上，从这些规则性着眼，市场表现出来的表面缺陷经常被发现根本就不是缺陷，而是社会协调所必需的、不可避免的代价。经济学理论还告诉我们，价格控制除了根本不能改善消费者或者农民或者任何其他人的条件，还会导致灾难性的人为的短缺或过剩的产生，而再分配性质的税收政策也只能带来大家不希望看到的以及不令人满意的负向激励或者激励效应。①经济学理论提示要更为审慎地对市场系统的社会-效率属性加以审视的倾注，在历史上其力量是如此强大和有说服力，以至于经济学理论在很多时候成为很可能发生的激进的经济改革的明显障碍（和敌人）（Stigler，1959：522；Zweig，1970：25）。毫不奇怪，早期的奥地利学派理论家被认为与一种大体上古典自由主义政策的立场相一致（比如参见 Streissler，1988：192—204；以及本书第5章）。

　　对卡尔·门格尔及其追随者来说，市场经济倾向于按照消费者的评价对资源进行配置和对收入进行分配。就像门格尔（1981：173）说的，"产品的价格是价值对于追求经济性的人们（economizing men）的影响的结果，而价格的高低总是由其价值的大小所决定的"。那些反对市场结果的人根本就不能理解市场传递价值评估的忠实性和一致性。"对于人类的一位热爱者来说，掌握了资本或一块土地的人在同样的时间内经常能够为其所有者带来比劳动者非常辛勤的劳动更多的收入这一点似乎确实是可叹的。但是造成这个结果的原因不是不道德的，而仅仅是因为更重要的人类需要

---

① 米塞斯（1966：2）有这样的洞见：古典经济学的贡献是，它表明了政府政策如何导致系统性的、经常是非意图的后果（因此，应该予以考虑）。

的满足更多地依赖于一定数量的资本或土地，而不是劳动者的劳动。"（第 174 页）显然所有这些都来自于这样的理论视角，即它视消费者的价值评估可被非常如实地传递到关于资源配置和资源价格的市场选择之中。

　　我们希望强调的，主要并不是早期奥地利学派传统对于经济政策的保守主义或者说古典自由主义立场，[①] 而是这个传统也具备的理解市场力量的效力和系统性特征的深度。市场上发生的并不是偶然的，而是不可逃避的经济规则性的结果，这些规则性以明显的某种趋势表现出来。给定市场经济的制度框架，以及稀缺资源的数量，消费者的偏好一定会导向某种特定的生产方法、资源配置和市场价格的构型。正是在这一点上奥地利学派经济学非常不同于历史学派及其他经济学理论的反对者。当然，这一点并不由奥地利学派所独有；19 世纪和 20 世纪交替之时所有的经济学思想都如此。随着新古典经济学的影响力和声望在 20 世纪的最初几十年里不断地提升，与之对立的历史学派教义逐渐从人们的视野中退去。对于系统性的市场力量的理解形成了不同经济学理论学派之间的共识。理论分析方法相对于历史分析方法的胜利是承认市场的协调性这一属性的胜利。奥地利学派对于获取这个胜利做出了杰出贡献。在战争期间的那场至今著名的社会主义条件下经济计算可能性的辩论中，正是奥地利学派经济学家米塞斯指出，没有任何办法可以使集中化的经济计划能够替代对市场过程的算计和协调能力。并且正是米塞斯和哈耶克在 20 世纪中期基于对奥地利学派的企业家—竞争性的市场过程的认识的延伸，[②] 支持了对于市场协调的良性结果最一致的和最深刻的理解。[③] 正是在奥地利

---

　　① 参见伯姆（Boehm，1985）对于这样的古典自由主义的一些疑虑。

　　② 对于这些发展的陈述，参见本书第七章。

　　③ 要了解把"奥地利经济学"解释成"自由市场经济学"的做法，参见本书第三章第 67 页起（原书——译者）。

学派传统内部对于市场的系统性协调性质的逻辑一致已经有了深刻理解的背景下，我们必须关注来自于主观主义线路的对奥地利学派中间立场的批判。[①]

对于市场协调的攻击：观念史中的悖论？

虽然，如前面提到的那样，在 20 世纪早期的经济学发展中奥地利学派与新古典经济学中的其他理论流派是相互一致的，但是，这种关系到 20 世纪中期就迅速瓦解了。虽然米塞斯在 1932 年时曾经宣称不同流派的经济学之间的差异主要是风格的而非实质性的，几年之后他也不得不严厉地强调奥地利学派同新古典主流之间存在的实质性差异（第 6 章第 110 页起，以及 Mises，1960）。使奥地利学派与正处于上升势头的新古典理论的瓦尔拉斯版本不相容的关键在于那些源自奥地利学派传统、对主观主义有更深入认识的成分。米塞斯强调了个体选择的自主性，个体做出选择的环境的不确定性，市场选择的企业家活动性质，以及人类活动的目的性特征的重要性。哈耶克强调了知识和发现在动态竞争过程中扮演的角色。对于米塞斯和哈耶克来说，这些主观主义的洞见绝没有给处于奥地利学派中心位置的思想——系统性的市场协调和消费者主权——打折扣。相反，他们认为只有通过把这些主观主义的洞见包括进来，我们才能理解市场过程的自发性、协调性。现在我们可以觉察到新线路的主观主义对于现代奥地利学派的批评，对此本章将予以考察。

这些批评者们要求的是，奥地利学派承认它们的主观主义洞

---

① 针对极端主观主义者而对中间立场的奥地利学派立场进行捍卫的早期贡献，参见奥德里斯科尔（O'Driscoll，1978）和加里森（Garrison，1987）。

见——这些批评者们所极力推崇的洞见。但这必然导致那些自奥地利学派诞生伊始就处于其中心地位的关于市场的结论的抛弃。①根据这些批评者，使得奥地利学派对于主流的均衡范式不满意的主观主义基础必须不仅使得该学派不遗余力地拒斥该范式的支配地位，而且也必须拒绝市场协调这个观念本身。根据他们的主观主义，要保持逻辑一致性，奥地利学派必须舍弃其传统的对于市场有效性的接受。任何试图站在一个更稳妥的中间立场的希望——在这样的中间立场上主观主义和对市场有效性的接受是可以共存的——被认为是虚幻的和自相矛盾的。逻辑一贯地坚持奥地利学派的主观主义一定得要求抛弃奥地利学派对于自由市场的社会协调性（social coordinative）特征的承认。现在我们来考虑那些根据这条新的批评线路而提出的主要的观点。

主观主义和均衡：朋友抑或敌人？

有很多批评是针对本书作者试图基于明确的企业家驱动的市场过程均衡来对米塞斯—哈耶克对于奥地利学派理论的拓展进行重述的做法（参见 Kirzner，1973，以及之后的著作）。之所以市场过程是一个系统的协调过程，是因为市场协调中产生的每个缺口都以纯利润的方式表现出来，是因为这些利润机会的存在吸引了警觉的企业家的注意。企业家试图抓住利润的行为驱散了无知，而这种无知正是利润机会产生的原因，并且这种行为因此导致市场选择之间倾向于相互协调。这样一来经济学理论就可以理解市

---

①　我们还可以加上这一点，这些批评者们主张的立场会导致这样一种结果，那就是，背弃传统的奥地利学派对于经济理论有效性的承认。尽管奥地利学派经济学是因为对德国历史学派的坚决反对而出现的，但现在有人认为某种意义上的对它的重估即将发生（参见 Shackle，1972：第 37 页起、第 272 页起；Lachmann，1986a：148）。

场价格，资源的市场配置以及收入的市场分布如何可以被理解成为系统性的均衡化趋向（一种确实从来没有完成，但每一次从来没有完全不起作用的趋向性）的结果。市场现象于是不被看成仅仅是自发地变化的偏好和预期的直接表现而已，而是看成是上述这样一个过程的结果，这个过程虽然肯定不是完全地确定的，但仍然由背后相关的现实因素系统性地诱发。

在这样理解的市场过程中，奥地利学派的主观主义思想扮演了重要的角色。这个角色决定性地使得奥地利学派理论远离主流新古典理论。后者中许多主观主义的思想都被压制了。尤其是，企业家的创造性和发现力、企业家对于由于纯粹的无知产生的机会的警觉性、企业家在经济中注入令人惊奇事物的潜力，都不能被纳入新古典模型。为了展示市场现象与背后的现实面之间的确定性的联系，这些模型需要假设一个能够总是把这些现实转化成均衡条件的市场机制，它不受企业家创造的令人惊奇事物以及由于目标开放的不确定性而可能引入的各种花样的事物的影响。另一方面，对于奥地利学派而言，企业家不是作为均衡概念的敌人，而是作为不可或缺的朋友而出现的。正是认为企业家可以被看成是均衡化趋势的真正源泉这一主张，才招致了那些拒绝接受奥地利学派的中间立场路线的可行性的批评家们的炮火。布赖恩·劳斯比在这个方面一直是温和而坚定的批评者。[①]

劳斯比（Loasby，1982：122）对于企业家导致市场均衡的能力表达了很深的怀疑："我们有什么样的保证使得企业家不会犯下严重的错误以至于将他们导向一个完全错误的方向？"劳斯比强调了企业家对于现有的、某种程度上没有被注意到的条件的警觉性和企业家对于未来可能性的想象力之间的区别（第116、第119页；也参见 Loasby，1989：161）。尤其是对于后者，劳斯比反对

---

① 关于沿着同样的路线的批评，可参见怀斯曼（Wiseman，1990）。

这样一种主张，即认为可以依赖于企业家做出正确的选择。他们的选择可能事实上使得相互的预测落空，并且，根本就没有系统性的力量将企业家导向针对不确定性的未来做出正确的、协调性的选择。"但是虽然人们可能会愿意——带有疑虑地——承认现有的机会是事实，对于未来协调失败的预知……一定会为使得企业家会产生而不是纠正系统中存在的错误这种可能性不可避免。"（Loasby，1989：161）正像（至少根据某些科学哲学家的观点）我们不能证明科学程序一定产生真正的知识，同样，"柯兹纳试图证明市场过程一定运作得很好的努力也不能成功……"（第163页）。劳斯比不仅强调在不确定性的未来面前企业家犯错的可能性，而且强调了企业家通过有意识地误导消费者，或者通过投机性地购买资产"以便在更高的价格上卖给希望可以以更高的价格转手出去的人"（第127页）而发现利润机会的可能性。虽然劳斯比认识到这种对于市场的协调性属性的怀疑并不能为政府行动提供直接的支持（第121页），他的结论不过仍然是"用奥地利学派的方法来证明集中计划不能运作是内在地不可能的"（Loasby，1989：166）。奥地利学派对于"主观评价以及不完备的知识"（第166页）的重要性及其条件的承认，似乎一定会阻止经济学家们接受市场的任何协调性属性。似乎，企业家经济的目标开放性将使有关存在经济会朝向市场均衡和协调发展的系统性趋势的观念一开始就不能从主观主义视角对经济的理解中得到支持。

主观主义和社会效率的含义

市场协调和社会效率（social efficiency）的实现之间的关系从来都不那么简单。福利经济学的历史是一个社会经济最优（social economic optimality）概念不断改变的历史，也是一个对市场经济是否成功实现了有关目标的评估本身在不断变化的历史（也参见第十一章）。但是任何有关市场实现社会最优（social optimality）的声言都一定依赖于平行的、认为市场系统性地实现了某些结果的声言。如果市场结果完全是不确定的，那么就不能宣称在市场经济的社会福利属性方面存有着什么系统性的东西。如前面提到的那样，奥地利学派经济学家对于市场能够导致符合消费者偏好的资源配置往往给予很高的肯定。因此，对于存在均衡化趋势的主张的有效性提出质疑，当然也意味着对奥地利学派主张的市场效率的质疑。① 激进的主观主义观点（在此基础上已经提出对均衡化理论的挑战）因此不仅从实证经济学而且也从福利结果着眼否认奥地利学派自奉的中间立场的可行性。

　　不过，从本章考察的主观主义线路最近对奥地利学派经济学的批评产生出的，不仅是对奥地利学派对于市场的福利性质的传统观点的拒绝，而且事实上原则上拒绝了任何意义上、基于任何社会效率概念而定义的社会效率观本身。不管社会效率这个概念如何定义，按照严格的主观主义立场，它只能是毫无意义的。这个相当令人吃惊的发展值得进一步的关注。

　　我们首先明确地区分从主观主义出发人们关于常规的福利标准的无意义的批评以及包含在哈耶克关于分散知识的福利意蕴的重要命题中的对其的批评（参见第十一章）。哈耶克指出了对于评价市场的社会作用（social usefulness）的各种方法的错误，这些方法错误地认为原则上存在着有关其背后的现实的、完全的、集中化的知识。在一个分散信息的世界上，哈耶克争辩道，基于不相干的完全信息标准（这样的信息原则上只有中央计划当局才可以支配）来评价社会效率是没有意义的（Hayek，1949b）。我们这里准备考察的从主观主义出发对社会效率概念的批评，是完全不一

---

① 可以参考怀斯曼（Wiseman，1990）了解有关这样一种挑战的一个例子。

样的。它并不基于对于有关其背后的现实的不完全信息的认识。相反，它基于这样的想法，即根据"其背后的客观现实"这个观念去评价社会效率在根本上与对于不确定性的彻底的主观主义认识是不相容的。在哈耶克的思路中，原则上由背后的偏好和稀缺性数据决定的社会最优性这样的观念是没有问题的。他只是认为这个最优性不应该成为制定社会政策的重要参考标准，因为关于这样的社会最优性的信息从来不是对于任何人的头脑给定的事物；对于一个社会而言，相关的问题绝不是如何运用这样的知识来获得某种社会最优性，而是将分散在整个经济中的信息动员起来。但是这里讨论的主观主义的批评者试图质疑的恰恰是有关一种社会最优性也许可以被定义所基于的现实的想法。杨·克雷格尔（Jan Kregel）教授曾经明确质疑有关背后的客观现实的观念的意义。他感觉奥地利学派经济学家由于没有意识到这些所谓的"客观事实"所存在的问题而只是半心半意的主观主义者（与后凯恩斯主义者相比）。

　　克雷格尔解释道，之所以有关的客观现实的观念是可疑的，是因为它本身部分地由企业家今天采取的（基于对未来的所谓"客观事实"的预期）行为所决定。克雷格尔（Kregel，1986：160）讨论了这一点对于均衡化的可能性的影响："基于关于消费者需要什么、他将支付什么样的价格的预期与客观数据之间的关系（这个关系描述了均衡的条件），并不能得出会有朝向均衡的趋势发生的结论，因为消费者可得到的收入完全取决于企业家基于这些预期所作出的决定。"① 虽然克雷格尔没有沿着这个理路对福利尺度的标准概念进行批评，但这种说法的蕴意是非常清楚的。就企业家行为本身创造企业家希望能够预见到的未来而言，似乎根据那个客观的未来作为这种行为的社会最优性的判断标准是没

① 就拉赫曼与克雷格尔立场的一致性，也可以参见加里森（Garrison，1987）。

有意义的。这样的效率判断只有当我们假定存在着有关未来事实的客观状态，并试图根据它来调整当前的行为时才有意义。[①] 我们在本章的后面将再来讨论克雷格尔教授的主张的非常极端的蕴意。

在最近詹姆斯·布坎南（James Buchanan）和维克多·范伯格（Viktor Vanberg）未发表的文章中，他们也以类似的思路涉及这个话题。他们认为，可改正的无效率（remediable inefficiency）这个概念本身只能基于新古典的这样一种观念，即未来的知识是不完美的，这并不是因为未来的内在不可知性，而是因为无知在原则上是可以避免的（Buchanan 和 Vanberg，1990：11）。然而，完全的主观主义要求我们将未来理解为不确定的以及内在地不可知的。从这样一种主观主义的视角来看，错误的选择必定显得是高度人为的，如果不是完全内在不一致的话。布坎南和范伯格赞许地引用了沙克尔（Skackle，1983：33）的观察，认为未来的"不可知"不是"一种缺陷，一种不达标，一种搜寻与研究的失败"。

布坎南和范伯格的观点使人想起布坎南自己多年前一直坚持的观察结论。"在经济学中，"他说道，"即使是许多市场和市场组织的强力倡导者，市场安排产生的'效率'也是被独立地定义的。市场安排于是成为'手段'，它可能是或可能不是相对而言最好的。直到并且除非这个目的论的成分完全从经济学理论中驱除出去，经济学家仍然会对有关问题头脑不清楚，并且他们的话语也不会清楚。"（Buchanan，1982）这里提到的"目的论的"成分——布坎南认为它误导经济学家们离开效率产生的实际过程谈论效率——需要单独一节来阐述。它代表了在本章所关注的对现代奥地利学派经济学的极端主观主义批评的一个特殊例子。

---

① 对于极端主观主义的这种后果的认识，参见怀斯曼（Wiseman，1990：155）。

目的论和非目的论的视角

布坎南和范伯格（Buchanan 与 Vanberg, 1990）对他们所说的"目的论的"和"非目的论的"视角进行了区分。目的论的视角下"市场调整的有效性……根据某些事前定义的、已经存在的价值标准的相对实现程度予以度量"（第18页）。显然，正是这种目的论的观点才有赖于"客观事实"的概念化（这正是克雷格尔所质疑的观念），与企业家的行为无关，并且根据这样的客观事实企业家的行为才可以被评判。针对这种目的论的视角，布坎南和范伯格主张"一种对市场的极端的主观主义理解"（第19页），这种理解认为把市场形象化为"某种结果很好定义的、独立于参与者们自己的创造性选择的目标"是错误的（第18页）。对非目的论的视角而言，"整个一般均衡概念都是成问题的，如果应用于一个不断变化的、没有预先给定的'目的'的社会世界……这个目的不管是在马克思主义历史哲学的浮华意义上，还是在社会经济的变化过程可以被预计总会向其靠近的一种概念上可定义的'均衡'的更平淡意义上的"（第13页）。

对于本章而言，重要的是布坎南和范伯格两位作者的如下断言，即他们认为，在目的论的和非目的论的视角之间没有系统的、可以自洽的中间立场存在（第19页）。他们声称：我们不能同时承认人类选择的原创性、创造性特点，又把这样的选择描述成是"错误发现"性质的。本作者试图基于企业家的富有创造性的警觉性，发展出企业家行为导致系统性的均衡化趋向的理论。这在他们看来是注定要失败的，因为潜藏在均衡化概念里的目的论与真正的创造性是完全不相容的。在本文中我们对奥地利学派的中间立场的捍卫要求我们对这种批评做出回应。我们将指出，创造性和对于"错误"的纠正不一定是相互排斥的范畴。

布坎南和范伯格的立场有一个方面特别值得专门考察，那就是他们认为在目的论的框架中对于社会主义的全面批判是不可能的。他们认为，新古典学派和奥地利学派对于集中计划的批评都没有找出集中计划观念的核心错误。这个错误在于这样的想法，即给定全知全能以及仁慈的计划者存在，原则上达致社会最优是完全可行的。这样的想法之所以是错误的，是因为"即使如此理想化的计划者也不能创造出本来不在那里，并且如果不是个体的创造性选择就不可能在那里的东西。而这些个体自己事前也不知道他们会创造出什么东西出来"（Buchanan 和 Vanberg，1990：33）。社会主义不能在观念上与"作为可以发掘人的想象力潜能的创造性过程的市场"等价。这里值得注意的是，这样一种主观主义的想法——布坎南和范伯格（就像克雷格尔一样）基于此而否认"未来事实"（基于它才可以主张市场的有效性）的客观性——明显地将他们导向了与上一节得到的完全不一样的福利结论。

上一节我们提到了克雷格尔对于未来的"客观事实"的否认所具有的明显的意蕴就是，社会效率这个概念本身（就按照根据未来的事实要求调整当前的活动的有效性而言）将失去意义。我们推断，除非这些未来的事实可以被视为独立于这些活动，从主观主义线路出发对于福利经济学的批评才可以对（依据那些未来事实而作出）任何效率评价的可能性提出质疑。我们注意到，经济学家们关于市场经济是有效率的社会制度这种主张就会有鉴于这样的（针对对于赋予社会效率观念以含义所需要的那些"背后的基本事实"的）质疑面前瓦解掉。现在我们看到布坎南和范伯格对"背后的未来事实"的质疑所指向的，不是对所有关于市场（较之于社会主义的）相对优越性主张的否弃，而是对社会主义思想最核心的弱点的暴露。

虽然对他们这种明显令人吃惊的结论的细致批评对于本章的

主要关注点来说并不那么重要，但简单地思考一下它似乎要提出的悖论也是有用的。一方面，我们被告知，非目的论的、极端主观主义的视角对任何衡量市场效率的客观标准提出了质疑；另一方面，我们多少天然地就理解，市场经济作为一个社会系统具有一些重要的优点——这些优点根据定义不存在于社会主义条件下——正是因为它促进其中的个体参与者的具有创造性的想象力。但是我们没有被给出理由，为什么我们就应该对市场中个体的想象力的创造性很可能将导向个体的（更不要说社会的）福利，而不是社会的（甚至是个体的）灾难而自信。除非创造性本身被认为是有价值的——不管创造的是什么，并且不管不同的创造性可能相互撞车甚至相互扼杀——否则你就会想，（在没有任何有助于评价标准的形成的客观事实可言的情况下）你作为经济学家怎么可以给予一个提倡创造性的系统比不这样做的系统更高的评价。

对于奥地利学派中间立场的主观主义批评：一个总结

对于奥地利学派中间立场的极端主观主义批评似乎可以归结到几个关键的争论点上。

企业家的错误

奥地利学派主张的均衡化趋向基于这样的假定：企业家倾向于发现和抓住利润机会，因此对出现在非均衡状态下的市场无知予以纠正。批评者们反对说，企业家可能犯错（并且，尤其是就不确定性的未来而言，错误更是难以避免）。没有保证企业家会系统性地倾向于减少市场无知。完全相反的情况可能是正确的。

背后的现实和均衡的概念

奥地利学派主张均衡化趋向基于一个相关的均衡构型的概念，该概念被认为隐含在构成了经济分析的给定框架的"背后的现实"中。这个均衡构型就像一块磁石一样起作用，对未来要发生的事件产生影响。批评者不承认这种"背后的现实"的意义。一旦我们将动态因素考虑进我们的分析，我们必须承认未来的相关现实（就这样的现实而言任何均衡的跨期概念都必须抛弃）就它们本身而言根本就不是"现实"（在其独立存在的意义上，而人类的活动根据它而进行调整），而是由这些其本身是否内在一致性还需要得到检验的活动所创造的。

总的说来，似乎认为，从极端主观主义视角得出的社会历史的画面与奥地利学派中间立场经济学完全不一致。对于极端主观主义，历史是由沙克尔式的"新开始"组成的连续序列；未来的不确定性，受制于不断注入的纯粹的意外，使我们不可能把市场看成是系统性的均衡化过程。如果这样做的话就会认为是荒谬的，既是因为意外的不停的注入一定会不断地使新出现的均衡化趋向中断，也是因为意识到这种事情的不可避免性一定会使任何试图正确预期未来（或者，正如已经述及，甚至是将未来定义为一个需要考虑的独立的事件集合的）的企业家幻想落空。将奥地利学派的中间立场与新古典主流区分开的有限度的主观主义，在这种观点看来，是如此温和和淡薄以至于会将中间立场的奥地利学派经济学家置于一种根本上的逻辑不一致的境地。不仅不能将两个世界的好的东西吸收进来，中间立场的奥地利经济学家们将他们置于一种到处都无法自洽的位置。

让我们试图对现代奥地利经济学家们的中间立场予以澄清，以应对这些批评，并且表明它们远不如第一眼看到的那样可怕。

可能首先有必要打消对于奥地利学派中间立场的均衡化理论中关于**错误**的可能性（及其含义）的一些误解。

奥地利学派的中间立场和企业家的错误

　　有些时候来自极端主观主义线路的批评者似乎认为，中间立场的奥地利学派把企业家当作是不犯错的；他们具有正确地看穿未来的能力。情况肯定不是这样的，或者至少**不**是基于仔细的考察的。第一，奥地利学派的企业家均衡化过程理论，就像劳斯比（Loasby，1982：117；1989：160—161）非常警觉地意识到的那样，是基于这样一种认识，即一些企业家比其他的企业家更机警（并且是后者相对不机警才导致了错误的产生，这些错误为利润的出现和人们去获取这些利润创造了机会）。第二，企业家倾向于去寻找利润机会并由此导致均衡的产生，这并不是一个决定性的、毫无商量余地的命题。对于获取利润的动机的强调不是用来否定企业家也会产生亏损这样的可能性。表明企业家的警觉性如何可以用于说明市场中存在的明显的系统性调整力量，并不是——就像我们会反复强调的那样——要用来预测说在任何条件下均衡化一定都会发生。

　　有时极端的主观主义者认为中间立场的奥地利学派把企业家的错误与某种罪过联系起来。因为错误在原则上被看成是可以避免的，于是乎不能正确地预测未来就被归咎于不小心或其他什么原因。并且因此极端主观主义者倾向于强烈否认涉及未来的"错误"这种说法，因为他们非常强调未来在根本上是不可知的。"如果未来可以被知道，才可以说有'错误'。但是，如果承认未来是由还没有做出的选择所决定的，它怎么可能被知道呢？"（Buchanan 和 Vanberg，1990：27）。必须强调的是，对于奥地利学派的中间立场来说，对于未来缺乏"警觉性"在任何意义上并没

有什么值得指责的。涉及未来的"错误"并不涉及不小心和怠慢
的问题。当然，未来确实是很难提前正确地预测的，尤其就未来
选择的创造性所带来的不确定性而言。

　　实际上，从奥地利学派的中间立场视角来看，来自于极端主
观主义线路的批评者们本身可能过于强调了目前的事实相较于未
来事实的客观性（可知性）。那些不满意涉及未来的错误这个说法
的批评者，很明显并不认为涉及现存的事实的错误这个说法有什
么问题。现存的事实就是现存的事实；未来的事实是内在的不可
知的；不知道未来的事实是不可避免的，并且因此被认为根本就
不是错误。但是现存的事实就不一样了。更勤勉地搜寻可能可以
揭示出关于现存事实的更全面的真相。因此极端主观主义者们坚
持认为，承认未来不确定性就一定要对现在和未来区别对待。但
是，从奥地利学派的中间立场视角看，对于现存事实的无知并不
一定比对于未来"事实"的无知更应该受到责难。对于未来的无
知涉及的是本作者所称的"纯粹的"或"全然的"无知（也就是
说，你不知道存在着一个你并不知道的特定的事实）。这样的"纯
粹的无知"对于现存的事实来说当然也完全是可能的。你可能对
于知道一个重要事情的机会表示完全无知的。这样的无知——即
便是对于现存的事实——也是不可避免的（在更勤勉地搜寻就会
获得更全面的信息这个意义上），并且可以认为根本不是不小心、
不够勤勉的问题。你不能因为一个人在这个意义上是完全无知的
而去责难他；你不能怪他没有更细致地寻找有关信息，毕竟他根
本不知道从哪里开始去搜寻，不知道搜寻的机会，甚至根本不知
道有必要去搜寻。如果我们认为他这种情况属于错误的行动，我
们等于说，如果他"更机警"，他就可能会知道现存事实。[①] 似乎

----

　　① 关于企业家任警觉的思想，进一步可参见柯兹纳（Kirzner, 1973: 2; 1979a:
第10章）。

在去发现现存的事实（对于此前个体对它处于完全无知状态）的能力和去注意到或感知到某个未来的事件（该事件在个体形成自己当前的计划时会考虑进来）的能力之间并不存在根本性的差异。根据对于现存事实所后续发现的新情况（该情况在个体行事之前完全不知晓），个体可以回溯性地说自己错误地行事了；个体同样也可以根据后来发现是错误的、对于未来的预期而对自己的行为做出类似的判断。如果在这两种警觉性——可以看清未来事实的警觉性和看清当前事实的警觉性——之间有什么差别的话，这种差别只能是程度上的，而非实质上的。看不清现在的事实这种"错误"并不比看不清未来事实的错误更严重。而没有正确地看清楚未来，至少在很多情况下似乎并不见得比没有能够看清楚现在的一个可知事实更不适合作为一个错误的例子。

有必要进一步探询一下对于未来的极端主观主义立场。这种立场认为未来是完全不可知的，而在这种不可知性面前，是不可能有所谓的出错问题的。

一个没有错误的世界？

我们稍微想一下就可以明白，极端主观主义对于不可知的未来存在着真正的错误的可能性的否认将会导向一个非常奇怪的结论，一个会让极端主观主义者们本身也一定感到不舒服的结论。我们被告知，未来不是一卷卷起来的画布等待着被涂染，而是一个空白等待着被创造性的、原创性的、不可预测的人类自由选择来补填（例如参见 Shackle，1986，第281页以后）。"极端主观主义立场的实质在于，未来不是简单的'未知的'，而是'不存在的'，或者'在决定时刻不确定的'。"（Wiseman，1990：160）至此，似乎中间立场的奥地利学派可能赢得一定的认同。但当极端主观主义者们从还没有存在的未来这种情形直接下结论，认为面向未来的行为不可以被认为是有错误的，这种认同就开始快速消逝。我们已经知道了这个结论是怎样得出的：如果未来并不存在，它就是内在地不可知的；如果它是不可知的，那就没有任何行动可以因为说没有避免可避免的灾难而被责难；即使是采取了最灾难性的行动，于是，也不能认为是错误。怀斯曼认为，对于未来的无知，不应该被认为是"导致了'无效率'的行为"而应该是"人类行为的无可逃避的特征"。不那么看事物就意味着"存在着某些关于未来的知识存量，这样的知识行为人'应该'具有，并且存在着某些相应的选择，这些选择他们'应该'采取，并且正是这些人才甄别了什么是'有效率的结果'"（Wiseman，1990：155）。

在这个点上人们一般会停下来，带着某些惊异，接受这里似乎以最基本的实事求是的口吻所陈述的话语。通常的、非专家型人士对于人类选择的看法是，某些人类选择是明智的、成功的。在事后看，某些选择可以认为是对取得某些希望的结果非常关键的。最后，另外一些选择一般看来是不成功的，至少它们被视为是错误的。这里涉及的问题不是任何单纯意义上的道德可罪性的问题，而是承认，至少从事后的角度，某些选择与后来事实上发生的事情不那么相协调。这里我们可以指出我们与极端主观主义者的意见明显不同之处：根据后来发生的事情，认为一个选择是否妥当或者不妥当，这样做是否是有意义的？我们是否准备说，因为在某些哲学层面上未来并不存在，因为它并不是"等待"着被知道（因为它还没有被创造出来），因此个体在做出他的面向未来的选择时试图获得成功这个事情是没有意义的？当我们考虑经济政策问题时，这里涉及的这个问题将会更麻烦。

我们是否准备说，既然对于未来而言没有真正的错误，我们因此不能在明智的和不明智的经济政策之间做出区分？我们是否必须说，虽然主观地讲，个体和公共选择的决策者可能认为自己是在努力地尽可能地做出正确的选择，从一个更敏锐的哲学的视角看，这必须被看成是幻觉而已？我们是否准备说，未来的不确定性意味着，既然未来还没有在那里，试图调整自己的行为以避免未来的灾难是无聊的作为？是否未来的不确定性导向一种完全的无助感（以及因此产生的一种根本不需要担心会犯错的麻木感），这种无助感往往来自于把未来看成是在任何方面都已完全确定的（不管个体认为他们试图获得还是试图避免什么)？是否一个未来笼罩着由于人类行为的创造性所产生的不确定性中的世界会降格为一个真正的人类行为都因为错误的不可能性而被排除掉的世界？不用说，这些结论都会让所有的主观主义者们烦恼，不管他们极端的程度如何。乔治·沙克尔对于理解人类如何在不同的行为路线之间选择（在他们的想象中，不同的行为路线联系着不同的未来图景）所做的毕生工作让我们相信，即使是我们这个时代的主观主义大师也并不认可这种明显的、误导的观点，即人类的选择什么都不是，无非是自我欺骗。如果未来的不确定性使我们根本无法分辨什么是更好的或不那么好的行为路线，那么选择就成了空话。"当选择者自由地认为任何行为可以无限制地产生任何后果，那么就没有进行选择的基础了。不确定性的有限性对于选择的可能性来说是至关重要的。"（Shackle，1970：224）"有限的不确定性"这个概念本身意味着，马上要进行选择的人感觉有资格说，某一行为路线似乎比另外的行为路线更可能成功，即便在他的面前存在着不确定性。

为一个不存在的未来进行选择

如果我们想要从没有错误的世界出发而导向的死胡同中把选

择这个概念挽救出来，就必须坚持几个简单但非常基本的真理。为了避免卷入经济学家们可能不那么在行的、充满雷区的哲学领域，我们有必要从日常经验的几个事实出发来进行讨论。因为我们能够**想象**未来，即便是一个不存在的、不可知的未来，① 我们会确实进行选择，尽力塑造未来，使未来他人自由的、具有原创性的选择可以促进我们的利益。我们会确实试图调整我们的选择以将未来可能发生的连串事件——想象的事件，它们在任何意义上现在还并不存在——考虑进去。并且，当我们回头审视我们以前做的，不管我们主观主义的极端性如何，判断我们的想象的程度是有帮助的。从**事后**的角度来看，我们会对我们的行为是否正确或不正确进行评判。我们可能会根据我们在做出选择的时点所具有的关于这个世界的信息判断说一个"不正确的"行为是不明智的，是应该受到责难的。我们可能事实上被劝服，即便在我们的痛苦经历之后，我们现在还是会重复先前的行为（现在被认为是不正确的那个行为），如果我们发现我们现在还是面临和当初选择所面临的一样的情形的话。不过我们仍然可能会后悔我们先前没有能力对这个世界有一个更有预见性的认知。努力做出"正确的选择"，去形成"正确的经济政策"（或"正确的外交政策"），是具有明确意义的事情。不存在的、不确定的未来并不禁止人们凭着想象预测什么样的创造性行为会去填充未来空白。并且，更重要的是，它并不禁止人们从事后出发根据这些富有想象力的预见的正确性而对它们进行评价。所有我们作出正确选择的**事前**努力都是在未来可以经受这样的回溯性检视的努力。在进行选择时，我们并**不**满足于仅仅选择一种在未来不会被认为是过于草率或过于谨慎、因此**应该受到责难**的方式做事情，而是试图做出未来被证明是正确的、成功的选择。

①　"未来是不可知的，尽管不是不可想象的"（Lachmann, 1976: 59）。

高超的企业家预知能力发挥作用的余地

未来在现在并不存在，但我们尽力在想象中以某种方式把握未来。我们中的某些人比另外一些人在这个事情上更成功。后者所犯的错，构成了被成功者抓住的利润机会。事实上，正是这样形成的利润机会点燃了人群中更有预见力，更"警觉"的企业家想象力的火花（肯定不是任何的均衡状态起作用，就像磁石或"目的"一样刺激了企业家的预见性，而是企业家错误，以利润机会的形式让人们做出具有预见性的发现）。① 一旦我们承认努力去更正确预见未来不是空洞的，我们就很难拒绝承认人类品质中所具有的"警觉性"（或者更准确的想象，或更好的预见性——你愿意怎么称呼都可以）。我们必须承认存在着某种"企业家能力"这样的东西，一种独立地把握机会并且更准确地掌握相关（虽然仍不确定的）未来的图景。我们都在一定程度上具有这个能力——或者说，我们已经早就学会了在一个充满了惊奇的世界中根本就不去做出选择……这些惊奇使得我们所有掌控自身生活的企图均告落空。但是某些人具有更高程度的这种能力——一些人在这些领域，另一些人在另外的领域。经济学家、心理学家以及其他的社会科学家至今还没有发展出有用的，或充分的理论的，或经验的材料，对说明这种能力的来源以及决定因素（如果有的话）。但是否认它的存在就是否认经验中最明显的日常事实。

此外，一旦我们承认存在着企业家预见力发挥作用的余地，我们就会不可避免地承认，是"背后的现实"激发了这样的预见

---

① 本作者讲话的方式似乎让人感觉，警觉性就是能够辨识出现有的、能够在未来创造利润的机会。纯粹主义者，不管是什么意义上的，无论是在语言使用上还是在哲学一贯性上的，肯定会对这种不存在的未来而随意地或者在比喻意义上使用语言感到不满。这可以理解。但是，有关情景的经济学可能毫不依赖于语言使用的有效性。

性，并且因此塑造了企业家的行为。当然，直接激发以及塑造企业家行为的是（对于未来会如何的）想象而不是这些事实本身。但是企业家的警觉性使其努力去注意的并且正确地想象的是（将要发生的）未来的现实，并且是这些现实带来的预期收益"开启"了企业家的警觉性。因此未来将会发生的事实确实会非常关键地影响企业家预见性的塑造以及由此而产生的企业家行为。正是基于这些原因，我们认为，由企业家的利润取向的行为驱动的均衡化过程最终是由背后的经验现实所激发的。

预见力的难题

但是必须立即承认，我们并不能完全解决极端主观主义者们所提出的这个关键问题。在我们眼中，企业家——并且，从米塞斯和沙克尔的著述很容易明白，我们**都**是企业家——努力去想象未来。但是那个想象的未来必须基于他们自己的选择。将出现在想象中的未来当然并不是没有任何企业家的行动就会自动产生出来的未来事件进程（以及造成这些事件的行动所有创造性和新奇）。要想象的那个未来是包括了企业家自己现在和未来的行动后果的未来。企业家并不试图去正确地想象他的行为可以控制的未来，而是由于他自己的行为（对于这些行为，他现在必须做出选择）部分地会影响的未来。这并不妨碍我们承认，就像我们一直坚持的那样，企业家做的是，试图展现其正确地想象未来的能力。但是这确实要求我们承认，企业家努力正确想象的未来的"现实"（也就是最终出现的那个即将被创造出来的现实）存在着逻辑上的纠结和混乱。企业家与其说是在选择一条与**"现实"**相吻合的行动路线，还不如说他在选择他的行为可能会引向的各种可想象的现实之间进行选择。必须大胆地承认，在这样的场景下所要求的预见性必定显得非常不同于在把未来看成是实质上决定性的、与个体决定怎么做无关的那种情形中所讨论的简单的预见性。此时，说企业家的行为可以被看成是对"现实"做出"反应"一定是在一种修正的意义上讲的。不过，我们希望坚持说，企业家的警觉性和对于错误的避免，以及所需的激发这种警觉性的激励，可以在这个更加细致地加以理解的框架中以实质上不变的方式被体察。为未来而采取的行动总是在试图更正确地想象未来（并且从中获利）的基础上进行的。

　　不过，似乎更麻烦的问题是由克雷格尔教授提出来的。在一个企业家的预见性采取刚才所述的形式、一个市场过程由无数个这样的相互作用的企业家选择构成的世界中，到底把市场过程描绘成多少接近于由关于偏好和可利用资源的"背后的现实"所决定的轨迹有多大意义？对选择者试图正确想象的现实进行重新解释以便承认这种想象对于企业家自己将要选择的行为路线的依赖是一回事（就像我们在前一节做的那样）。宣称由此产生的一系列企业家选择以及它们的市场后果就可以看成是被某些均衡化"经济法则"所限定、决定于（现在和未来的）消费者偏好以及可利用的稀缺资源的构型所规定的路径，这又是另外一回事。当然克雷格尔否认存在任何"基于预期和客观数据之间关系的均衡化趋向"（Kregel，1986：160）是正确的。我们如何能够挽救经济学理论的中心观念呢？该观念就是认为市场倾向于导致市场选择之间的协调，这种协调就客观需求和有关约束而言，避免了浪费和无效率。为了理解这一点，有必要退一步，重新在一个想象的、风格化（stylized）的背景下——在其中我们将由动态市场过程引入的不确定性抽象掉——来审视最简单的各种协调概念。

协调的含义：简单的情形

　　试想一个存在着对鞋子有着很强的、未满足的需求的市场，尽管存在着可用的必要的资源（现在用于那些对于消费者来说不那么有价值的其他行业中）。显然这里存在着企业家机会。需要用来生产鞋子的资源可以以一定的费用而被集合起来，该费用足以被来自于销售鞋子给渴求的消费者的收入所冲抵。

试想现在不少的企业家错误地判断了消费者的需求，并且错误地认为生产鞋子不大可能赚钱，但是生产自行车会很赚钱。基于错误的估计，他们建立工厂生产自行车，把资源从（事实上更迫切地需求的）潜在的生产线（如制鞋生产线）上调取过来。肯定的，这些工厂就构成了错误的资源配置。假设现在有这些工厂在那里了，它们的所有者遇到了生产自行车所需要的钢材短缺。一个企业家有幸找到了一个合适的钢铁资源，并且在赚钱的情况下把钢铁卖给了自行车生产者。我们应该如何评价这个最后的企业家选择步骤？我们应该说它是一个错误吗（因为钢铁可能被用于建造生产鞋子的工厂）？我们是否应该说，在发现由于钢铁在自行车生产中的短缺而创造出来的利润机会后，钢铁企业家没有对真实的、客观的事实（也就是，在可用资源现在被浪费到生产不那么紧迫需求产品的生产线上的背景下，对于鞋子存在着强大的、没有得到满足的需求）做出反应？或者我们应该干脆承认，给定已经犯下建造自行车工厂的企业家错误，过去的就必须看成是过去的——相关的现实现在已经改变了？现在，将急切的、寻求钢铁的自行车生产商与钢铁资源的意愿销售者带到一起是一种协调。换句话说，一个已经犯下的错误（比如一个错误导致企业家行为有违真正的背后的现实的要求）本身也许可以改变相关的现实，对于企业家的协调造成有效的新的利润机会，而且这时所处的情形从原初有关现实的视角看必定被宣布为不幸的情形。所有这些都是直截了当的，很好理解的。我们将把这里学到的简单的东西应用于多期的市场过程，其中下一年的未来的"事实"会由从今年看来属于未来的、不可预期的、创造性的行为所创造。在那样

的背景下我们不得不对关键的客观事实、偏好以及资源约束的相
关性（作为"磁石"把市场的均衡化过程轨迹勾勒出来）提出质
疑。我们先停下来看一下简单的鞋子和自行车例子中的某些特点。

　　看到将钢铁转用于自行车行业会带来利润的企业家，当然是
对当前的现实做出回应。当需要利用钢铁的行业是鞋业时，就不
再是这种情况了。给定在自行车厂中进行正确或错误的投资，给
定人们没有建造鞋厂，现在对于钢铁来说最有用的地方事实上是
自行车行业。最初的现实情况（就应该建造的是鞋厂而不是自行
车厂而言）现在无关紧要了，并且，确实正确地没有成功影响到
现在的资源配置。但是，说最初的现实情况从来没有在这个场景
中在提供一定的企业家激励方面起作用，这是不正确的。企业家
犯了错误，并且没有对那些激励做出反应的情形不能导致我们说，
唯一的、对于影响企业家行为起作用的现实情况就是那些来自于
在建造自行车厂中犯下的不可回溯的错误的事实。最初的现实情
况（其中消费者对于鞋子的强大需求大于对于自行车的）确实提
供了相关的激励；企业家们只不过没有对这些激励做出反应——
他们没有足够警觉地认识到事情的真实状态是什么样子。但是，
只要现实情况存在于经济中，它们就为利润动机提供着激励，就
在发挥着这样的作用。当因为企业家警觉性不足，没有对这些激
励做出反应，企业家采取的行动，虽然是错误的，仍然创造了一
种新的现实情况，它们可能现在对企业家的警觉性提供一种激励，
使得他们的行为趋于实现社会效率。相关的现实情况总是产生影
响的：就我们从可能的企业家错误的情形而言，这样的影响可能
不足以决定性地保证有效率的结果。当它们不能如此时，已取得
的事实上的（"错误的"）结果对于社会最优的构型而言，现在作
为当前相关的现实情况而担当其角色。

　　在由最初的现实情况所规定的轨迹中市场滑向了错误这个事
实确实产生出一个新的相关的轨迹。一个阶段接着另一个阶段，

真实的历史因此往往与任何相关轨迹都相去甚远。但是，不管怎样，在任何给定时候针对与那个时候的现实情况相关的路径，总有一定的企业家激励出现。我们现在将这个简单的想法用于更微妙的和更复杂的情况：隐含在最初的多期现实情况中的均衡化路线由于这些多期现实情况本身是创造性的、不可预期的选择——它们不可避免地在市场过程（不管是否表现为均衡化）中做出——的反映而被复杂化。在下文中，我们将很大程度上运用我们这一节中已经学到的关于我们所称的"最初的现实"和已经被企业家错误创造的"新现实"之间的区分。

协调的含义：动态的情形

通常理解的市场协调强调了市场过程对于将企业家选择导向与消费者偏好以及资源稀缺性相匹配的资源配置模式的重要性。主观主义者——极端的或非极端的——都指出：既然企业家活动是面向未来的，相关的偏好和稀缺性必须，至少部分地，是从与未来的日子相关的视角来看的。因此被认为塑造企业家选择的"现实"一定是以预期的偏好和预期的稀缺性的形式出现的。但是，由于涉及今天对于未来的偏好和稀缺性的预期，必须承认这些未来的偏好和稀缺性本身又是由许多企业家一系列的创造性的、不可预测的选择所塑造的，因此，很难知道今天的企业家选择如何系统地与（最终被证实的）未来的偏好以及稀缺性相关联起来。似乎更为准确的是，将未来描述成已经由今天的企业家选择所决定，而不是宣称后者因为考虑进前者而得到有效率的咬合。我们前一节的讨论将有助于将事情廓清。我们认为，将市场过程视为趋向于使选择系统性地与由消费者偏好和资源稀缺性决定的基本面相一致从而得以协调，这是完全合理的。中间立场的奥地利学派对于企业家驱动的以及企业家引发的市场活动的均衡性和协调性的属性的承认，在任何实质性方面并不会因为我们对于未来在任何选择时点的不确定性而受到干扰。

试想企业家 A 在 t_1 那天做出一个生产选择。他寻求预测对未来的某天如 t_{10} 的市场需求（比如制作鞋子）。该企业家比较在 t_{10} 的时候预期的鞋子的收益的现值与当前在 t_1 的时候的相关支出的现值。在这样做的时候，他需要问自己在 t_{10} 时的预期收益是否足够大，自己在 t_1 错误地付出过低的所需支出（也就是说，是否市场没有能够正确地评价相关资源的真实价值，如果它们就像我们这里的企业家那样把资源用于满足消费者对于鞋子的需求）。他所评估的 t_{10} 的现实情况是那个至少在 t_{10} 将成为客观现实的现实。在 t_1 它是想象的现实。但是，就像我们前面强调的那样，它是对 t_{10} 的想象的现实，这个现实刺激并且塑造了企业家在 t_1 的选择。

现在设想，企业家 A 在 t_1 进行如下的推理。"我自己揣度的 t_{10} 时刻对于鞋子的需求并不代表未来的、外在性质的事实。部分地，那时的收益将取决于在 t_0 到 t_{10} 之间将要发生的事情，取决于人们的生活品位的改变。可能在 t_3 时点某企业家会引入一种最终证明会导致对鞋子的需求发生激烈变化的新的时尚（比如说，自行车旅行）。"我们可以在没有自行车的情况下对于 t_{10} 时候的鞋子的需求，以及在 t_3 有自行车引入时预期的在 t_{10} 时候的鞋子的需求进行区分（为了简化，我们假定这些情形是唯一需要被考虑进去的可能场景）。这两种关于 t_{10} 的状态只有一种将会在那时候变成客观现实。在 t_3 时刻要么自行车被引入，要么没有被引入。但是，两种可能性都对当前的选择产生影响。我们的企业家 A 必须基于到底在未来的 t_{10} 需求会怎样而在 t_0 做出计划。两种可能的 t_{10} 的现实都将进入他在 t_0 时刻的算计。当然，A 也知道自鞋厂于 t_0 开工的那时开始，这个事情本身可能会造成消费者消费模式的变化，因此，预期的 t_{10} 时刻的消费可能不同于如果 A 在 t_1 没有生产鞋子情况下的消费。不过，评估现在在 t_1 时刻生产鞋子是否能够获利，A 其实是在问一个问题：假设为了在 t_{10} 时刻能够销售鞋子，我在 t_1 开始建造一个鞋厂，在 t_{10} 的时候销售鞋的收入是否会让我觉得目前投入得太少？

就像前面一节的简单例子一样，所有相关的现实对于企业家追逐利润的嗅觉都能够产生相应的刺激，当然在更大变化的环境中所有相关的可以想象的现实情况也会施加它们相应的影响。在前面一节中，不同的现实情况与不同的时间相关（当自行车厂建造起来时这改变了相关的现实情况）；在本节（关于动态问题）的讨论中，不同的可以想象的现实情况会同时对企业家的利润嗅觉产生影响。但是所有的这些都会适当地进入企业家的考虑之中，只要企业家对它们足够地警觉。①

上一节的情况中在不同的时段创造出企业家的激励的各自不同的现实是：（a）"原初的"现实，以及（b）由后来"错误的"企业家选择创造出来的现实。在这里的讨论中，同样地对于企业家未来取向的利润触角产生作用的那一组想象的不同的"现实"包括由于"错误的"未来选择而创造出来的想象的现实。但是我们一定不要对这种情况产生误解。

不错，当企业家在 t_0 评估 t_{10} 的情况时，它会考虑到 t_{10} 的情况可能取决于（例如说在 t_4 时段）错误的企业家行为。但这并不意味着对企业家的激励产生作用的 t_{10} 时段的想象的现实不是"真实的"现实（也就是说，如果没有早些时候的企业家错误发生……这样的错误可能导致不同的 t_{10} 时段的现实，它们会在 t_{10} 时段是有

————————

① 必须记住，企业家的警觉性理论并不是认为，企业家是在对一系列的、各种可以想象的未来场景进行利弊比较的基础上的行为。相反，这个理论认为，基于这种"警觉性"、这种对于未来的感觉，企业家的注意力将集中在那些具有利润前景的未来场景上。我们的观点是，所有相关的未来场景对于企业家来讲都具有同样的抓住其注意力的潜力。企业家的警觉性越强，"未来的现实"越是有可能被企业家注意到，它也越可能是那种能够变成现实的未来。

效的）。首先，企业家在 t_0 时段确实有动机将 t_0 和 t_{10} 时段之间犯错不会扭曲 t_{10} 时段的情况的可能性考虑进来。更重要的，在 t_4（以及每个时段），企业家选择都具有不要犯错的动机。因此在所有时段，每个企业家都基于由"真实的"未来现实以及最终被证实的"错误引致的"现实而建立起来的激励而行事。每一个企业家错误创造出一个预期的跨期缺口，它提供正确的预知真相的激励。该真相既反映"原初的"因素，也反映由于之前的错误导致的因素（而且后一类因素对于由那些错误所引入的真正的协调需要来说是完全紧要的）。

市场均衡化趋向意味着什么

对于批评者来说，我们试图反对极端主观主义思想的努力使我们不得不承认，与中间立场的奥地利学派经济学家传统上的假设相比，均衡化过程远不是那么坚实、可靠，那么有意义。确实，我们这里可以承认的是，"背后的客观现实"对于企业家的生产选择产生影响的方式比传统奥地利学派的想法认为的要更加间接，更不那么可靠。毕竟，我们承认企业家的预见是需要将未来的情形考虑进来的，这些情形并不独立于市场过程本身，而是构成市场过程的所有惊奇和创造性的结果。不仅这个过程包括可能犯下的错误，这个过程以及那些错误可能会改变未来的情形以至于要求现在的企业家对未来做出提前预判（这个未来可能会与没有这个过程的情形相比非常的不同）。

我们需要对我们极端主观主义的同事们表示感激，因为他们迫使我们将"系统性的均衡化过程如何与我们对选择的创造性以及未来的极端不确定性的主观主义理解相结合起来"这个问题阐述清楚。但是，在这样做的同时，似乎有必要坚持几个关键的点。

中间立场的奥地利学派希望主张的（并且正是这个传统上属于奥地利学派的主张提供了米塞斯在 1932 年看到的奥地利学派和其他经济学理论之间所存在的共同立场）是，在市场过程中间发生的事件受制于很强的约束性和塑造性力量的影响。这些影响倾向于反映不同消费者偏好的相对急迫程度以及不同生产性资源的相对稀缺性程度。当然，奥地利学派并未陷入这样的幻想之中，认为市场的强有力的约束性和塑造性影响是如此完全，以至于能够保证均衡状态的实现，甚至是瞬间的实现。奥地利学派强调的是重要的均衡化过程的存在。当然这些过程施加着它们自己的动态影响，不断地修正后来的现实，这些现实必然服务于进一步推动某些部分的均衡化过程。确实人类历史总是远离不受错误影响而只由相关的客观事实（可以独立于这些过程本身而被甄别为客观事实）支撑的相互交叠的均衡化轨迹序列，这些都是正确的。中间立场的奥地利学派并不将市场变量的一般均衡构型当作是"磁石"或"目标"，不认为它们具有将现实的市场现象不折不扣地吸近的能力。但同时，中间立场的奥地利学派拒绝将市场现象当作是仅仅偶然地与背后的客观现象相一致这样的诱惑。事实肯定是，只有当我们承认每个市场历史的切面都在表达，至少部分地表达企业家过程的系统性的协调性属性，市场事件的序列才能被理解。需要强调的是，到底在多大程度上这个对于市场历史的理解具有重要性，取决于经验的情况。它取决于独立的现实的变化的可变性；取决于企业家错误的程度，包括已经存在的和将要被预见的。因此，这一理解的重要性从这个市场到那个市场、从历史上的这个期间到那个期间，均会有所不同。虽然理论坚持在所有条件下市场的协调性过程都有效的观点，但它并不主张说构成这些过程的趋势在所有时间以及所有情形中均一地发挥作用。容易想象，在有些情况下市场过程的协调性力量由于变化的过于激烈以及企业家错误过高的发生频率而完全丧失。不用说，在资本主义历史上确实曾经有过这样的时候。

　　但是，经济科学总是从重要的经济秩序的经验现象出发。至少自从巴斯夏以来，入门的教科书就告诉我们，大城市在没有大量的集中化控制的情况下，就以比较有序的方式提供出各种日常所需。市场明显地有效。市场有效可能是从现代历史学到的最重要的一课。过去几十年的经验已经使这一课成为铁幕两边的人们的思想的一部分。经常让理论家感到忧虑的问题是，在没有有意识的协调的情况下，市场是否可能起作用。经济学理论从市场协调的理论出发已经对此提供了解释。我们认为奥地利学派通过明确引入有关企业家发现和动态竞争的洞见，已经加深了我们对此的认识。这些洞见反映了奥地利学派传统的主观主义立场。只有通过理解主观主义对于知识和发现的洞见，将不同选择引向相互协调的动态市场过程才是讲得通。但是，存在着这样的危险，即对于主观主义可能意蕴的不当强调使人们以为可以抛弃经济学理论的中心主题，也就是对市场作为协调性过程的理解和认可。如果是这样的话，将非常遗憾。

　　要表明错误可能使效率和协调不能实现是非常容易的。也非常容易表明，一旦引入多期未来（在这期间一种具有连续创造性的市场过程发挥着作用），要期望企业家准确地预知未来几乎是狂想。不那么容易的，是去解释市场如何经常似乎以有利可图的方式将连贯的、长距离的生产过程组织起来。

　　企业家驱动的市场协调过程理论所提供的是一个理论框架，通过它去理解当前的生产选择如何可能获得高度的自发协调（这种自发协调是可以通过日常的经验观察得到证实的）。该理论承认存在这样的窗口，通过它们，相关机会的发现可以使市场选择更加明智。没有人需要被告知，这些窗口可能变模糊、被遮蔽掉，因此企业家可能不能体察到通过这些窗口可能被看见的东西。但是，一旦理解这些窗口的存在，我们就可以原则上理解，尽管存在着未来的不确定性，尽管存在着有关这些窗口被遮蔽掉的不可避免的无知，利润机会仍然会吸引和激励市场行为，使市场无知以及资源的错误配置得以减少。

而且，一旦我们理解了通过企业家机会的窗口，潜在的发现如何得以激发市场效能，我们就可以理解米塞斯和哈耶克向我们展示的关于在没有市场的情况下试图获得效率的谬误。我们就可以理解，通过封闭所有这些企业家机会的窗口，集中计划如何注定了将在对一些分散地存在于整个经济中的重要的、可以获得的信息在完全无知的情况下运作。

作为奥地利学派经济学家，我们不能跟随主流的新古典理论，简单地声称均衡永远存在。不过，同样作为奥地利学派经济学家，我们也不能跟随主观主义的怀疑论，对市场的协调性属性加以否认。我们因此居于一个加里森的中间地带，在那些主观主义洞见——这些主观主义洞见如果不是很审慎地运用，很可能诱使我们将市场协调的观念整个地拒绝——中发现对系统性的市场过程更深刻的理解。

第二章　市场过程的含义

本章题目中的"含义"一词有两种理解。[①]该题目表示，作为第一个目标，我们有必要对市场过程这个概念所意指的两种含义进行区分（并且，在这样做的过程中，让人清楚本作者更愿意用它来代表哪个含义）。作为第二个目标，我们要试图回答这个问题："市场过程对于人类自由来说意味着什么？"换句话说，我们将从其对自由社会的意义的角度来对市场过程观念予以评价。

我们为自己设定的这两个任务当然并不是完全不相关的。我们将看到，一个人对自由社会可能产生的经济绩效的评估很大程度上取决于他如何看待市场，尤其是，如何看待市场过程的特征。为了帮助读者更容易理解后面几页的内容，有必要提前阐明一下本作者的立场。这个立场可以由下面的系列陈述予以表达：（a）在一个私有产权受到尊重的体制中，自由社会是经济努力主要通过市场得以体现的社会；（b）市场总是处于不断的流变之中，并且从来不会在或者接近于均衡状态；（c）不断发生的流变由不断变化的现象的两个不同的层次组成；（d）变化的现象的两层中的一层由外生的变化——偏好、人口、可用资源情况以及技术可能性的变化——构成；（e）第二层变化是内生的——这是一种当市场力量不时地使各种在某一给定时点起作用的力量得以平衡分

[①]　本章大量运用了本作者之前已经发展出来的观点。特别参见柯兹纳（Kirzner，1973，1978，1979a，1985a）。这些观点最终都源于米塞斯和哈耶克的工作。

布而系统性地引致的变化；（f）后一层变化，由系统性的均衡化趋向构成（它们从来就是还没有完全完成就被新的外生变化打断），它们决定配置效率的程度以及市场经济表现出来的增长潜力的程度；（g）"市场过程"这个词指的是后一层的均衡性变化（equilibrative change）；（h）市场过程要能够起作用，关键的要求是竞争性的企业家准入的自由；（i）因此如果市场经济要能够发挥其应有的作用的话，个体完全的经济自由是必要的；（j）进一步，需要强调的并不仅仅是一个自由个体组成的社会可以（反直觉地）获得一定程度的协调，而是——甚至是更反直觉地——只有一个自由个体组成的社会才能够有效利用企业家竞争的力量，使配置效率和经济增长所依赖的那些发现成为可能并且传播开来；（k）这直接导向了米塞斯的主张，即只有在一个自由社会中才有可能解决经济计算问题；一个社会主义社会，如果它与市场经济体完全隔离开来，必定倾向于无效率和经济失败。

这些主张并不是普遍被接受的，即使在那些承认市场过程观念的经济学家群体中间。但是为了发展我们这里概述的立场，并且探讨市场过程观念的另外含义，我们必须首先简要地将市场过程观念（不管我们想采纳它的哪个版本）与现代微观经济学中的主流方法——市场的均衡理论——进行对比。

关于市场的均衡观点

对于 20 世纪微观经济学的大部分历史来说，经济学家们，除了极少数例外，都是根据均衡模型来理解市场现象。换句话说，经济学家们认为市场数据——价格、生产方法、工业的规模——就可以提供有关的解释，这些数据可以从与市场均衡相一致的变量的值中得到。以微观经济学中最简单的（并且是最普遍使用的）

例子——单一商品的完全竞争市场——为例。在运用这个分析来
研究任何给定产品的市场价格时，经济学家从这个假定出发，即
这个价格就是那个使得供给的数量等于需求的数量的价格。支撑
这个方法的是这样一个明白的信念：均衡力量是如此强大，因此
认为在任何时候市场已经实现了均衡或在它的邻近位置是一个对
真相的可以接受的近似。根据这种方法，观察到的市场数据的变
化，必须被解释成反映了背后的数据的相应变化。观察到的市场
数据同基于被采纳的均衡模型而得到的数据之间的差距并不被认
为是均衡假定存在问题，而是认为，可能存在其他更好的、更复
杂的均衡模型。[①]

　　这里我们并不是要提出一个对微观经济学主流的均衡方法全
面的批评。不过我们需要提一下其中一个针对它的主要反对意见。
这个反对意见是，当人们完全集中于均衡状态时，理论提不出对
于均衡化过程本身的任何解释。就像前面提到的那样，均衡方法
所基于的未明示的前提是均衡化过程是强有力的和迅速的……但
这似乎通过假设处理省去了解释这些过程的性质的任务。对于主
流的均衡方法不满意的经济学家们现在已经非常意识到均衡化现
象给经济科学带来的严峻的挑战了。[②]随着经济学家们对于知识和
学习问题以及它们如何与均衡化可能性联系起来的问题越来越敏
感，他们对于那种简单假定发生——而且总会发生——均衡化的
方法越来越怀疑。

　　必须承认，主流方法并不是对这些困难中的某些困难完全没
有办法。但是似乎可以公平地讲，它并不是通过修正自己对完全
均衡假定的坚持而应对这些困难的，而是通过在其均衡模型中引

---

　　①　对于钱伯林（E. H. Chamberlin）这方面工作的讨论，参见柯兹纳（Kirzner,
1973：114）。

　　②　对于这种关切的更早的例子参见哈耶克（Hayek, 1994c）。更近的一个例子，
参见费雪（Fisher, 1983）。

入其他变量——事实上，通过拓展均衡原则适用的范围。例如，随着越来越多地意识到无知现象对于均衡经济学提出的挑战，经济学家们开始把消除无知的成本（如学习的成本）包括进他们的模型中。因此，结果就是，对于无知问题的关注不仅没有削弱均衡假定的效力，相反，它使该假定的范围得以延伸了。经济学家们不再需要假定某些必要的均衡化过程在我们开始我们的工作之前就已经以某种方式迅速完成了；他们可以宣称，在每一个时点上，当我们把所有的相关交易成本（包括学习的成本）考虑进来的话，每个市场情形一定必然都总是处于均衡状态。[①] 不这样假定就意味着说某些市场参与者没有能够成功利用通过交易可以实现的互利机会——甚至当克服无知的必要成本是如此之低以至于使这种机会被放过的情况足以称为无效率的时候。对于主流方法，承认这样的可能性就是承认不可想象的事情——不理性的行为。

　　总结起来，经济学中的主流立场倾向于把均衡模型置于市场理论的正中心位置；它这样做是通过将每一次观察到的明显的（理论和现实之间的）反差用基于必要的克服无知的成本的更复杂的均衡理论来解释而实现的。

市场过程理论家们

　　各种市场过程理论家们都对均衡经济学看问题的视角感到严重不满。后者，将市场现象看作是在每个时点都准确地反映那个时点上与背后的基本数据对应的力量均势，而市场过程理论家们则持完全不同的看法。在任何给定时点观察到的价格、产品质量、生产的方法以及收入的组合并不认为就是相应的均衡值（一些市

[①]　对于这种观点的极端版本，参见斯蒂格勒（Stigler, 1982）。

场过程理论家们对"均衡值"这个概念本身是否有价值都有怀疑）。相反，这些变量在任何给定时点被认为服从于市场力量可能产生的变化——即使我们为了分析的目的，将基本数据的外生变化产生的影响隔离出去。

　　内生的市场力量产生的这些变化也不一定被看作是这些力量的相对力量和速度所机械地决定的。市场过程理论家不把这些力量看成是以决定性的方式起作用的。相反，他们以一种更加微妙的方式把它们看作是可以理解的，而这种方式对于主流的微观经济分析而言可能是不相干的。例如，均衡理论家会针对同一市场的不同部分的价格差异现象（事实上涉及同一商品的不同样本）去关注人们获知其他价格的成本。一旦这些成本被加入，就可以接受在所有时间上一个市场的不同部分是相互处于均衡的这个假定。如果我们发现这些价格差距倾向于消失，标准的经济学会将消失的速率解释为严格地反应背后的（关于仍然存在的价格差距的）学习成本的变化。市场过程理论家则会将价格差距逐渐消失的过程以一种不那么决定性的方式加以解释。就像我们将要更细致地论述的那样，他们将集中于这种学习的可能性，它不是通过有意识地将学习的成本考虑进来，而是通过引入惊奇和发现现象。这些现象对于市场过程理论来说非常重要，它们压根儿就不能被缩减成均衡经济学可以处理的问题类型。后者只限于分析一个不存在惊奇的世界上的理性选择。

　　在这个阶段我们可能可以区分一下市场过程理论的不同版本了。我们用下面的这些术语来进行讨论：（a）基本变量（UVs），通常被认为是偏好，可用的资源以及技术可能性，以及（b）引致变量（IVs），由市场在任何给定时点受到基本变量 UVs 的冲击而产生的价格、生产方式以及产出的数量和质量所组成。就像我们看到的那样，均衡经济学假定在每一时点上实际的引致变量 IVs 的市场值都是由相关基本变量 UVs 的值所决定的均衡值预先决定的。

任何明显的不一致都可以由假定某些相关的 UV 由于某种原因（如克服无知的成本在早先的均衡模型中就是被忽视的）被忽略了而得到解释。不过市场过程理论家认为，市场中引致变量 IVs 的运动不是完全可以由基本变量 UVs 的值所决定的。前者对于后者保有一定的自由度，现在我们来看看不同的市场过程理论是什么样的。

第一种市场过程理论把市场过程看成是引致变量 IVs 在时间中实际的值的序列（Lachmann，1986a）。现在这个序列，明显地，反映了几组可能的力量的联合效果：（a）在此期间基本变量 UVs 的变化，即使根据市场过程观，也可以被看成是对于 IV 值具有连续的影响；（b）完全不同于基本变量 UVs 中的变化，我们可以观察任何调整过程（朝向均衡或者不朝向均衡）——通过这个过程给定 UV 值倾向于逐渐地反映到 IV 值上——在讨论问题期间如何对变化的 IV 值产生影响。通过关注这些力量共同作用对于变化产生的效果，定义"市场过程"的第一种可能性因此拒绝承认（a）和（b）两种力量之间存在着任何实质性的分析性区别。用拉赫曼（Lachmann）教授的术语来讲，第一种力量可以被认为是非均衡化的变化，第二种是均衡化的变化；但是这两种力量如此紧密关联以至于很难在分析上把它们完全分离开。这种情况由于以下原因得以进一步强化，即按照拉赫曼的观点，非均衡化的变化力量，只要它们存在，就会严重地削弱任何均衡化的变化的决定性，而这种决定性如果没有它们的存在的话，是可以想象的。之所以如此，按照拉赫曼的观点，是因为非均衡化的变化的出现使市场参与者无法清楚地知道怎样做才能达至均衡。

第二种市场过程理论，也就是本作者认为应该强调的这种，完全只根据前面讲到的第二种市场力量来定义市场过程。根据这种理解，市场过程是一个分析性的概念。我们在导致引致变量 IVs 的变化的力量中区分出那种在每一时刻由于均衡的缺失而存在的没有被释放的力量。由于这些力量引发的变化构成了市场过程。

这些变化会不断地发生，以最纯粹的形式构成市场过程，即便在某天所有基本变量 UVs 中的变化都暂时停止了。如果我们想去分析市场过程，基于想象的没有变化的基本变量 UVs 的背景而进行思想实验因此是非常有用的。当然，在现实中，市场过程从来都不是在纯粹的形式中发生的。相反，我们遇到的是引致变量 IVs 中的各种变化集合，它们同时反映了基本变量 UVs 中不断发生的变化。因此，这些引致变量 IVs 中的变化表达的不仅是这个市场过程，而是无数个分别的（而且可能是相互冲突的）市场过程的总体影响；这些市场过程在不同的时间点由存在于实际的引致变量 IVs 和它们各自相关的均衡值之间的差距而诱发。这些分别的市场过程一个接着一个，相互冲突或者相互加强，因此，实际的 IV 值的序列是这些无数个相互作用的力量产生出来的高度复杂的结果。尽管由于不断变化的基本变量 UVs 导致这种结果的复杂性，但市场过程的本质特征，作为一种历史经历，大体上保持完整无损。这是我们这个版本的市场理论的中心要旨。事实上，我们主张，市场过程的这个特征是真实世界市场经济的主导性特征；正是通过我们对市场过程的这种理解，我们才能理解市场经济是如何运作的。

接下来我们将使用"市场过程"这个词来表达上面的意思，除非我们另外说明。在继续给出市场过程理论的一个大致轮廓之前，有必要根据我们所采用的市场过程概念再强调一下不同的市场过程观念存在着多么大的差异。

对于市场过程理论者而言，使我们可以理解市场的变化的中心线索就是市场过程。如果我们希望理解任何给定时间上的 IV 的值，可以通过参考直到那个时间之前的市场过程而获得。如果我们希望对于市场的理解基于基本的理论，它必须是那种关于塑造了市场过程的那些事物的理论。如果我们希望评估市场对于人类的重要价值，我们必须通过评估过程对于这样的福利的影响而实现。均衡模型从市场过程的观点来看，把市场最重要的特征给抹杀了。这样的模型从假定根本没有市场过程的余地而开始。

市场过程的特征

我们想让大家关注的市场过程的中心特征涉及无知和发现在其中扮演的角色。根本的洞见是，不均衡状态是由潜在的市场参与者双方的无知而形成的。我们认为这种无知理所当然不会永久持续下去。没有被发掘的互利机会迟早定会被发现。这是因为这种没有被发掘的机会——完全由于双方的无知而产生——很可能最终会被发现最初的情形才会被称为是一种非均衡的状态。

因此，市场过程由一系列发现而造就的变化构成，这些发现是因为有构成最初的不均衡状态的无知的存在。我们认为这样的发现构成一个均衡化的过程，当然这样讲必须附加一些条件和基于某些观察。这个过程的均衡化性质自然地与对于最初的无知的矫正性发现有关。这样的发现导致剩下的、未发掘的互利机会逐渐消失。最终当所有的无知都不再存在时，我们得到的就是一个充分均衡的市场。只有基本变量 UVs 保持不变，实现了的无知消除状态就保证所有在任何期间完成的交易在接下来类似的期间会同样发生。但是，市场过程的均衡化性质一定不要被误解了。

第一，我们强调，市场过程具有可均衡性（equilibrative），这一事实并不意味着，均衡事实上达到了。在任何现实世界中，由于基本变量 UVs 中总是会有变化，均衡化的过程因此会随时被导致新的均衡化过程的 UV 变化所打断。这些过程很难被期望进行到其完成。我们所能主张的是相互发现的力量以及消除无知的力量，总是在起作用。

第二，我们并不认为每一个和每一次"发现"事实上都是矫正性的。许多"发现"最后被证实是错误的；早先的无知可能最后增加了而不是变少了。某些部分的市场过程因此可能事实上是非均衡化的。如果我们仍然坚持，市场过程在通常的意义上可以合情合理地描述成是均衡化的，这是因为这样一个信念，即在无知存在的情况下存在着做出真正的而不是虚假的发现的系统性倾向。

第三，错误增加而不是真正的矫正性发现的可能性在基本变量 UVs 随时都在变化这种普遍的情形下肯定是非常正常的。针对早期的无知而做出的真正的发现并不是毫不含糊地意味着导向未来更好的选择——因为为了未来更好地选择，发现者还必须对未来可能的新变化做出预测。

强调均衡化在市场过程中的中心地位当然不是承认均衡经济学是没有问题的。就像前面已经讲过的那样，市场过程理论家认为需要解释的关于市场的重要特征需要过程分析而不是均衡理论。一幅关于这个世界在任何时候都处于均衡，或者在均衡位置附近的图景，将太多地把对于经济理解有用的那些重要现实特征通过假设抹掉了。另一方面，坚持认为真实世界不可能接近均衡绝不意味着让步说市场不是具有强均衡性的。市场过程理论把市场看作是在所有时间都表现出强大的激励，真正的、有价值的发现的力量。它认为，要理解市场是如何起作用的，有必要既拒绝接受关于均衡始终存在并立即实现的假定，也有必要拒绝其相反的假定，认为我们称之为引致变量 IVs 的值与基本变量 UVs 之间不存在实质性的关联性。

发现的性质

当我们把市场过程描绘成纠正以前的无知的一系列步骤时，

我们并不希望这个过程被理解成有意识的学习过程。确实可以把有意识的学习行为看成是将无知转化成知识的调整过程。但是市场过程不能这样理解。我们必须在发现行为和有意识的学习行为之间进行明确区分，前者是市场过程的组成部分，而后者——除非出于偶然——并不是市场过程的组成部分。

当一个人认识到他的知识缺乏，知道这种缺乏可以如何得以纠正及以多大的代价纠正，并且认为从学习中得到的足以弥补为此必须支付的代价时，有意识的学习行为就会发生。此时的出发点是对自己无知的意识——事实上是一种足够具体的意识以至于它可以让人知道到底缺乏的是什么样的具体的知识。学习过程的终点是对于所追寻的知识的掌握，但是这种掌握并不包含惊奇的成分。当一个人从大百科全书中寻找一个事实，从词典中查询一个陌生单词的含义和读音或者一个陌生城市的街道地图时，他不会遇到任何惊奇的事情。他知道他的无知；他不会吃惊地发现他是在不知情地基于误解而作出努力，结果发现，这个世界与他之前预想的完全不同。我们所描述的构成市场过程的那种发现步骤，则与之性质完全不同，它的特点恰恰是发现中不可避免地会涉及的意外，以及相应地对自己无知的性质早前缺乏意识。一个简单的例子可以用来说明这一点。

设想有一个市场，在其不同的部分就同一商品有两个不同的价格所主导。均衡理论当然会断言否认这样的可能性，并且声称这种情况应该是由于（更细致地定义的）商品的不同质量而形成的，或者由于某种障碍将市场加以分割而导致的。对于均衡理论而言，这样的障碍可能是需要很大代价才能加以克服的无知而造成的。市场过程理论家认为，同一商品在同一市场中以不同价格出售的可能性完全可以由根本不费任何代价就可以消除、但未知的无知而加以解释。未知的无知是没有被意识到的无知。例如，一个人以 2 美元购买了水果，而同样的水果在旁边的商店里以 1 美元公开出售，而此人刚才就路过这个商店而没有注意到。显然他完全可能不费成本地就知道在哪里以 1 美元购买水果，而实际上花了 2 美元，仅仅因为他不知道可以不费成本地掌握这个信息——换句话讲，他由于没有意识到可以不费成本就可以消除的无知而付出了代价。当他发现花了 2 美元买的水果事实上以 1 美元就可以获得时，这对他来讲就是一个意外。这个发现在给定条件下本身不是可以被有意识地去操作的；毕竟他不知道有什么可以被发现。

如果谁愿意追随杰文斯的无差异定律而做这样的理论化，即这样的价格差异在竞争性的市场力量的影响下倾向于消失，我们希望明确指出，此时，他是在假定存在着一系列倾向于消除价格差异的自发性的发现。我们假设价格差异的存在会吸引人们的注意力。花了 2 美元的人们会注意到其他人只花了 1 美元；收到 1 美元的人会注意到其他人收到了 2 美元。还有其他的人可能意识到，用 1 美元购买然后花 2 美元卖出这种赚取纯利润的可能性。这些发现的结果——没有其中的哪种发现是有意识地搜寻的对象——是增加了试图以 1 美元的价格进行的购买以及增加了试图以 2 美元的价格进行的销售。这导致了价格差异的消除。一般来说，我们认为没有自发性的发现的情况下这种价格差异的消除是很难想象的。例如，如果我们想象人们采取了代价很高的步骤以搜寻更好的价格，那我们就需要解释为什么没有在更早的时候采取这样的步骤（当然可以假设市场上发生的事件序列系统地降低了这样的有意识的搜寻的代价。但是这样的话就不可能再有普遍性的理论了，而变成了引入事后假定来进行解释）。迟早我们还是得求助于自发性发现——即使仅仅是发现存在着有利可图的搜寻可能性本身。

我们对于市场过程的发现（而非有意识的搜寻）特征的强调非常重要。在很大程度上，有意识的搜寻过程是完全确定性的。在搜寻过程的每一点，搜寻者所知道的，都确切地与他选择要知道的是什么相当。个体选择所要知道多少完全由他希望知道的事物的价值以及搜寻的成本所决定。在过程中的每一点上，个体拥有最优程度的知识（因此可以说是最优程度的无知）。如果市场过程是这种性质的，它可以说是一个完全的确定性的过程——一个完全可以基于均衡概念加以解释的过程。这样一来，市场过程不用被描绘成是从非均衡到均衡的，而是从一个基于更大程度的（最优的）无知的均衡向一个基于更低程度的（不过，当然仍然是最优的）无知的均衡。

　　另一方面，我们一直强调的是，根据市场过程观，导向最终的那个价格之前的阶段并不是完全确定的，但它呈现出一种系统性和明确的趋势。从来不会保证说谁会明确地知道他处于完全无知的状态。这个世界上完全理性的选择也不能保证人们会去搜寻一种根本没有觉察到的事物的存在。不过，我们认为很少有人会觉得最初对于那种可以不费代价获得的好机会的无知可以一直持续下去。当然，我们承认，人总是会有动机去注意到那些对他们来讲是有好处的事情。我们发现存在这种普遍存在的动机，而且与之相随的每个人在或高或低的程度上都具有的警觉性。这种无处不在的警觉性使得我们认为，下述情况是不可想象的，即人们会一直以一个比他们可以买到的价格更高的价格购买某物；或者他们会一直以一个他们本来可以要求的更低的价格出售某物。我们相信，特别地未预见到的发现行为会加剧对于难以说明的价格差异的系统性侵蚀。因为它的非确定性、非机械性特征，发现的市场过程并不能像均衡经济学所做的那样可以被模型化处理。但是这个过程的系统性特征要求我们不能允许任何方法论上对于正式的模型技术加以强调从而使得市场经济的主要特征被遮蔽掉。

理 解 市 场

　　所有这些赋予了我们对于市场现象更为细致的认识。这种认识大大超越了均衡经济学的范围。市场过程观点关注由于非均衡的市场条件创造出来的激励，在这些激励下各种导致系统性的均衡性力量被发掘出来。它看到这些激励持续地吸引潜在的新的竞争者；它认为这些新竞争者的注意力一定是以企业家对于潜在的利润机会的觉察的形式出现。

于是，这种对于市场的理解，并不把市场上由于竞争者和革新性的企业家活动所引发的躁动看成是需要被过滤掉的扰动因素。相反，市场过程观在时常的市场躁动中看到的是那种使我们可以理解市场上发生的事情的重要的市场力量。这种观点并不把市场躁动产生的明显混乱看成是混乱不堪的，相反，市场的有序正是存在于这种市场事件的明显混乱中。我们观察到的市场中的运动，其主要含义在于，人们将被忽视的市场空隙不断地发掘出来。每一个这样的被忽视的机会同时构成了（a）市场的一个非均衡特点，以及（b）可以发掘纯利润的机会。正是以纯利润的形式表现出来的激励使这些企业家性质的发现受到刺激和激发，这些发现倾向于纠正之前的非均衡特征。

确实，市场过程观尤其认识到，在任何给定时点，市场都没有使得所有非均衡的特征被消除掉——这主要是因为基本变量 UVs 总是在变化中。但是这种观点也坚持认为，这些力量始终在对市场施加压力——那些由于企业家性质的、对于纯利润机会的警觉性。

这种对于市场的理解同样适用于短期和长期。纯利润机会可能以三种截然不同的形式存在，但前面对于市场过程的认识都适用于它们。纯利润可能以下面的形式出现：（a）在不同的市场上以不同的价格同时买和卖，作为纯粹的套利的结果；（b）以一个较低的价格买，然后以更高的价格出售，作为跨期套利的结果；（c）以较低的价格购买原材料，并且以一个更高的价格在未来将制造出来的成品加以售出，作为一种创造性的生产行为的结果。

以上每种情况下都会有纯利润产生，因为市场还没有完全调整到它可以达到的状态，赢得纯利润的可能性（要么立即可以实现的机会或者以后可以实现的可能性）会刺激企业家的警觉性，并诱发他作出明智的和创造性的选择以克服最初的无知。那种注意到今天存在着纯粹的套利机会的企业家的警觉性，根本上与那种预见到可以通过跨期套利而实现利润的警觉性是一样的。并且，至少在分析上，它是与那种激发企业家型生产者的创造性的警觉性是平行的。表达这些企业家警觉性的市场躁动也同出一辙。这些由各种市场扰动而引发的均衡性过程在资源和产品的配置过程中获得相应的调整。纯粹的套利倾向于保证对于所有使双方都得利的交易机会被发掘；跨期套利倾向于避免"浪费性的"跨期配置（并且因此，在条件充足时会导致最优的资本结构的创造）；在产品生产中的企业家活动倾向于产生技术进步。

我们再次强调，这样对于市场过程的理解不能使我们完全忽视企业家活动失败的可能性。纯粹的损失——而不是纯利润——可能而且确实出现。我们勾勒的市场过程展示的，是一个系统性的趋向，而非绝不失误的、机械的轨迹。而且，我们对于市场过程总体趋向的这种确信也取决于基本变量 UVs 中未预期到的变化对于市场产生的影响。如果这些变化的变动性是如此地大，以及发生率是如此地高，我们可能很难期望在真实世界中市场过程会以混乱中产生秩序的方式呈现出来。因此，由基本变量 UVs 中无序的变化产生的市场动荡将不能展示出朝向秩序的趋向性，而这种趋向性在不那么极端的情况下是会由企业家性质的过程所启动的。

但是，经济科学，从其一开始，就是源于经验世界中确实观察到存在着这样的情形，即市场表现出一定秩序。科学上的挑战一直以来不是预测还没有观察到的秩序的产生，而是去说明在没有集中计划的情况下对于观察到的似乎是反直觉的市场秩序。正是为了回应这个挑战，市场理论自亚当·斯密以来试图努力实现对市场的理解。市场过程方法，完全与这个科学的传统一致，认为对于市场理解的主要进展可以从对于竞争性的企业家性质的发现过程——这个过程在该方法中构成了理解市场现象如何在时间中展现的核心——的洞见获得。

市场过程和个体自由

可以看到，我们描述的市场过程取决于个体的警觉性。这样的警觉性主要通过企业家精神的实施而表现出来，但事实上在某种程度上也存在于所有的个体活动中。我们强调了企业家进入作为市场过程的驱动力的重要性。但是，更普遍地，这个过程取决于个体能够在财产权设定的限制之内，不受恣意的干扰、自由地追逐觉察到的机会。对于理解个体自由来讲，中心的观念在于，个体能够自由地发现那些他会努力去抓住的机会。虽然这看起来可能是显而易见的甚至是迂腐的，我们得明白只有在关于市场过程的思想体系中这个方面的个体自由才是如此（Kirzner，1979a：第13章）。

在关于经济活动的均衡观念支配下，这方面的自由是不存在的。对于均衡观念来讲，从来没有要去觉察机会的问题。因为，在这种观念中从一开始每个个体都是给定的，个体面对的是给定资源和给定目标的组合。他的选择仅仅是计算性质的，目的在于使这些资源能够最大化其设定的目标。（当然，这种观念承认其中的一个目标可以通过搜寻获得必要的信息的中间目标。但是，对于我们来讲，关键在于指出它没有给惊奇或者发现留下空间。）在这样的关于个体选择的认识中，自由无非意味着由选择者自己的偏好函数，以及不由任何其他人的偏好函数决定其目标的排序。

但是，我们强调的市场过程观念指向一个远为基础性的自由的特征，一个哲学家经常理解但是经济学家在均衡理论设定的框框之内往往意识不到的特征。这个特征就是，自由的个体有自由地决定他看到的是什么。他可以自由地做出他自己的发现（并且，当然也包括他做出毁灭性的企业家选择）。

不难理解自由的这个特征的重大意义对于讨论市场过程的自由的含义。一个自由市场做的就是给它的参与者提供发现利润机会的激励。自由市场的这个特征对于个体自由而言有两个意蕴：第一，如前所述，它能够将个体自由导向作为市场的协调性特征的基础的系统性的发现过程；第二，通过为警觉的市场参与者提供利润机会，①市场为个体自由提供了出口，通过这样的出口，个体自由的精髓可以得到表达和实施。如果自由在一个很重要的意义上包括发现未被注意到的机会的自由，并且，就像已经讲到的那样，如果个体发现机会的能力主要取决于个体为自己从这样的机会中获取利润，那么只有允许人们抓住这样的机会的体制才能为个体自由（而不是那种鲁滨逊·克鲁索享受的自由）留下空间。

不仅市场的运作有赖于个体自由，而且只有在自由市场的背景下，一个社会才有可能有真正的个体自由。对于这些结论的获得，从市场过程的角度出发对于市场的理解是不可或缺的。

---

① 需要注意，这种机会作为经济环境的一部分，不仅对纯粹的企业家，而且对所有的市场参与者来说，都是大量存在的。

第二部分

奥地利学派观点的兴起

第三章 奥地利经济学派①

通常公认奥地利经济学派的诞生时间可以 1871 年出版卡尔·门格尔《国民经济学原理》为准。正因这部著作，门格尔才成为维也纳大学一位初级教员（此前为一名公务员）。若干年后他结束了教员工作，并一度陪伴鲁道夫皇储出游，之后被任命为该大学的教授。两位较为年轻的经济学家欧根·冯·庞巴维克（Eugen von Böhm-Bawerk）和弗里德里希·冯·维塞尔（Friedrich von Wieser）成为门格尔书中所提出的这些新想法的热心支持者，不过这两位均不是门格尔的门生。在 19 世纪 80 年代，这两位追随者以及门格尔的几位学生发表了一连串著述，尤其是门格尔自己还发表了一部方法论著作，这使得门格尔及其追随者的思想引起了国际经济学界的注意。奥地利学派此时此刻已成为一个被公认的实体。庞巴维克和维塞尔的若干著作被译为英文。而到了 1890 年，《美国政治与社会科学研究院年刊》的编辑们要求庞巴维克撰写一篇介绍性文章以解释其所属新学派的学说思想。随后发生的是，庞巴维克递交了一个有关奥地利学派历史的简要综述，该综述特别强调解释：（1）该学派的主要代表人物；（2）该学派所秉持的中心思想；（3）该学派及其思想与其他主要经济学派思想之间的

---

① 有关奥地利经济学派的较早一篇文章的撰写工作始于哈耶克教授，并且他还做出了实质性的贡献。他自己作为诺贝尔经济学奖得主，其著名的著述深深植根于奥地利传统。在本章撰写过程中，本文作者衷心感谢他在那篇未完成文章以及其他涉及奥地利学派历史的若干研究中所展示的那种特征鲜明的渊博学识和所提供的事实宝藏。

关系，以及（4）当时与奥地利经济学这一术语相关联的各种含义和感知。

奥地利学派的创始人

在经济学思想史上，门格尔 1871 年的书著与杰文斯（Jevons）1871 年发表的《政治经济学理论》和瓦尔拉斯（Walras）1874 年发表的《纯粹政治经济学纲要》一起，被公认为"边际主义革命"的一个中心成分。经济思想史学家强调门格尔著作中的多数特征可与杰文斯（Jevons）和瓦尔拉斯的著作相提并论。在更新近时期，尤其是继 W. 雅非（W. Jaffé，1976）的著作之后，人们开始关注门格尔思想中那些区别于其同时代人的那部分思想。一系列新近的研究（Grassl 与 Smith，1976）将门格尔以及早期奥地利学派经济学家的这些独到视角与 19 世纪晚期奥地利知识界和哲学界中涉猎较为广博的各种思想流派联系在一起。

门格尔书作的中心意向是明白无误的。它是一种重建经济科学基础的尝试，其方式是在维持经济学的抽象和理论特征的同时，提供对价值和价格的一种理解，这种理解与经院教义大相径庭。对于古典经济学家来说，价值被看作由过去的资源成本所规定；门格尔把价值视为表达有关在满足消费者愿望方面的未来可用性的评判。门格尔的书作是面向德国和奥地利的德语学界的，但总体而言在方法、风格和实质上不同于那些出自德国大学的著述。后者虽然也同样对古典经济学持严肃批评的态度，但它立足于批评古典经济学的理论特征，并且诉诸一种主要是历史分析（historical approach）的方法。在门格尔的著作出版之际，"老"德国历史学派——其领军人物为罗雪尔（Roscher）、克尼斯（Knies）和希尔德布兰特（Hildebrand）——开始被"新"德国历史学派所接替，后者的领军人物为古斯塔夫·施穆勒（Gustav Schmoller）。门格尔作为31岁的奥地利公务员，采取谨小慎微的态度，使得自己的著述不至于在德国经济学界面前表现为敌对。事实上，他"充满敬意地"把自己的著作献给罗雪尔，并把它呈现在德国学界面前，"作为来自奥地利的一位合作者的友好致意，并作为德国之前向我们奥地利人慷慨提供的大量科学建言的一种卑微回应……"（Menger，1981：前言）。很明显，门格尔希望他的理论创新也许被视为可以强化从德国学者的历史研究中所推导出来的结论，从而为一种新的经济学做出贡献，以取代一种业已声名狼藉的英国古典正统理论。

等待门格尔的是一种苦涩的失望。德国经济学家事实上对他的著作置之不理；德国期刊即便关注其著作，也对之极度误解，或者一笔带过、不屑一顾。在其著作出版后的最初12年里，门格尔事实上成了孤家寡人。那时当然也就不存在奥地利"学派"。而且当庞巴维克和维塞尔那些满腔热忱的著述开始出现19世纪80年代的时候，新的文献获得了"奥地利"学派名头，但更大程度上那是傲慢自大的德国经济学家们安于其头上的一种诨号，而非一种尊称（Mises，1969：40）。在门格尔对历史分析方法表现出一种方法论挑战之后，奥地利和德国学术阵营之间的这种过隙大为明显加深（Menger，1985）。门格尔1883年发表了《社会科学，尤其是政治经济学的方法探讨》一书，其背景显然是，他1871年的著作在德国遭受不友善的冷遇，这一事实促使他相信，只有对历史学派开展正面攻击，才有可能挽救德国经济学。紧接其后就是那场苦涩的"方法论之争"（Methodenstreit）。它通常（但不是一概如此，见Bostaph，1978）被经济学史学家视为纯属学者精力的悲剧性浪费。当然，有害的学术争端有助于吸引国际经济学同人对奥地利学派的关注——该学派作为一群有着奉献精神的经济学家，提出了大量激动人心的理论思想，丰富了新的边际主义文献，

旗帜鲜明地修正了此前占据主导地位的古典价值论。庞巴维克
（1886）、维塞尔（1884，1956）、科摩琴斯基（Komorzynski，
1889）和楚克坎德尔（Zuckerkandl，1889）的著述阐述和探讨了
门格尔的有关价值、成本和价格的中心的主观主义思想。马塔亚
（Mataja，1884）、格罗斯（Gross，1884）、萨克斯（Sax，1887）
以及梅耶（Meyer，1887）等学者在纯利润理论研究，以及在公共
财政理论等领域的应用研究方面做出了贡献。菲利波维奇（Philip-
povich）作为维也纳大学教授（但对德国历史学派的贡献更具同情
心）。他1893年发表的广为采用的教科书，为在德语圈学生当中
传播奥地利学派的边际效用理论发挥了重要的作用。

　　这些早期奥地利学派学者对价值理论和价格理论的文献主要
强调边际主义和效用分析（正如杰文斯和瓦尔拉斯的分析方法）。
但是一些重要的差别之处使得奥地利理论与其他早期的边际主义
理论分道扬镳。奥地利人没有尝试以数学形式表述自己的思想，
而且作为其结果，奥地利人有关边际的概念在某种程度上不同于
杰文斯和瓦尔拉斯的概念。对于后两者以及追随其后的微观经济
学理论家来说，一个变量的边际值涉及"总"变量的瞬时变化率。
但是奥地利人审慎地对离散变量加以分析（参见 K. Menger，
1973）。更为重要的是，边际效用的概念以及边际效用减少时的感
觉，对于奥地利学派来说不是涉及心理欢愉本身，而是涉及这些
欢愉的（序数）边际**评价**（McCulloch，1977）。在任何情况下，
正如施特赖斯勒（Streissler，1972）所竭力主张的那样，奥地利学
派所看重的边际效用，不是该术语的形容词部分，而是其名词部
分。门格尔把他的理论看作一种可以展示主观"效用"考虑如何
在决定经济价值方面发挥唯一和排他的作用的理论。价值没有
（像在马歇尔经济学中那样）被视为是被主观（效用）和客观
（物质成本）考虑所**共同**决定的，而是被视为被消费者的行为所单
独决定（他们运作在一个给定的现存商品和/或生产可能性的框架

内）。成本被（门格尔，尤其是维塞尔——后者的姓名碰巧与这一洞见有关联）仅仅视为被有意放弃的预期效用（以便获得更被偏好的效用）。在其他边际主义理论的发展过程中，也许要花费二十余年的时间才能使得它被视为边际效用价值理论直接指涉边际生产率分布理论。但是门格尔至少一眼就洞见了这一事实关联。他的有关"较高序次"产品理论强调要素服务的经济性质，以及价值排他性地派生自消费者对一些消费品的评价，而那些较高序次产品最终对这些消费品的生产做出了贡献。庞巴维克不仅对展示和传播门格尔基本的主观价值理论做出了贡献，而且最为主要的是，他还对资本和利息理论做出了贡献。在其职业生涯的早期阶段，他发表了大量有关经济学说史方面的著述（Böhm-Bawerk，1959［1984］：卷一），对所有此前的利息理论（"剩余价值"理论抑或"普通利润"理论）提出了百科全书式的系统批评。几年之后，他在此基础上发表了一卷著述（Böhm-Bawerk，1889），提出了自己的理论。在世纪之交，至少奥地利学派的部分知名度得自这些著述的名头。正如我们在后文将要提到的那样，若干庞巴维克之后的学者和现代学者（比如 Hicks，1973；Faber，1979；以及 Hausman，1981）的确把庞巴维克的这些思想看作为构成奥地利学派贡献的持久组成部分。另有一些作者则接受往往被重复引用的、出自门格尔的一个批评性评论的提示（Schumpeter，1954：847；脚注 8），把庞巴维克的资本与利息理论视作有别于源自门格尔的奥地利传统的，甚或在某种程度上与之不一致的一种理论（Lachmann，1977：27）。当然，庞巴维克把自己的资本与利息理论看作基本主观主义价值理论的一种无缝隙扩展。一旦时间维度被引入到对消费者和生产者选择的分析当中，庞巴维克就发现有可能解释利息现象。由于生产得花费时间，而且由于进行经济计算的人系统性地选择较早地回收资本，而非（在物质上类似的）较晚的资本回收，那些利用了资本的生产过程就不能做到从当前的产出中提取一部分，作为对那些在早期把投入品投放到消耗时间的"迂回"生产过程当中的那些人的回报（即便在考虑了侵蚀性的竞争力量之后）。

庞巴维克确实成为第一次世界大战之前如此著名的奥地利学派代表人物之一，以至于主要由于他的著述，马克思主义者开始把奥地利学派经济学家看作马克思主义经济学的、智识上的地道资产阶级仇敌（Bukharin，1972）。庞巴维克不仅提出了自己的理论，以一种撇清资产阶级收入与任何剥削特征有关的方式解释利息"剩余"现象，而且有力并无情地驳斥了有关剩余的马克思主义理论。在1884年的著作中，庞巴维克系统性地运用了奥地利学派的主观主义价值理论来令人尴尬地批评作为剥削理论基础的马克思主义劳动价值理论。10年后（Böhm-Bawerk，1949［1896］），他对这一批评提供了一个耐心的、但是无情和毫不妥协的剖析（通过解剖和批评那种认为马克思身后发表的《资本论》第三卷可以与构成第一卷基础的简单劳动理论相调和的声言）。这种马克思主义者和奥地利学派经济学家之间的紧张关系，可以从20世纪20—40年代两次世界大战期间米塞斯和哈耶克（分属于第三和第四代奥地利学派经济学家）发起的与社会主义经济学家在有关集中计划经济的经济核算可能性的辩论中找到回音。

门格尔在1903年从其维也纳大学教授席位上退休。他的教授席位由维塞尔承接。维塞尔被公正地描述为奥地利学派的中间型人物：

> 从其出现的时间上看是中间，从其所提出的想法来看是中间，从其智识才能来看……是中间，也就是说他既非一位最杰出的天才，也非需要提及的人物……唯有他有着时间最长的教学工作记录……

> （Streissler，1986）。

维塞尔一直是门格尔价值理论的较早和高产的解说者。他的经济学通论总结了他一生的贡献（Wieser，1967），被一些评论家［但肯定不是全部（追捧为一项重大的成就）哈耶克（Hayek，1968）认为，这更多是其个人的成就，而不代表奥地利学派的成就］。在第一次世界大战之前10年，是庞巴维克的研讨班（开始于庞巴维克担任了若干年奥地利财政部长后又重操学术研究之旧业的时候）作为奥地利学派的智识中心而著称。参加这一研讨班的人员中，有些人后来成为著名的经济学家，其中包括约瑟夫·熊彼特（Josef Schumpeter）和路德维希·冯·米塞斯（Ludwig von Mises），他们两人均在战前发表了一些书作（Schumpeter，1908，1934［1912］；Mises，1980［1912］）。

第一次世界大战之后

奥地利经济学的境地在战后与战前相比颇为不同。庞巴维克在1914年业已去世。门格尔甚至在其退休后长期隐居时期也还曾在大学里接待年轻经济学家的到访，但于1921年逝世。虽然维塞尔继续任教至1926年去世，人们关注的焦点转移到了年轻一代学者。这些学者当中，尤其包括庞巴维克的学生米塞斯，以及汉斯·迈耶（Hans Mayer）。后者接替了他的老师维塞尔的教授席位。虽然米塞斯是大学里一位"特别的"（不支薪）教员，但他从来没有获得过教授席位。他的很多智识影响发生在校外（Mises，1978：第9章）。20世纪20年代，其他著名的（战前受过训练的）学者包括理查德·斯特里格（Richard Strigl）、埃瓦尔德·沙梅斯（Ewald Schams）和列奥·舍恩菲尔德（Leo Schönfeld，后来叫Illy）。面对这些变化，奥地利传统蓬勃发展。新的书作陆续出版，新培养的年轻一代学子脱颖而出，其中许多人在后来几十年成为国际上著名的经济学家。这些人特别包括弗里德里希·A. 冯·哈耶克、戈特弗里德·哈伯勒（Gottfried Haberler）、弗里茨·马赫卢普（Fritz Machlup）、奥斯卡·摩根斯坦（Oskar Morgenstern）和保罗·N. 罗森斯坦-罗丹（Paul N. Rosenstein-Rodan）。在 20 世纪 20 年代和 30 年代初，在两个成员部分交叉的群体中，奥地利学人之间的经济学讨论得到大力推进。其中一个群体是在大学里，其领军人物为汉斯·迈耶。另外一个群体围绕着米塞斯，他的著名的私人研讨班开设在他的商会办公室里，不仅吸引了才华横溢的年轻经济学家，而且也吸引了这样的哲学家、社会学家和政治学家，如费利克斯·考夫曼（Felix Kaufmann）、阿尔弗雷德·舒茨（Alfred Schutz）和科学家埃里克·沃格林（Erik Voegelin）。正是在这一时期，英国经济学家莱昂内尔·罗宾斯（Lionel Robbins）受到了正在维也纳酝酿的知识思潮的决定性的影响。这方面的一个重要成果明显是罗宾斯的具有高度影响力的书作（Robbins, 1932）。正是通过这一书作，奥地利学派的一些关键思想才开始被吸纳到 20 世纪的英美经济学主流文献当中。1931 年，罗宾斯邀请哈耶克到伦敦经济学院授课，这使得哈耶克被任命担任该学院的图克（Tooke）教授席位。

　　哈耶克在英国现身，尤其是对"奥地利"商业周期理论的发展并受到广泛关注做出了贡献。米塞斯早在 1912 年（Mises, 1980[1912]：396—404）就勾勒出了这样一个理论。它把商业周期的高涨阶段归因于"过低"利率刺激造成的跨期不当配置。这种跨期不当配置产生自生产者隐约预期到公众有着延迟消费的意愿而启动生产过程，而其启动生产过程的程度事实上与真正的时间偏好模式不一致。随后对不可持续投资项目的放弃构成了周期的下行阶段。米塞斯强调这一理论的根源在于威克塞尔（Wicksell）的思想以及英国货币学派（British currency school）的早期洞见。事实上米塞斯（Mises, 1943）很想对人们把"奥地利学派"这一标签广泛与这一理论相联系的适宜性提出挑战。但是，他发现，"奥地利学派"这一标签已经与该学说牢牢结合。哈耶克（Hayek，1931，1933，1939）大力阐述和广泛发展这一理论，（通过理论分析）向英国公众引介庞巴维克有关资本理论的洞见，明白无误地在奥地利学派业已全面发展的商业周期理论中留下了其自身的印记，而且他以言传身教的方式使得经济学界把这一理论看作是奥地利学派的一项中心贡献。鉴于所有这些事态发展，很明显，我们必须考虑20世纪30年代初在很多方面构成了奥地利学派对经济学专业总体上发挥最大影响的阶段。然而，这一凯旋确实只是昙花一现。

时过境迁之后，也许可以理解：为什么20世纪30年代初事实上也同样构成了决定该学派命运的几乎是致命的转折点？这是怎样发生的？在短短几年之内，与众不同的奥地利经济学派的思想几乎从经济学专业隐身匿迹——除了该学派的风行仍然是一个重要的，但已成过去的经济学史事件。在汉斯·迈耶直到第二次世界大战结束之后仍然占据着他在维也纳大学的教授职位的同时，聚集在米塞斯周围的那群著名的年轻经济学家很快各奔东西（出于政治或其他的原因），其中许多人奔赴美国的各个大学。随着米塞斯在1934年迁移到日内瓦，并在后来又到纽约，以及哈耶克到伦敦任教，维也纳不再继续成为奥地利学派传统的中心。此外，该群体中的许多人坚信，奥地利学派的重要思想现在已被成功地吸纳入主流经济学。理论经济学的勃兴，以及历史主义和反理论经济学分析方法的相应式微，无疑使得奥地利人相信他们终于占了上风，认为已不再有任何特别需要发展一种单独的奥地利版本的经济学理论。米塞斯在其1932年的一番表述反映了这一精神。在谈到理论经济学家分隔在奥地利学派、英美学派和洛桑学派这三类学派的用处时，米塞斯（通过援引摩根斯坦）强调指出，这些团体的差别只在于其在表达相同的基本思想时采取了不同的方式，其分化更多在于其术语和表述的特殊性，而非其教义的实质内容（Mises，1960［1933］：214）。然而，第二次世界大战期间及其后奥地利传统的生存和发展主要得益于米塞斯自己和哈耶克的工作，这值得我们关注，也要求我们关注。

弗里茨·马赫卢普（Fritz Machlup，1981，1982）早在第二次世界大战之前就在若干场合把奥地利学派的六大思想列为该学派的中心思想。我们有充分理由同意，正是这六大思想才是1932年时人们所理解的奥地利学派分析法。这些思想包括：（1）方法论的个人主义（不要与政治或意识形态上的个人主义相混淆，它主张可以通过回到个人行为的层面来解释经济现象）；（2）方法论的主观主义（认识到只能通过参照当事人的知识、信念、感知和期望才能理解其个人行为）；（3）边际主义（强调选择者面临有关程度的预期变化的重要性）的意义；（4）效用（和边际效用递减）对需求、进而对市场价格的影响；（5）机会成本［认识到影响选择的成本表现在放弃了最重要的备选机会，以将生产性服务（productive services）投入于一种目的，而非投入于利用被放弃的机会］；（6）消费和生产的时间结构（表示为"迂回生产"的时间偏好和生产率）。

不过，对这一清单加以进一步评论似乎是适宜的：（1）多数现代微观经济学文献虽然着重点不同，但整合了所有这些思想；（2）因此，这一清单支持上述摩根斯坦和米塞斯有关所有经济理论研究学派分享着共同的理论基础的强调；（3）不过，米塞斯和哈耶克其后的著述表明，包含六大奥地利学派思想的清单并非**真正完备**。虽然当时（20世纪30年代初）很少有奥地利学派经济学家也许能够提出更多的奥地利学派思想，但是这些额外的洞见实际上隐含在奥地利学派的传统当中，需要在以后的著述中明确阐述；（4）从这个角度来看，一些重要的差异使得奥地利学派的经济理论区别于微观经济学中的主流发展，特别是后者自20世纪30

年代以降的发展。这里正是米塞斯和哈耶克的著述凸显了这些差异，从而在经济学专业中为奥地利学派留住一个独特的位置。

奥地利经济学在其后的发展

有关奥地利学派和其他学派在理解经济理论方面的差别，汉斯·梅耶在一篇文章中较早表述过，该文章批评了"功能价格理论"，呼吁采取"遗传发生学—因果"（genetic-causal）分析方法（Mayer，1932）。在这里，梅耶是在批评价格均衡理论，该理论疏于解释导致出现市场价格的行为**序列**。要理解这个序列，就必须从因果上了解组成序列的各单项行动的起源。有鉴于米塞斯和哈耶克后来的著述，似乎有理由承认，迈耶指出了植根于奥地利理解方式中的一个重要的突出因素。然而，在20世纪20年代奥地利学派经济学家自身（和他们的作品的研读者，比如莱昂内尔·罗宾斯）似乎没有悟到这一点。两次世界大战之间有关中央计划经济下经济计算可能性的著名论争似乎已经推进了哈耶克和米塞斯对这一此前被忽视因素的表述。仔细阅读有关这场论争的文献，人们可以发现，正是对其对手的"主流"均衡观点的反应，米塞斯和哈耶克才明确强调可从奥地利学派市场观中找到的过程、学习和发现（Lavoie，1985a）。

米塞斯认为，经济计算呼求价格引导；由于中央计划经济中不存在生产要素市场，它不能利用生产要素价格的引导作用。奥斯卡·兰格（Oskar Lange）和其他学者反驳说，价格不一定必须是市场价格，非市场价格也可以发挥引导作用，它们可由中央当局宣布，可以被社会主义的管理人们作为"参数"处理（正如根据厂商理论，在完全竞争的要素和产品市场中的生产者处理价格）。正是出于响应这一论点，哈耶克提出，竞争性市场过程可以解释为发现过程，在其中分散信息可以被调动和利用（Hayek，1949a：第2、4、5、7、8、9章）。米塞斯在同一时期对市场过程作了基本相似的刻画。他的切入点不是哈耶克所强调的知识的作用，而是对在一个有着无限的、极端的不确定性的世界中的企业家行为的强调（Mises，1940，1966）。有鉴于米塞斯和哈耶克发展的市场过程理论（并认识到这些发展应该构成对早期奥地利学派传统的洞见的强调——参见Kirzner，1985b；Jaffé，1976），在马赫卢普的奥地利传统中心思想清单上增加下列内容似乎应该是理所当然的：（7）市场（和竞争）作为学习和发现过程；（8）个人的选择作为在本质上不确定环境中的一种选择行为（其中甄别有关的备选方案属于选择本身的组成部分）。正是这两大扎根于奥地利传统的思想得到了发展，并成为重获瞩目的奥地利传统的核心。它们产生自米塞斯和哈耶克的著述，并且已经在过去几十年里在美国兴起。

今日奥地利经济学

在自1930年以来的奥地利学派发展史中，作为这些在某种程度上变动不居的发展的结果，奥地利经济学的术语在当代经济学专业讨论中开始唤起若干不同的联想，其中某些联想是相互交叠的，至少是部分如此；其他联想则相互之间不一致，至少也是部分如此。在厘清这些不同的感知时，似乎有用的是要甄别在20世纪80年代开始赋予"奥地利经济学"这一术语的若干不同的含义。奥地利经济学派目前的地位，不管是好是坏，为当前的这些感知所包围。

1. 对于许多经济学家来说，"奥地利经济学"这一术语属于严格意义上的历史名词。这一感知中的奥地利学派的存在不晚于20

世纪 30 年代初：奥地利经济学部分被吸收到主流微观经济学当中，部分被新兴的凯恩斯主义宏观经济学所排挤。在相当程度上，这一观点似乎为今天生活在奥地利的经济学家们所持有。今天在奥地利的经济学家（和其他知识分子）彻底知晓了早期的奥地利学派，并且引以为傲——近年来在奥地利举行的若干纪念会议以及出版了若干卷相关文献就证明了这一点（Hicks 和 Weber，1973；Leser，1986）。但是，他们在今天仅把自己看作普通的职业经济学家共同体的一部分。埃里希·施特赖斯勒（Erich Streissler）是当前一度由门格尔、维塞尔和梅耶所占据的教授席位的继任者，著述浩繁，见解深刻，学识广博，深受奥地利传统的影响，关注奥地利学派及其代表人物的多个方面的思想（Streissler，1969，1972，1973，1986）。

2. 对于一些经济学家来说，"奥地利的"这一形容词已经开始标志对庞巴维克资本和利息理论的兴趣的复苏。这一复苏尤其重视生产的时间维度以及迂回生产的生产率。有着这方面的文献，值得一提的作者包括希克斯（Hicks，1973）、伯恩霍尔兹（Bernholz，1971 年）、伯恩霍尔兹和费伯（Bernholz and Faber，1973）、费伯（Faber，1979）和奥洛塞尔（Orosel，1981）。在这些文献中，"奥地利的"这个术语于是乎已很少与门格尔的主观主义传统有何干系（正如上文所述，该传统对庞巴维克的理论有着某些保留）。

3. 对于其他经济学家（或者非经济学家）来说，"奥地利经济学"这一术语已经变得与独特的方法论或者特定的经济学说，甚或与在政治和社会讨论中的自由至上主义意识形态相联系。对于这些观察家来说，成为 20 世纪 80 年代的奥地利学派经济学家无异于拥护自由市场。马赫卢普（Machlup，1982）记述了（而且他还部分认同）对"奥地利"标签的这一感知，他尤其将它归功于米塞斯著述的影响。米塞斯作为拥护市场路线的领军人物是如此声名显赫，同时将他标识为奥地利学派经济学家也是如此不容置疑，以至于在现代，他支持自由市场的强有力的政策主张开始被感知为奥地利主义（Austrianism）的核心，这或许也成了很自然的事情。穆瑞·N. 罗斯巴德（Murray N. Rothbard）是美国米塞斯追随者中的领头者，也是自由至上主义学术研究和政策宣传方面的著名人物。他的著述更是强化了人们的这种感知，不过其他观察家也许会对这一标识提出质疑。如前所述，一方面奥地利学派的许多早期著述被视为与马克思的思想尖锐对立；另一方面该学派总体上保持了非政治性的中立的立场（Myrdal，1954：128）。在学派创始人当中，维塞尔事实上明确支持德国历史学派（Wieser，1967：490）的干预主义结论。而米塞斯和哈耶克一方面咄咄逼人地否定了社会主义条件下实现效率的可能性，另一方面也强调了他们的经济学的**价值无涉**特征。两个作家应该会把自身在政策层面拥护自由市场的立场视为与他们的奥地利主义相关，而不是构成其核心。

4. 对于许多从事经济学专业的人士来说，大约从 1970 年以来，"奥地利经济学"这一术语开始关系到对卡尔·门格尔和早期奥地利学派的思想的兴趣的重振，特别是随着这些思想通过米塞斯和哈耶克的论著得到了发展。这种重振特别是发生在美国，那里涌现了一批规模可观的著述，它们出自若干经济学家之手，尤其是包括穆瑞·N. 罗斯巴德（1962 年）、伊斯雷尔·柯兹纳（Israel Kirzner，1973）、杰拉尔德·P. 奥德里斯科尔（Gerald P. O'Driscoll，1977）、奥德里斯科尔和马里奥·J. 里佐（O'Driscoll 和 Rizzo，1985 年）及罗杰·W. 加里森（Roger W. Garrison，1978，1982，1985）。这些著述的主旨是要强调奥地利学派把市场视为过程的市场观与均衡理论学家的市场观之间的差别，而后者的著述主导了现代经济理论中的很多领域。作为这一强调的结果，这一意义上的"奥地利经济学"术语经常（但这只是部分如此：

参见 White，1984：9）被理解为拒绝接受现代的数学和计量经济学方法——而标准经济学作为其均衡取向的结果大多接受这些方法。这一群现代奥地利学派（有时被称为新奥地利学派）确实将自己视为早期奥地利传统的传承者，他们与新古典主流经济学一样，均赞赏市场带来的系统性成果，但是他们与新古典主流经济学的不同之处在于对实际上如何实现这些成果的不同理解。主要是作为这一群经济学家的活动的结果，许多早期奥地利学派经济学家的经典著述最近得到重版或者译介，并已吸引了相当大的读者群，他们来自经济学专业内外。

5. 然而，"奥地利学派"这一术语有了另一层当代含义，该含义与前文所述的意义有着松散的关联。这层含义涉及强调经济选择上存在极端不确定性，这种不确定程度意味着事实上要拒斥人们所接受的微观经济学中的许多内容。从这个角度看，路德维希·拉赫曼（Ludwig Lachmann，1976）发现沙克尔的著述对奥地利学派（尤其是米塞斯）的主观主义构成了最前后一致的扩展。同样，拉赫曼自己的著述（Lachmann，1973，1977，1986b）也强调了个人选择和市场结果两者的不确定性（indeterminacy）。

这一思想脉络意味着对通过运用很大程度的一般性（generality）分析逻辑而得出的系统性理论结论的可能性持有严重保留。因此，有关"奥地利经济学"术语的这一联想（connotation）与一种某种程度上同情历史和制度分析方法的立场关联在一起。由于早期奥地利学派经济学家以反对这些方法而著称，正如人们可以预期的那样，此一关联已经被很多观察家（尤其包括那些秉承更广义奥地利经济学派传统的现代经济学家）视为具有讽刺意味或自相矛盾。

第四章　门格尔与经济学的主观主义传统

　　门格尔经典著作的再版，为重新检验门格尔对经济理论的革命性贡献的性质，以及为依照一百年来由门格尔本人开启的奥地利传统所形成的洞见对其进行严苛的重新评估，提供了一个恰当的机会。在此评论中，我们将专注于门格尔的中心"愿景"，即他所采用的用以说服经济学家将经济体系"看作"一个整体的新方法。门格尔本人在《原理》（Menger，1981［1871］：x）序言中指出他已经置"所有价格现象（由此包括资本利息、劳动力工资、地租等）于一种总括性价格理论的统一观点之下……"我们确信，这个"观点"反映了门格尔将经济体系视为整体的主观主义思想，该思想构成了他的理论贡献的核心内容。

　　在如今已经成为经典的著作中，哈耶克——作为门格尔之后奥地利学派在 20 世纪最著名的代表人物——提醒人们注意主观主义在经济思想发展中的作用。哈耶克（Hayek，1955：31）在 20世纪中叶的著作中声称："过去一百年来经济理论的每一次重要进步都意味着主观主义的一贯应用又向前迈进了一步。"在下文中，我们将要说明，以此为标准，门格尔的思想代表着经济学史向前迈进了一大步；不过以今天的后知后觉的观点来看，却是未能穷尽其全部潜能。门格尔在同一篇序言中提到了他的一种观点，即对市场力量的主观主义理解，这表明门格尔坚信他发现了"适于**完全独立于人的意志的现象**的规律性，这些现象制约了人的经济活动的成功"（Menger，1981，［1871］：ix。这里斜体标志另加，以示强调）。

门格尔的观点

　　弗朗克·奈特（Frank Knight）在其为《原理》一书英文译本撰写的高度批判性的序言中，将注意力集中于他认为"门格尔经济理论中最严重的缺陷"（Knight，1950：25）。奈特所指，就是门格尔将生产视为将高阶财货（goods of higher order）转换为低阶财货（goods of lower order）的过程。现在我们根本不同意奈特从门格尔这方面理论中找到了任何缺陷；不过我们却相信，他的确从这个生产理论中找到了丰富门格尔对经济过程的理解的内在根基。

　　在门格尔看来，整个经济体系就是一个直接或间接地由满足消费者需要的目的所激发的各类活动的复合体。在市场上出售或购买的任何一件产品或服务，都只能依据在那购买者看来能在何等程度上贡献于消费者需要的满足而估价。在门格尔看来，一项生产行为乃是拉近这些经评估有价值的产品或服务与实现满足消费者需要这个终极目标之间的距离的行为——即"将高阶财货转化为低阶财货"的行为。根据定义，任何生产行为都不可能生产出比那些在生产中使用的财货的阶位还要高的财货来。

　　基于这种目的论视角，门格尔以一种革命性的方式将经济学从曾经主宰古典经济学的、严格地将生产视为自然过程的观点下解放出来。在自然论视角下，生产出的产品仿佛天生地具有经济意义，与其人为设计的最终提升消费者满足程度的功能完全无关。奈特反对门格尔认为"在生产的技术性过程中，典型关系就是利用铁和煤来生产铁和煤"（Knight，1950：25）的生产观。的确如此，在非门格尔主义者看来，典型的生产过程并不一定会以任何明显的方式来显示其拉近我们与最终满足消费者距离的功能。门格尔认识到，我们必须提炼我们对于每一个生产过程的认识，观察其如何以一种系统化方式，融入一个从利用自然赋予的既定资源到满足消费者需要的全面、统一的过程。门格尔看到，所有的市场现象都可以从这个角度来理解。所有的"价格现象（由此包括资本利息、劳动力工资、地租……）"都变得有章可循，体现了那些产生于生产机会和生产行为并与之同步进行的估价行为。正是这个可以阐明所有这些现象的统一观点，认为经济现象以直接或间接的方式系统性地折射出消费者的需要，而后者直接面对既定的社会资源组合。

从而，对门格尔来说，生产并不单纯只是一个把投入品结合在一起并制造出合意的产品的自然过程；相反，它是这样一个过程：所需要的有价值的预期产品——即由于其自身的缘故而被需要的最终产品——的重要性支配和强化了对可支配的给定资源的恰当使用，无论这些资源距离最终合意产品的距离有多遥远。市场交换网络未必在瓦尔拉斯的意义上能够允许一系列相互依赖、相互交织的交换和生产行为完整地实现。相反，那张市场交易之网被看作诸多不同的消费者需要在其中角逐的网络，它们发挥各自的力量，发现和利用具有最高秩位的相关产品，并将其系统化地转换成，直至最终提供出具有最低秩位的产品。

当然，我们可以在制造铁和煤的生产过程中看到铁和煤的使用。门格尔对此丝毫不觉得奇怪，但他会指出这种不能看出前后两种铁和煤——原料和结果（包括中间性结果）——之间区别的观察的浅薄。至少，生产出来的铁和煤的一部分一定会被计划用于后续的生产步骤（不再是生产铁和煤）。生产出来的铁和煤中的剩下部分如果将来还是要用于生产铁和煤的话，那么至少**其中**的一部分铁和煤"产品"一定会被计划用于后续的生产步骤（不再是生产铁和煤）。激励铁和煤的生产的不可能**只是**利用投入品循环地生产出额外铁和煤这个目标。激励生产性铁和煤的生产的，以及为任何一单位原料性铁和煤赋予经济意义的（即门格尔意义上的经济价值），乃是直接或间接依赖于该单位原料对于最终消费者需要的重要程度。对门格尔来说，生产行为只可能用目的论来理解——从手段到最终结果或至少是中间性结果的行为。

门格尔思想中的主观主义

毫无疑问，门格尔的思想构成了哈耶克著述中应用主观主义的一步。经济思想史的每一本教材都认为门格尔是奥地利主观主义的创始人。不过我们想提请注意门格尔理论中一个并不经常为人重视的主观主义因素。对早期奥地利经济学的标准描述集中于其对边际效用递减规律以及价值的边际效用理论的发展。[①] 不过我们认为，这些描述并没有真正触及门格尔的主观主义视角。对我们来说，门格尔的主观主义可见于他对于整个经济体系的眼界：每一个生产行为和每一个交易行为，受到追求经济性的个体有意尝试的鼓舞，在个人的知识和理解范围内，促进提高最终消费者需要的满足程度。这个视角将所有经济现象从简单的物质转换、关系或比例转变为直接或间接的人类估价、偏好、期望和梦想的表达。门格尔的主观主义视角远远超越了边际效用递减规律及其延伸含义，也远远超越了效用价值论的狭隘边界。这个视角洋溢于奥地利学派经济学家对经济的每一个层面的理解。

广泛公认的是，在门格尔的见解中，早在 1871 年即包含了对要素价格和功能性收入分配理论的边际生产率理解所涉及的基本思想。当边际效用革命的先驱们的眼光还局限于产品价格理论时（过渡到要素价格理论花去了 20 年时间），门格尔在其 1871 年的

---

① 雅非（Jaffé, 1976）的论文对于将门格尔的理论简单地与杰文斯以及瓦尔拉斯的理论相提并论的流行观点是一个有用的矫正。

著作中已经展示了他对要素定价原则的理解，并提出了他的产品价格理论。门格尔认为，要素价值的边际生产力理论并不是产品价格的边际效用理论的延伸，而是共同从属于同一个完整无缺的理论。这样的同一个理论一方面将产品价格看作消费者边际价值评估的直接表达，另一方面将要素价格看作消费者同样的边际价值评估的间接表达。尽管奈特曾经对门格尔的分配理论有所微词（"我们在门格尔理论中几乎找不到……分配……理论……的萌芽"[Knight，1950：23]），他也承认，"'边际效用'原理及其对间接和互补性的产品的应用，'逻辑上'涵盖了关于分配理论所有可说的内容"（第15页）。事实显然是，门格尔的中心思想就在于此，即分配理论也只是消费者产品价格的边际效用理论的意蕴而已。边际效用价值理论并非门格尔主观主义成就的顶峰，而是它的根基。

门格尔主观主义的不完善性：事后聪明的好处

门格尔有关整个经济体系的主观主义思想尽管具有革命性，今天看来，它的局限也是非常明显的。1871年以来奥地利经济学的持续发展使得我们能够指出《原理》中的关键弱点。不过有些出乎意料的是，这些弱点却正是门格尔的主观主义不完善之处。门格尔的门徒从他们老师那里学到的主观主义视角使得他们能够遵循一条讨论路线，领会出一些他们的老师自己也不曾得出的见解。

正如我们讨论门格尔的贡献的积极的主观主义特征时一样，我们对门格尔主观主义的局限的看法也与传统评价有所不同。对门格尔及其之后主观主义理论发展的标准评价主要集中于认为门格尔的需要理论存在不足之处。虽然我们并不反对认为门格尔的需要理论有着这样令人遗憾（同时也是非主观主义的）的特点，我们将重点讨论他的主观主义观点中的另外一类局限。

众所周知，门格尔的效用理论以一组个人需要的存在作为讨论的起点，而且适用于每个消费者。这似乎客观和具体得令人不安。似乎是人的生理和心理构成生成了具有明确紧迫程度的明确要求——完全不同于个人所进行的任何自由选择。门格尔所强调的不是自由施用的偏好和自发地、独立地追求的意图，而是经济行为为了满足由给定的一组个人需要所施加的要求而不可避免地进行的调整。^① 人们开始理解门格尔提及的"适于完全独立于人的意志的现象的规律性……"似乎这些给定的个人需要的集合将它们自己的力量施加于经济体系，约束资源的配置，决定经济价值，完全不需要那本来应该需要的人的意志的居间调停。评论家们已经恰当地认识到这个观点有些简单化，至少就后来的奥地利学派经济学家的更为发展和精细化的主观主义理论而言是这样的。我们希望提请注意，我们将在另一层意义上指出门格尔主观主义的不足之处。原来这种不足之处恰好存在于对经济体系的总体见解之中，我们曾经将这个总体观点对经济体系的理解看作主观主义的革命性本质。下面先来回忆一段哈耶克尖锐批评熊彼特的一种立场的饶有趣味的小插曲。

在其著名的 1945 年论文《知识在社会中的使用》中，哈耶克在结尾部分提到《资本主义、社会主义和民主》（1950 年）中的一段文字，熊彼特在其中轻视中央计划经济进行经济计算的困难。米塞斯曾经提出，由于缺乏生产要素市场，社会主义计划人员将缺乏体现各种资源的社会重要性的指数，从而也就不能进行理性规划。熊彼特坚持主张在计划经济中依然可以实现经济理性。作为理论家，熊彼特认为："这得自于这样一个基本命题，即消费者

---

① 请参考拉赫曼（Lachmann，1978）对门格尔的这个观点的评论。

在估价（'需求'）消费品的同时，事实上也在对进入这些产品的生产过程的生产资料进行的估价。"（Schumpeter，1950：175）哈耶克认为这个结论"令人震惊"。只有对于单个的头脑才能有效地声称消费者估价合乎逻辑地包含对生产性服务的对应估价，因为只有它才能同时知道"对消费品的估价……以及各类生产要素的供给条件"（Hayek，1949b：90）。哈耶克批评熊彼特乃是一种分析方法的受害者，这种分析方法"习惯性地不考虑人类知识不可避免的不完整性，以及随之而生的对交流和获取知识的过程的需要"（第91页）。

　　显然，哈耶克所指在熊彼特理论中缺乏的东西就是对市场过程的正视。在该过程中，所有有关资源可得性和消费者估价的分散信息被调动起来并据以支撑支配生产和资源配置的选择。需要引入熊彼特经济体系思想的是对企业家警觉性和想象力的角色的认可，它们能够激发和驱动这一知识动员的市场过程——尤其在面对不可知未来的十足的不确定性的时候。由于熊彼特未能认识到市场过程的这个主观维度（尽管他是理解企业家作用的卓越先驱），这使得他相信消费者的价值评估可以自动转换成对生产要素的价值评估（Kirzner，1979a：第4章，尤其是第68页以后）。

　　我们愿意指出，熊彼特主观主义的这个瑕疵，与门格尔的一个类似的瑕疵异曲同工。我们将看到，熊彼特将消费者的价值评估视为能自动地生成对生产要素的价值评估的观点，等同于门格尔的消费者需要生成"完全独立于人的意愿……"的结果的观点。如果具体地从现代主观主义观点来看，门格尔的那个关于经济体系如何将消费者对经济重要性的判断传递到那些高阶财货序列的观点，错在没能认识到其中的企业家活动步骤。在面对不确定未来的无法穿透的迷雾时，这些判断必须通过企业家富有想象力的、大胆的以及自发的举措才可能得以传递。这些企业家活动步骤代表着他们透视未知时的想象力和深刻见解。任何关于消费者偏好支配了资源配置的主张，其有效性都只能以这些偏好被市场上的企业家感知和传递的程度为准。门格尔认识到，市场现象以某种方式折射着消费者价值评估的积极印记（而不是自然环境的消极约束），这实际上是主观主义经济学发展的开拓性一步。这种认识将最终引导人们理解，这种印记（就它与高阶财货的市场以及对这些产品的配置选择的联系而言）得自于表达了企业家的警觉性和期望的人的行动。但是我们看到，这种对主观主义的完整理解与门格尔擦肩而过。我们不得不承认，对他来说，那将消费者偏好与相关的资源配置变动联系在一起的经济规则的确是自动而机械化地运转着。从历经了一百年发展的现今视角看，门格尔的主观主义在这个问题上不能说是完整的。让我们更进一步地考察门格尔的整体思想。

门格尔与完全知识假设

我们曾经多次引证，门格尔在其序言中提到经济法则与人的意愿是无关的。这个论题在门格尔的这本书的正文里再次提及，尤其是在阐述价格理论的背景的时候。例如，在解释垄断市场的价格形成时，门格尔认为："如果我们把本节所述内容做一总结，那么可以得出的结论是……按此这里出现的经济现象完全不具有偶然的特征，而是具有一种强规律性的特征……由此垄断贸易现象从任何联系角度看均向我们呈现出强规律性的画面。"接下来，他还补充以如下颇为有趣的后续思考："错误与缺乏知识在此也可以导致一些偏差。这样这些偏差同时也是国民经济的病理学现象，这些现象被证明违背国民经济学法则的程度，与发生在病体上的现象被证明违背生理学的程度同样地小。"（Menger，1981 [1871]：200）明显地，门格尔将经济法则的范围限定在人类活动不受错误和不完全知识影响的边界以内。仔细检视他第五章关于价格理论的全文会使我们确信，对门格尔来说，给定消费者的价值评估，那些决定价格的不可撼动的经济法则，乃是严格地建立在每个追求经济性的个人实际上都对有关选择的环境因素有充分了解的假设基础上。我们于是在这里给出一个关于门格尔经济学的特点的明确表述。对于门格尔来说，经济学所解释的是"经济价格"的决定，即免受错误和不完全知识"病理"干扰条件下形成的价格。在他于 1883 年发表的《社会科学方法论》中，门格尔对此进行了阐述："至于实际价格按此一般或多或少偏离于（与经济事实状况相符合的）**经济**价格，几乎不需说明。"（Menger，1985［1883］：56）门格尔将此归因于诸多因素，尤其是消费者在市场上由于不知道需要什么以及如何满足自己的目标而表现出来的含糊和错误，以及对经济情势的不完全知识。

那么显然地，严格地说，那些独立于人的意志而运转的、被门格尔看作统御各种市场现象的经济法则只是存在于一个由完美的追求经济性的个人组成的世界。门格尔的思想将土地、劳动力和资本的服务价值看成仅仅是"其经济特征的必然结果"（Menger，1981［1871］：143），这得自于假设经济体系能够允许实际价格接近真实经济价格。"按此上述物品的价格（土地租金和资本利息）属于产生它们的经济事实状况的必然产物。**一个民族的法律状态越是发育得好，其公德越是精进，这些价格越是肯定地以它们为准绳**。"（第 143—144 页）。门格尔确信（尽管他不曾对此信念进行过论证，甚至也不曾明确表达过），形成市场价格所需的假设条件都是完全合理的，从而允许得出这样的结论，即对经济学法则的理解也提供了对真实世界的理解。尽管门格尔一再提及错误和不确定性的影响——可能甚于与他同时代的所有其他经济学家，可是他似乎压根儿没有打算让它们进入他所理解的完整经济体系（Kirzner，1979a：第 4 章）。

也许，如果将门格尔的价格理论理解为一个抽象的体系，那么这就算不上严重的缺陷。一方面，对价格据以形成的动态市场过程的理解是相当有意义的；另一方面，当然也存在统御各种价格的可能落点的（分立的）要素理论的作用空间。均衡化过程理论和均衡理论均有存在的空间。存在着一个探究完全知识假设之意蕴的正当空间。

但是，当完全知识假设转变为（因为门格尔对经济体系的总体思想要求它可以转变）有关消费者的价值评估实际上完全能够传递到土地、劳动以及资本的服务市场的主张，我们有理由感到担忧。因为时隔一个世纪后，我们理解到如果这种传递要发生，那么它可能只有是警觉的企业家施加的竞争性压力造成的结果。但是门格尔没有在任何地方显示他认识到引入这些竞争性企业家压力的作用的必要性。他也没有在任何地方显示出他认识到这种状况之下，该压力不能被理解为机械性的或自动的，而是应该理解为由警觉性的人的自发发现所构成的。简而言之，门格尔没有在任何地方显示出一种对于市场力量实际上所依赖的这个主观主义维度的敏感性。

在某种意义上，实际情形还不仅仅在于，在理解相对消费者偏好赖以传递到整个经济体系的市场过程时，门格尔对于主观主义的作用范围缺乏认知。当门格尔将错误和不完全知识当作"病理"现象时，他描绘出一幅最不成功的关于市场运转的图景（如果广为人知的话）。事实当然是，**只有通过由错误创造的**企业家激励（赢取纯利润），我们才能有望近似地达到门格尔将其当作一种健康经济体常态的那种全知状态。对于主观性错误有可能形成一个介于实际价格和经济价格之间的楔子的认识，并不等同于意识到，这些主观性错误实际上应当被明确地看作理解真实世界与这些经济价格以及门格尔赖以形成的整体思想之间的任何关联的踏脚石。认识到门格尔主观主义的不完全性之后，现在让我们转而理解构成主观主义的主要步骤的一些经常被忽视的特征，它们在门格尔的思想中有充分的体现。

方法论的题外话：门格尔的实在论

哈奇森教授提请注意门格尔理论的一个备受忽视的方法论特征。他解释说，门格尔"坚持认为经济学家寻找的不仅是数量间关系（Grössenverhältnisse），还包括经济现象的本质（das Wesen）"。他在 1994 年的一封信中向瓦尔拉斯发问："我们如何通过数学获得关于这种本质的知识，如价值的本质、地租的本质、复本位制的本质？"（Hutchison，1953：148）

埃米尔·考德尔（Emil Kauder）也认识到门格尔的方法论的本质主义。"门格尔主张科学的主题不是心智的构造而是社会的本质。本质的含义是现象背后的现实。"（Kauder，1965：97）考德尔如此描述门德尔方法的亚里士多德式的特征："门格尔的理论契合亚里士多德式的本质，具有明确的类型，典型的关系……一如他的古希腊导师，门格尔致力于寻找事物的可观察表象背后隐藏的现实。科学研究的这种 X 光技术已经远离了瓦尔拉斯、杰文斯及其后继者的工作方式。"（第 97—98 页）新近以来，乌斯卡里·马基（Uskali Mäki）集中地探讨了门格尔本质主义的认识论特征（特别参考 Mäki，1990）。我们现在的目的是最为基本的，就是要自我提醒门格尔理论的这个特征，并指出它与门格尔所开创的奥地利经济学主观主义传统的联系。再一次地，奈特的一个批评性评论提醒了我们正在发生什么情况。

奈特以贬抑的口吻提及门格尔的需求理论以及成本和供给理论。特别是他慨叹地认为人们忽视了需求和供给的相互关系（尤其是门格尔，在一定程度上也包括与其同时代的其他主要经济学家）。奈特认为，门格尔关于边际效用对生产成本支出的影响的一些观察是站不住脚的，"远不能认识这些变量之间真实的相互决定关系"（Knight，1950：23）。对于奈特来说，"（相对）效用和（相对）成本在价格决定中的相对角色依赖于需求和供给的比较弹性"（见脚注；并见 Knight，1931）。由于门格尔不曾提出这样一个理论，奈特认为他对价格决定理论仅有粗浅理解。我认为，公允的说法应是，奈特的批评呈现出了奈特本人对于价格理论应该解释什么的理解以及门格尔对于同样任务如何理解之间的差异……这一差异未曾强调过，甚至未被察觉，却无论如何是至关重要的。这里可以提及庞巴维克和阿尔文·费雪（Irving Fisher）在提供一种利息理论的任务上存在的某种类似分歧。

费雪指出庞巴维克在利息率理论中提出了"两个问题：（1）某种利息率何以存在；（2）利息率如何决定"（Fisher，1930：第13页起，并见第474页）。但是费雪认为只有一个问题，"因为在解释利息率如何决定的时候，已经包括了利息率能否为零的问题了"。一方面，费雪认为单独解释利息现象的存在性没有意义。另一方面，庞巴维克却极力强调费雪想要否定的那种区别。尤其是庞巴维克区分了"原发力量"（originating forces）和"决定力量"。对于利息起源的解释可以完全与利息率的解释相分离。庞巴维克以一种启发式类比方式来宣扬他的观点。"当我们调查洪水原因的时候，我们当然不能怪罪那些用来阻止或者至少减轻水灾的大坝和水库。不过他们是洪水的实际水位线的决定因素之一。"（Böhm-Bawerk，1959：Vol. III：192）我们可以同样的方式理解，把列举所有利率决定力量当作对利率现象的解释是误导人的。很显然，费雪与庞巴维克对于一种利息理论的任务的不同理解在很大程度上与我们正在讨论的门格尔和奈特关于价格理论的分歧是类似的。

如果我们指明共同决定利息率的所有因素，我们就是提供了一个利息理论，如费雪那样。大体来说，我们知道什么因素决定了我们所观察的特定利息率。没有任何其他任务（例如解释为什么利息现象要被发现）还能吸引我们的注意力（因为我们的理论将能解释利息率何以能成为现在这个样子）。

非常相似的是，对于奈特来说，在价格理论中需要寻找的是完全甄别出那些实际决定价格的因素。如果我们知道需求曲线和供给曲线，我们就已经找到了那些通过相关变量的相互决定来实现均衡价格的力量。而且，除非我们已经完全分辨出这些变量以及他们相互决定的方式（以使均衡得以存在），否则我们便未能履行作为价格理论家的责任。对于奈特来说，价格理论不是一种解释市场价值现象的理论，而是一种在原则上解释为何某种特定价格何以能够成为它现在这个样子的理论。当然，奈特对于价格理论的任务的理解很大程度上是新古典经济学所普遍持有的观点。费雪对于利息理论的任务的观点只是上述关于价格理论功能的一般性新古典见解的一部分。然而，当我们抓住了门格尔的本质主义视角时，就会很明显地看到门格尔的观点完全不同。

门格尔认为，理论家在解释价格时的基本责任不是找出各种共同决定价格水平的影响因素以及这些因素的相对强度。相反，理论家在寻求价格本质的时候，寻找的是决定价格现象的根源性原因。门格尔大概不会否定奈特反复提到的一种主张（在批评奥地利学派价值理论时）的真实性，即在长期中，海獭和鹿的相对价格（无论他们的相对效用是什么）会由于养成它们各自需要的物质投入的比例而呈现系统性的差别。但是他还是会坚持认为价格上涨不是因为投入的增加，而是因为消费者对于这些产品的需要迫使他们使用其他产品来交换。作为海獭价格所需支付的鹿肉的磅数不一定要反映捕获它们的相对难度（即使该价格不能够无限地偏离该比例）。相反，价格现象背后的本质性事实是它反映了人们感受到的对于海獭的需要的强烈程度（相对于对鹿的需要的强烈程度）。某个价格的本质是它表达了消费者需要的强烈程度。所有的环境条件，特别是包括围绕着供给可能性的物质条件，将会帮助决定一个消费者愿意勉为其难地拿出来一定数量的一种产品，作为他愿意购买的那种产品的价格。但是如果我们的理论兴趣（如本质主义者所认为的）是解释价格现象（而不是价格水平），那么一旦我们识别出这种现象的根源性原因（以及解释了这种根源性原因如何影响到生产和交换发生的环境），我们将会完成我们的任务。① 从这个角度看，门格尔在其著作第五章中对于价格理论的解释，即决定实际价格水平的边界，不应该被误解。门格尔在这章中展示的主要不是什么决定了价格水平，而是价格水平如何表达了价格的本源性原因（例如消费者需要的强烈程度）。在奈特看来只不过是一种勇敢但是粗糙的开拓性努力，如果放在完全不同的本质主义视野之下，就会呈现极为不同的面貌。

如我们所见，非常重要的一点是庞巴维克似乎与门格尔对于理论家的任务有共同的理解。利息理论的一项明确的、完全正当的任务是识别它的本质，即导致该现象形成的背后事实是什么。这项任务必须与解释利息率高度的任务区别开来。洪灾背后的原因的根源不能从堤坝的存在中去寻找，尽管堤坝在决定水位的时候具有很重要的作用。庞巴维克（非常无意识地）在这一点上与门格尔持有相同的视角，这似乎表明这个视角与这些奥地利传统

---

① 很明显，一位批评家也许不质疑，为什么门格尔未能以同样的明确性看到存在于生产的物质性约束之下的价格现象的根源性原因。如果不放弃生产鹿或者别的什么事物，就不能生产出一磅海獭的话，难道就不能坚持认为，正是这个背后的事实"必然地"导致了海獭应得一个价格（以用其他事物来支付的方式）这样的现象？毕竟，人们不会去狩猎海獭，除非有人支付了一种价格使其物有所值。这里，当然，门格尔对于经济生活的主观主义观点涉及最根本的方面——哲学而不是分析性的方面。对于门格尔来说，价格现象的真正原因存在于消费者所追求的目标（包括海獭及"其他事物"）中体现出的意图。生产海獭以及这些其他事物的相对难度仅仅标示出为了实现消费者意图所能遵循的不同路径；这被看作一个背景性现象，它的确对于具体价格的决定具有极为重要的作用，但是该现象自身不能够最终决定价格现象。

的奠基者们共有的主观主义视角存在着某种联系。

在本评论中，我们先前曾经指出，门格尔的关键贡献以及他的主观主义的核心不在于边际效用理论，而在于他对于经济的革命性思想。在该思想中，门格尔将整个经济体系看作由满足消费者需要的目标所激发的直接或间接行为的复合体。当然，这种行为复合体是在相关资源约束和技术可能性背景之下发生的，但背景只是背景。可以明确的是具体行为将会反映该背景的具体特征，但是这些行为的本质仍然是为消费者的愿望服务。在一种环境之下，消费者对于面包的需要可以产生一种劳动密集型农业；在另一种环境之下，同样的需要可能会导致土地密集型农业。对于门格尔来说，两种农业制度的本质都在于他们乃是由消费者需要所激发（并解释）。在任何一套生产约束之下形成的具体的面包价格，当然会在功能性意义上依赖于这些约束的具体情况。但是解释面包价格现象的"背后的现实"，从门格尔的观点看，只能来自于这些价格所表达的消费者需要。

如果说这样一种对于经济理论任务的理解对现代人来说显得如此陌生，那么其实这可以看作现代经济学偏离门格尔主观主义的距离的一种度量。正是门格尔的主观主义观点塑造了他对于价格理论目标的理解。当然也正是同样的主观主义塑造了庞巴维克对于利息理论目标的理解。从这一点来看，当代对于门格尔本质主义的重新发现似乎提供了重新了解门格尔主观主义观点的空间。

门格尔：主观主义者的先驱

我们已经看到：（1）门格尔的核心贡献是他的经济理论中的主观主义；（2）这种主观主义与门格尔的经济理论中的本质主义纲领密切相关。我们也已经留意到门格尔主观主义的不完全性。

我们简要地指出，门格尔的贡献开启了后来奥地利传统以他为起点并最终完成的主观主义视角的先驱性步骤，以此作为结论。

门格尔的《原理》，当然地被视为在经济思想史中得到认可的奥地利学派的奠基之作。当哈耶克在 1934 年撰写门格尔《文集》的前言时，在提及门格尔的"出色追随者，如庞巴维克和维塞尔"之后说道："如果说（奥地利学派的）基本思想完全地和完整地属于卡尔·门格尔，这并未过分地贬损这些作家的功劳。"（Hayek，1981：12）在哈耶克写下这些话的时候，奥地利经济学的状态有些停滞和自足。它的主要领袖们（具有充足的依据）相信，并不存在什么出格的阐述使得奥地利经济学派与其他经济学派有所隔阂；奥地利学派理论的精华部分已经被成功地吸收到经济学里面。然而，门格尔在其《原理》中所解释的主观主义的某些特征，已经为奥地利传统指明了一个与主流新古典主义截然不同的方向。

无疑正是门格尔的教导激励了米塞斯和哈耶克在长时间里艰苦地传播非均衡意义上的奥地利理论，强调无知和发现、企业家精神以及动态竞争中的主观性。这个传播理论的长期旅程开始于 20 世纪 20 年代米塞斯对计划经济中理性经济计算的批评（Mises，1920）。紧接着，在 20 世纪 30 年代和 40 年代，这个进程通过一系列在不断的辩论中发表的出色论文而延续，其中哈耶克区分了分散知识和动态竞争的微妙作用。[①] 该旅程引向了米塞斯在 1949 年《人类行为》中阐述的最为完整的奥地利学派主观主义思想（Mises，1966）。在这个旅程的尽头，奥地利人已经与当代主流相去甚远。要接受米塞斯和哈耶克的系统化阐述中呈现的深刻思想，就必须要接受在卡尔·门格尔的《国民经济学原理》中闪耀的主观主义和本质主义。

[①]　这些论文构成哈耶克（Hayek，1949a）论点的核心。

第五章 门格尔、古典自由主义与奥地利经济学派

　　近来一系列有价值的论文反映出与日俱增的对于奥地利学派奠基经济学家的政治和意识形态立场的兴趣。尤其令人好奇的是，这些文献提供了一套似乎是，至少从表面上看，对于这种政治——意识形态立场非常不同的解读和评价。特别是对于卡尔·门格尔，我们能够看到明显矛盾的评价。他是自由放任的拥护者；他赞同实质性的国家经济干预；他根本没有清晰界定和表述其政治立场——有关门格尔和其他早期奥地利学派经济学家的每一个这种观点，都可以在某处文献中找到出处。每一个这种观点都可以得到早期奥地利学派经济学家的引文支持。这一章的目的是调和早期奥地利学派文献中呈现的这些明显的不一致之处。

　　我们的结论将包括：（1）早期奥地利学派经济学家，尤其是门格尔的立场，承认存在市场的效能以及有利的政府经济干预的作用空间；（2）对于这种一分为二的立场并未进行过任何有意、完整的阐述，从而使得孤立的评论在被引用的时候可能呈现比本原状态更为极端的立场；（3）这种立场虽然一分为二，但是它仍然强烈表达了对于自由市场的更加激进的赞同，更甚于早期奥地利学派经济学家自己实际上所展示的。我们猜测，正是这最后一种情形，在后期奥地利学派经济学家走向更加一贯的自由放任立场的时候，可以解释为何他们被思想史学家看作只是简单地追随了早期创建者建立的奥地利传统。

必须明确的是，提出这一论点，虽然从表面上看与很多与此主题相关的大量观点相互冲突，但实际上与它们的区别仅在于重点的不同。实际上本章的内容很少有新的东西：它的多数思想来自已有文献，只是重组了这些思想，把它们变成一个我们所希望见到的更加容易接受、更加完整的故事。一些作家说杯子不满；一些作家说杯子不空；一些作家甚至说杯子半满半空。我们不会只是证明为什么杯子半满半空，而是要尝试解释为什么杯子会在一些人看来很满，而在另一些人看来又很空。

门格尔、奥地利学派经济学家以及自由放任主义：若干矛盾

斯蒂芬·伯姆提请我们注意自门格尔以来的奥地利学派传统智慧的一个特征，即奥地利学派经济学家被等同为"自由放任的严苛守卫者和资本主义制度的公开辩护者"（Boehm，1985：249）。伯姆从门格尔的著作中提取强有力的证据来反驳这个观点："门格尔陈述了赋予政府的五项合法任务，分别是'改善工人阶级状况、收入的公平分配、增进个人能力、节俭以及企业家创新'。"（引用自门格尔，1891：250）如果这个（雄心勃勃的）政府责任列表还不足以留下深刻印象，伯姆还引用门格尔和庞巴维克作为反驳认为他们遵循自由放任、"曼彻斯特式"社会政策的确切甚至强有力的证据。伯姆引用道，门格尔明确无误地主张"他的学派最反对的就是资本主义制度。实际上，他对施穆勒唯一欣赏的地方是他对穷人和弱者的同情"①。

---

① 伯姆（Boehm，1985：251），引用门格尔（Menger，1884）。伯姆还有可能强调了维塞尔后来著作中的干预主义风格：参见维塞尔（Wieser，1967：408—416）。还可参考施特赖斯勒教授的评论，他认为"维塞尔是一个至少在本能上具有家长作风的干预主义者，假如不把他看作法西斯分子的话"（Streissler，1988：200）。近来，卡尔·G. 乌尔（Carl G. Uhr）将门格尔看作一个"具有温和社会关怀的自由主义者"，"并非自由放任的盲从辩护者"（见一个书评，HOPE，21［1］，1989年春季号：第152页）。

不过，关于奥地利经济学家是自由放任的坚定倡导者的论点——当然也包括他们被感觉为如是——不能简单化地置之不顾。埃里希·施特赖斯勒在他的近期作品中提醒我们新近发现的资料支持门格尔的这个观点。众所周知，门格尔担任奥地利鲁道夫皇储的私人教师若干年。鲁道夫被要求撰写笔记来记录他从门格尔那里听来的课程。这些经过门格尔修改过的听课笔记最近被布丽吉特·哈曼（Brigitte Hamann）发现，并将打印稿提供给施特赖斯勒。从这些笔记中，施特赖斯勒得出结论，门格尔教给了鲁道夫"一种可能比亚当·斯密更加坚定的自由主义。在'通常'情况下国家的经济行为总是有害的：它只能在'不正常'情况下才能允许"①。

也许路德维希·冯·米塞斯的个人回忆对于将奥地利学派当作不干预主义拥护者的看法更具有说服力。米塞斯在 20 世纪早些时候在维也纳大学学习，后来成为庞巴维克最为知名的门徒。他的名字总是作为一个杰出的参与者出现在庞巴维克在大学举办的著名的研讨班上。毫无疑问，米塞斯对于奥地利学派的政治立场非常熟悉。尽管他没有在门格尔的门下学习，他不可能不清楚通常所理解的门格尔的政治观点是什么。奥地利学派经济学家认为他们自己（也包括同代人对他们的看法）不仅捍卫抽象的经济科学（相对于历史学派的挑战），同时也捍卫市场经济的有效性（相对于社会主义和统计学的攻击者），这一点对于米塞斯来说似乎没有疑问。

在一篇名为"'方法论之争'的政治问题"的文章中，米塞斯描述了施穆勒及其历史学派与普鲁士的俾斯麦政策的结盟，后者"开始实施它的社会政策，即干预措施体系，例如劳工立法、社会

---

① 施特赖斯勒（Streissler, 1988：201）。还可参考其 2 号笔记以了解更多关于门格尔—鲁道夫课程笔记的细节。

保障、支持工会的态度、累进税、保护性关税、卡特尔、倾销等"
（Mises，1969：30）。米塞斯的确承认，当"门格尔、庞巴维克和
维塞尔开始他们的科学生涯时，他们并不关心经济政策问题以及
古典经济学对于干预主义的反对。他们视为经济学寻求坚实的基
础为他们的使命，而且他们准备为这项事业而完全献身"（第18
页）。但是这条道路背后是门格尔"坚定地不赞同奥地利政府所采
取的……干预主义政策"的断然主张。一个怀疑论者也许会好奇，
认为米塞斯（在其1969年著述中）是否可能并没有独立地读懂他
的导师对于米塞斯后来在自己的研究生涯中采纳的自由放任立场
的态度。但是一个公正的读者如果读过米塞斯很多文献中关于
"方法论之争"的政治含义的解释，他会发现很难不得出结论认为
米塞斯只是在表达一个关于奥地利学派经济学家强烈地反对历史
学派所拥护的国家干预主义的一般观念。

然而，正如伯姆（Boehm，1985：248）所引述的，我们发现
冈纳·缪尔达尔（Gunnar Myrdal）将奥地利人描述为19世纪的稀
罕经济学家，因为他们没有将政治动机加入到他们的经济学中：
"在奥地利，经济学从来没有直接的政治目标。"（Myrdal，1954：
128）很显然，缪尔达尔对于奥地利经济学的解读，是认为它既没
有倾向性的干预主义，也不寻求促进自由放任。

总结一下我们对关于奥地利学派政治立场（或者无政治立场）
的看法的概述，我们必须指出一段尼古拉·布哈林（Nikolai
Bukharin）最为直言不讳的陈述。布哈林是出色的马克思主义理论
家和经济学者，他曾经参加庞巴维克的研讨班并写下对于奥地利
经济学派理论的犀利的马克思主义式的长篇评论。在这本书的俄
文版的前言中，布哈林说明了为什么他要选择攻击奥地利学派
（而不是现代经济学的其他学派）："我们选择批评的对象也许不需
要讨论，因为众所周知马克思主义最强大的对手就是奥地利学
派。"（Bukharin，1972：9）当然，作为马克思主义的强有力对手

不一定需要拥护自由放任。不过奥地利学派经济学家似乎很明显地被认为是为资本主义提供了强大的智力保护。[①] 在他们的著作中，看上去找不到任何原则性的理由来质疑资本主义制度在增进人类经济福利中的有效性。

这也正是我们所发现的自己的处境。显然存在证据支持奥地利学派经济学家是自由放任的倡导者的观点，支持他们赞同干预主义的观点，以及支持他们不关心他们的学说中的政治含义的观点。让我们撇开所有引用的证据，独立地考虑一下，就奥地利学派经济理论的政治含义而言，特别是最初的门格尔的理论，我们**期望**得出什么结论。

门格尔与边际效用革命

关于门格尔的《原理》在多大程度上代表了他的时代对经济学的革命性、先驱性贡献，存在着一定的含糊之处。传统的思想史学家将门格尔的理论归为"边际效用革命"的三大基本贡献之一（其他贡献还包括他提出了一种宣言，该宣言提出了与德国经济学中根深蒂固的历史方法相对立的经济学理论分析方法）。依据对门格尔的这一传统解读，他的著作是对古典正统观念的一次正面的、先驱性的、革命性的冲击。然而与此同时，门格尔的著作，尤其是它的前言，直率地表明对前辈著作者们的深深谢意，尤其

---

① 将奥地利学派经济学家视为资产阶级反革命知识运动的先锋的马克思主义观念一直延续至我们的时代，有时候甚至呈现一种怪诞的形式。因此，莫利斯·多布（Maurice Dobb）错误地将熊彼特指出庞巴维克为"资产阶级的马克思"理解为熊彼特将庞巴维克主要看作"现行体制自觉的辩护者"的领袖（Dobb, 1973: 193）。实际上，熊彼特对庞巴维克的描述没有丝毫这方面的意思。恰恰相反，他希望提请注意庞巴维克对资本主义的综合的、系统化的理论视角——这在研究范围的广度上与马克思的理论正好相符。无论如何，多布的评论证实了这里正文里的观点。

是鉴于"几乎完全由整个德国学界创造的成果所奠定的基础"
（Menger，1981：49）。实际上，施特赖斯勒在最近的成果（Stre-
issler，1990）中提请注意一种 19 世纪中期的德国"原型新古典
（protoneoclassical）"传统，门格尔的工作应当看作推动该传统向
前发展的一种贡献，而不是对它的革命性背离。斯特赖斯勒指出，
尽管门格尔强调以边际效用革命为中心的主题，但门格尔将自己
视为改革者而不是革命者。

　　然而这种涉及门格尔的《原理》与德国"原型新古典"传统
之间可能联系的含糊之处必定与门格尔的体系，尤其是他的主观
价值理论的具体特征存在严谨的联系。似乎少有人怀疑，门格尔
自己心里明白，他在《原理》中提供了一套全新的关于经济体系
的视角。门格尔在他的前言中强调，需要"在审慎地留意我们所
有的科学领域中至今所广为探索的"经受了批评的"过去已有成
果"，与"对已经被认定为我们的科学的最终成就的学说的完全独
立判断"之间实现某种平衡。这表明他非常清晰地意识到他与过
去的显著决裂。哈耶克告诉我们，门格尔据说曾经"说过他是在
一种极度兴奋的状态中写作《原理》的"（Hayek，1981：16）。似
乎有理由将这种兴奋归因于门格尔确信他是在撰写一部开创性的
作品。

　　门格尔承认受惠于德国学者，他还将这本书献给著名的德国
（老）历史学派领袖威廉·罗雪尔，不过这不应被误解。这些引证
不应该被理解为反映出他对自己成果的创新性缺乏认知，而是表
达出他对那些做出了他所尊崇的学术贡献的前辈的拘谨的礼节
（同时也是在他努力破除经典教义过程中，寻求将自己与当时最有
影响力的学者之间的结盟的一种审慎的策略性行为）。这种诠释与
《原理》出版多年以后门格尔本人对罗雪尔著作的谨慎批评完全一
致（Menger，1985：185—189）。区分出门格尔的《方法论》和
《原理》（对罗雪尔以及其他施莫勒之前的经济学家）语气上的差

异不能归因为对这些事物在情感、观念上的变化（也许可以用《原理》在德国受到的冷遇来解释）。门格尔仍然热情地承认（1883，1887）"这位博学的莱比锡学者的科学人格中的美德，他的杰出成就和对从历史角度理解若干重要经济现象的推动，以及他的研究在我们的科学文献中所具有的对年轻学人的无可比拟的激励作用"（1985，第189页）。他1883年对罗雪尔的批评更应当这样来理解，即它显示门格尔意识到他成功塑造自己对经济体系的新的理解的关键在于他自己的理论导向，后者应当与当时占主导地位的德国方法形成清晰的对照（更有甚者，《原理》在德国受到的冷遇可能已经使门格尔确信，不可能再期望任何现实意义上与德国经济学家的策略性结盟）。

因此，门格尔1871年的著作应当明确地解读为非常有意识地提供了一个关于经济体系整体的全新视角。的确如施特赖斯勒（以及 Hayek，1981：13—14，17）指出的，一些重要因素（例如主观主义、效用等）都来自早期德国作者。然而，关于经济作为一个完全地和独立地受消费者选择和价值评估驱动的体系的总体见解——其中这些价值评估通过经济体系"向上"传递到"高阶财货"，以决定这些稀缺的高阶财货如何在产业间配置以及它们如何作为一个单个消费者驱动过程的一部分得到价值评估和获得回报——却肯定（以及确实）是门格尔全新感悟的。

如果不是把边际效用理论中的任何技术创新，而是把这一点看作门格尔自己所认可的原创性贡献，那么也就可以合理地理解，门格尔会感悟他的见解会以一种同样原创的方式对规范经济学产生意蕴。这个断言需要得到简要地阐明。

门格尔与市场经济效率

门格尔将经济体系视为一个完全受消费者偏好、价值评估和选择控制的整体的见解具有重要的福利含义。相对于给定的稀缺资源背景（潜在的高阶财货），消费者偏好和选择启动了数量不断扩张的企业家生产活动，这导致对要素服务的市场价值评估以及它们在不同产业间的相应配置状况。从这个见解出发就会形成一个明晰的对于**消费者主权**（consumer sovereignty）的感受，这个概念很明显具有重要的规范性含义。

消费者主权的观念提供了一个规范性标准，它与自由放任的古典主义基础完全不同。古典经济学家看到自由市场经济生产出（在看不见的手所提供的激励驱动之下）**最大可能数量的物质财富**。门格尔的市场观指出，不一定要总产量的最大化，而是需要一个**消费者偏好驱使的经济治理**模式。门格尔理论的这个要点倾向于表明另一种对于自由市场的产出的理解，这与标准的新古典福利经济学关于自由放任的社会最优定理有着微妙的差别。对于马歇尔（Marshall）和庇古（Pigou）来说，自由市场（在不考虑外部性的情况下）可被认为经济最优的含义主要体现在**总福利最大化**；对于瓦尔拉斯和其他欧洲大陆新古典福利经济学家来说，市场通过实现**最优资源配置**来实现其福利理想（在一个人际间效用可比较的世界，这等同于总福利最大化）。的确，对于这种最优的预测是建立在与尊重消费者偏好相一致的福利首位（welfare primacy）原则的基础上的；但是这个仍属标准主流的福利经济学视角没有将重点放在消费者选择驱使的有效控制上。在主流的福利理论中，重要的是通过市场实现的配置模式（以消费者偏好结果作为标尺来衡量）。但是门格尔的经济观念中包含的见解是，实际上仅有消费者采取的系列选择行为创造市场价值并决定控制实际资源配置的企业家价值评估。

很难避免产生这样的联想，即将门格尔对自由市场经济的认同（如鲁道夫在其笔记中所表达的）在很大程度上归因于门格尔对于消费者主权的这个新颖见解。在极端情况下，可信的是，正是这个被门格尔的年轻同事和追随者——庞巴维克和维塞尔完全吸收进他们的经济学的洞见，被马克思主义者看作为他们与奥地利经济学的主要冲突之处。对于深深陷入将资本主义经济看作一个剥削的体系的马克思主义观的布哈林来说，那种认为真正的资本主义经济是消费者偏好命令一切的经济、资本主义收入分配遵循消费者"要求"和施加的模式的主张的确是危险的。难怪他将奥地利学派经济学看作马克思主义最强大的对手。无疑也正是这个作为奥地利学派经济学核心的消费者主权信条，激励了后来米塞斯对于社会主义的批评。正如米塞斯在他的全部研究经历中所要强调的，经济理论的关键是要理解到企业家选择完全根植于对消费者偏好进行预测的激励："生产者本人，如他们那样的，完全不能命令生产的方向。这对企业家和对工人都是一样的，他们最终都需要向消费者意愿臣服。而且不可能发生相反的情况。人们不是为了生产而生产，而是为了生产可能被消费的产品。"（Mises，1936：443）正是这个彻底的门格尔的洞见，为米塞斯毕其一生针对社会主义者和干预主义者对市场经济的误解所进行的论战提供了助力。

然而，如我们将要见到的，门格尔的这个洞见，即他对于消费者主权的作用的先驱性认识，其自身并不足以要求他毫无疑义地赞同纯粹的自由放任政策。当然对消费者主权的重视具有规范性意蕴。但对于像门格尔这样一个如此谨慎、对于细微区别如此敏感、如此彻底的大脑来说，他所理解的消费者价值评估在经济体系结构中的最高地位几乎不可能保证为纯粹的自由放任提供无条件的背书。门格尔自己的经济理论留下了很多可以用于提出特定的经济或社会干预政策的缺口。让我们来看看道理何在。

门格尔、消费者主权以及政府干预的范围

我们愿意指出致使门格尔关于消费者驱动的市场经济观不足

以成为奉行一种坚持纯粹自由放任政策的曼彻斯特自由主义（Manchestertum）的基础的三种情形。有充足的理由设想门格尔对这些情形非常清楚（而对我们来说，则可以通过参考这些情形以及他表达它们的社会含义的程度来解释关于他的立场的各种相互矛盾的证据）。施特赖斯勒曾经强调外部性作为门格尔对干预主义妥协的一个基础（Streissler，1988：201）。我们想指出其他三种情形有可能是门格尔提出的国家法定责任清单（上文已从伯姆的讨论中引用）的基础。

首先，我们有充足的理由相信，门格尔会承认他的观念**假设**了一个**给定的**产权结构和财产法律。当门格尔讨论由稀缺性导致的私有财产制度产生的原因时，他指出了这样一种制度的任意性（arbitrariness）。"一种新的社会秩序，"他解释说，"可能的确能确保可得数量的经济财货（economic goods）能够用于满足不同于当前的一些人的需要。"但是这种再分配永远不能消除稀缺性；其自身不能避免财产制度的需要。任何"社会改革方案只可能合理地导向经济财货的适当分布，但是永远不会导致财产制度本身的取缔"（1981：97—98）。门格尔理论中没有一处表明关于资源所有权分布的现状是社会最优的。似乎可以非常有道理地将门格尔对"施穆勒对穷人和弱者的热情关心"[1]　的同感在很大程度上理解为他对这种经济体外（extra-economic）的现状的不满。门格尔的消费者主权观念，从逻辑上说，与偏好由一组不同的有效消费者来控制的社会良心完全一致。

其次，尽管门格尔强调消费者偏好的重要性，他当然也认同消费者可能在什么对他们最为有利的问题上"犯错误"。门格尔详细而明确地说明消费者有可能错误地对土药、春药等赋予价值（1981：第53页）。他注意到人们身上显露的弱点，"高估那些能

---

[1]　见本章注释1。

给予一时的强烈的愉悦但只能短暂地增加福祉的满足感的重要性"（第 148 页）等。他的这种家长式的态度也许很容易提示我们要推行旨在纠正消费者价值评估错误的国家政策。似乎有道理的是，可以将门格尔对通过国家行动鼓励节俭的建议（Boehm，1985：250）的引用解读为表达出他希望抵制下列不良情形的家长式愿望，即"人们经常相对于他们的长久福利更加看重易逝的、强烈的愉悦，有时更甚于他们的生命"（Menger，1981：148）。

再次，我们必须强调门格尔对他在交换理论中解释的"经济价格"（反过来，基于消费者评价和需求的边际效用基础）和真实世界价格进行了鲜明的区分。前者是指在不存在错误、假设追求经济性的个人在不存在不完全信息障碍情况下能够最大化他们的相互利益时能够普遍发生的价格（见 Kirzner，1979b）。在真实世界中，错误充斥着人们的选择，对他人的善意关心影响着交易的经济特征，还有其他的原因令结果变得复杂："一种确定的经济情势仅在最罕见的情况下才可能精确地揭示产品的**经济**价格。**实际**价格则或多或少与经济价格不同"（Menger，1985：69）。门格尔视经济体系乃完全受消费者评价统御的总体观点所倚赖的理性被局限于一个忽视了上述错误及各种复杂因素的效应的模型。只有当经济价格——它"正确地"反映"正确的"消费者评价背后的现实——占据主导地位时，才可以说资源配置的确忠实地和有效地表达了拥有主权的消费者的意愿。我曾经在别处（Kirzner，1979b）表达过困惑，即门格尔从不曾分析过一个市场参与者的错误可能被系统性地忽略了的市场过程。如果这一点属实，那么可以确信地说，虽然门格尔的确明显地假设市场会迟早趋向于一组经济价格，他却不曾断言可以假定任何时候都会存在这样一组价格。较为可信的是将他提及的通过政府行动鼓励企业家主动（entrepreneurial initiatives）的需要（Boehm，1985：250）理解为对一种担忧的表达，即担忧除非引入对矫正性企业家首创行动予以鼓励的政府行动，否则可能会出现由于企业家的错误或者基于其他原因的首创行动的缺乏而导致病态的非经济价格（以及资源配置）。

门格尔革命及对自由放任的分析：简要评估

我们现在该对之前的讨论进行一下总结了。门格尔提出了一种对于市场体系运作的革命性观点，其中消费者评价统御整个生产结构，并严格地决定资源配置以及相应的对稀缺资源服务的市场回报。这种消费者主权的观念自然对于资本主义体系的效率的社会评估具有重要启示意义。

少有疑问的是（我们已经在米塞斯身上看到这一点），接受门格尔的观念就意味着对于它所导致的资本主义制度运行结果的强力辩护。**如果**我们确实希望尊重消费者自己所表达的愿望，**如果**我们希望将现有的财产和其他权利以及禀赋当作给定的以及不容挑战的，那么这些结果就可以看作具有严格的必要性和合意性。然而，我们所见的是，对于门格尔本人来说，并不一定认为消费者所表达的愿望都要得到尊重，也不一定任何给定初始产权禀赋状态都要被给予道德认可。我们还更进一步看到，门格尔对于消费者主权本质的见解也是有限度的，他意识到企业家错误和其他错误可以轻易地成为一把楔子，将真实世界的经济与门格尔描绘该现实的消费者主导型"经济"模型分离开来。

我们现在希望表达的是，这些考虑可以充分地解释本章伊始引用的各类相互矛盾的证据（关于门格尔对于市场经济中政府干预的态度）。我们不应对在门格尔著作中找到与纯粹自由放任相一致的段落而感到丝毫的奇怪；我们不应对在门格尔著作中发现与彻底的干预主义相一致的段落而感到丝毫的奇怪；我们不应对在

门格尔著作中发现与完全地脱离政策因素相一致的段落（如缪尔
达尔所理解的）而感到丝毫的奇怪。我们当然也不应当对发现像
布哈林这样的马克思主义作家在门格尔经济学中观察到对资本主
义剥削理论形成挑战的强有力的敌人而感到丝毫的奇怪。

冲突性证据的调和

　　人们广泛的感知（伯姆的话）是，将早期奥地利人视为自由
市场体系的坚定辩护者，这想必毫无神秘可言。我们已经看到，
门格尔对于市场经济的基本观念，属于一种在后来的奥地利学派
传统中从未丢失的观念，无疑具有一种强烈的古典自由主义特征。
它表明在不考虑错误和偏差的情况下，市场可以忠实地表达消费
者主权而不是企业家控制。市场不但不被看作混乱而失调，而且
被看成在消费公众的系统性、有效率的仆人。很容易看出这种观
念的核心内容可以导致后来的思想史学家（包括后来的奥地利学
派经济学家自身）断定——未曾参考门格尔的细微之处（fine
print），① 奥地利学派经济学证明市场经济是实现消费者主权的一
个必要条件。

　　但是我们已经看到，门格尔的"细微之处"的确有之，需要
认真阅读和考虑。当我们从经济理论领域进入社会政策领域，从
门格尔观点中产生的表面上看很明确的信息却变得模糊、复杂和
模棱两可。人们不仅会怀疑该理论在现实世界的可行性（因为在
现实世界中，一系列"经济"价格可能是不存在的，相反存在的

---

　　① 我们应该说，这个结论具有很大程度的正当性。在接受门格尔的中心思想的同
时舍弃或者忽略某些原文细节，这是合理的做法。即使门格尔本人在向鲁道夫授课的时
候，也感觉到中心思想的重要性，要求将原文细节几乎完全放在一边，至少在出于介绍
大略目的的时候。

是一系列无效率的、错误的"非经济价格"），而且社会政策制定者也会合理地质疑被经济理论简单地接受为合理的资源所有模式的道德可接受性。更何况，一旦人们从经济学家的价值无涉的书桌走向家长式的政策制定者的讲坛，就有必要考虑自由做出的消费者选择可能犯错误的程度，以及与"真实的"消费者福祉相背离的程度。所有这些考虑都能足够充分地解释伯姆以及其他人引证的陈述，用以证明门格尔愿意为政府指派重要的干预主义责任。

另外，再一次地，一个像缪尔达尔这样的观察家可以合理地举例说明奥地利人没有政治或意识形态的考虑。门格尔对其市场观念的核心内容的阐述并没有试图要表达任何自由放任的政策含义——而且，如我们所看到的，实际上也没有排除采用一种适度的干预主义方案。因此，当布哈林非常正确地将奥地利学派理论理解为马克思主义的资本主义经济理论的重大威胁时，缪尔达尔也同样正确地称赞奥地利学派经济学家是在追求一项不带任何政治倾向的科学研究方案。为了调和关于门格尔和早期奥地利学派经济学家的明显矛盾的证据，完成我们的这个故事，还需要做一系列进一步的考察。

总结性思考

我们对于各种矛盾性证据的调和乃是依赖于我们能够在门格尔对于经济体系的中心见解以及对于错误和产权方面的复杂考虑之间进行截然的区分。正是因为在门格尔阐述其中心思想的背景下不一定需要明确地引入上述复杂考虑，才导致了关于门格尔经济政策思想的各种明显矛盾的结论的出现。还有一些其他因素结合在一起共同导致了这种多少令人混淆的情形。

施特赖斯勒曾经指出，德国和奥地利大学的传统是"在每个大学存在两个经济学教席：一个经济理论教席和一个经济政策教席"（Streissler，1988：第 200 页）。门格尔和早期奥地利学派经济学家占据的是理论教席；他们不负责教授经济政策课程，他们的研究和著作几乎只涉及实证理论。这种情形必定是鼓励了早期奥地利学派经济学家的追随者以及思想史学家自行依据奥地利学派理论指出的方向得出关于政策的结论。鉴于关于经济体系的新的核心观念在门格尔的理论研究中被赋予太多的重视，同时承认政府干预合理性的"细微之处"只能成为这些奠基者们边缘化的，甚至报刊新闻上的贡献，上述倾向因此而被强化。很有可能门格尔自己也会看到他的"细微之处"对实际政策制定的影响要小得多。这可以解释他能够在为鲁道夫授课的时候——大致上可以说——遵循一种允许他避免强调他自己的"细微之处"的理路。正如伯姆对我们的提醒（Boehm，1985：256—257），19 世纪晚期奥地利意识形态和政治领域交锋的主要战线不在于那些将纯粹自由放任与富于进取的政府干预进行区分的地方，而是存在于那些对于牧师、贵族、军队、官僚等老旧而顽固的特权的捍卫者和**"约瑟夫主义**（Josephinismus），即奥地利版的开明专制主义"的倡导者之间。奥地利学派经济学家赞同一种"审慎地植根于约瑟夫主义传统的……自由主义，其基本（目的）是取消封建特权和行会"（1985：256—257）。门格尔的科学研究不需要强调这些问题。他对政府干预主义的开放态度可以容易地降格到"细微之处"的层次。几十年过去后，当战线发生变化，经济学家之间的主要政策问题转变为探讨合意政府干预的程度，于是很容易只关注门格尔对于经济体系的中心性的、消费者主权的观念，并从中得出自己的结论。

更进一步地，随着奥地利学派经济学进入第二代和第三代，公共政策研究的焦点转向了社会主义可行性问题。此时，如我们前面已经注意到的，米塞斯得以同时从庞巴维克和门格尔的奥地利学派经济学传统中得出结论，针对全新的尖锐焦点重申自由市场的价值。于是，根据奥地利学派经济学家在 20 世纪关心的这个主题，他们的传统被思想史学家看成一贯地支持自由市场经济，也就毫不奇怪了。

于是我们的结论是，文初引用的每一个立场都可以得到论证，但是理解到围绕早期奥地利学派经济学家政策观点的复杂性使得我们看到其中并不一定存在不一致性，无论是对于奥地利学派经济学家自己坚持的观点，还是对于他们被认为所持有的观点。

第六章 有关经济计算的辩论：奥地利学派经济学家的教训

本章的论题是，在两次世界大战之间盛行的关于社会主义条件下经济计算的辩论，对于经济思想史具有通常未被意识到的重要意义，这不仅因为这次辩论本身当然就是一次重要的事件。另外，我要表明，它也是发展和明晰现代奥地利经济学视市场为竞争性—企业家发现过程的观点的重要催化剂。卡伦·沃恩（Karen Vaughn）教授曾经写下她坚信的观点，认为"这次论战的最有趣的结果……是它所引发的进一步的经济理论发展"（1976：107）。我在这里要提出的观点是，现代奥地利学派经济学家对市场的理解的具体结晶应被看作这些"进一步的经济理论发展"中最重要的成果之一。我将要证明，正是通过这场辩论的你来我往的过程，奥地利学派经济学家逐渐提炼了对于他们自己的立场的理解；20世纪40年代的米塞斯—哈耶克立场的表述方式与20年代的米塞斯的大不相同。此外，这一更进一步的米塞斯—哈耶克立场还超越了其自身，走向了（并且决定性地促成了）20世纪七八十年代更为明确的奥地利学派立场表述。

现在似乎乍一眼看去，我的论点与多数著名历史学家对于经济计算的辩论的观点是矛盾的。拉沃耶（Don Lavoie，1985a）在他对于论战的权威性描述中，竭力地表明论战的意义在于我们所提到的"其本身就是一次重要的事件"。他关于论战的立场强调相关的两点。首先，拉沃耶断然否认，在辩论交锋之后，奥地利学派经济学家发现有必要从他们最早表述的质疑社会主义经济计算可行性的立场"回撤"或者对其进行修改。拉沃耶认为，米塞斯和哈耶克后来的表述只不过是以更好的、更清晰的和更时尚的方式重申了他们原来的观点。其次，拉沃耶以令人钦佩的清晰度和完整性证明，米塞斯——哈耶克观点从一开始就反映了奥地利学派经济学家对于市场作为竞争性发现过程的理解（他还进一步说明是社会主义经济学家没能认识到这一点导致了论战本身存在的困扰，而后来的历史学家没能认识到这一点，从而导致了"二战"以后的作家对于这次论战的广泛误解）。因此，看起来，我的关于该论战本身有助于提炼奥地利人的理解的观点与拉沃耶论点中的这两点因素大相径庭。可能有必要解释一下为什么在我看来这里没有矛盾。① 实际上，这样一个简要的解释还可以允许我事先介绍一下将在本章中表达的中心思想。

对发现过程观的明晰强调

我相信，拉沃耶教授在解释米塞斯在 1920 年的初始观点时，完全正确地指出它体现了将市场看作企业家过程的奥地利学派的理解方式。② 而且，如同拉沃耶所表明的，一旦这一点得到认可，就没有任何理由来说明米塞斯和哈耶克后来的表述乃是从他们的初始观点的"回撤"。然而我的观点是，无论是米塞斯还是哈耶克（在其早期关于这个主题的论文之中），都不曾意识到他们对于市

---

① 我在这里无意表明拉沃耶教授会接受这个解释，或者，确切地说，他会接受我这个不存在矛盾的观点。

② 参考拉沃耶（Lavoie, 1985a: 26），其中他坚持这个观点，同时也承认"当然，通常会存在这样的潜在危险，即我对现代奥地利学派有关早期奥地利学派经济学家的贡献的观点进行了不合理的解读"。

场的奥地利学派观点与暗含在其他各大现代思想学派中的观点的差别有多么尖锐。相应地，奥地利观点的早期陈述没有能够充分而明确地表达被拉沃耶（正确地）设想存在于那些表述之中的"过程"观点。

事实是，对于多数20世纪早期的经济学家来说（奥地利学派的、马歇尔的或瓦尔拉斯的），都存在着对于市场的共同但是肤浅的理解，这种理解湮没了只有在很久以后才变得明显的重要区别。在这种共同的理解中，共存着重视动态市场过程的因素以及重视平衡程度——通过市场获得的均衡程度——的因素。

可以肯定的是，这种共同理解的奥地利学派版本所具有的门格尔背景毫无疑问地指向占主导地位的过程论，然而这种共同理解的瓦尔拉斯版本持续地指向严格的均衡论，不过那时不曾见到过这些相互矛盾的标志物。尽管在门格尔的早期论述中的确包含有作为奥地利学派传统的核心的过程因素的轮廓，但是他没有强调这些因素（而且，如拉沃耶所说，有一种可能是，米塞斯根本不必要强调这些因素），因此当兰格等经济学家从他们自己的均衡视角考虑米塞斯的挑战时，他们未能认识到他们是多么严重地误解了该挑战。

作为大张旗鼓的两次世界大战之间的大论战的结果之一，奥地利学派经济学家深受鼓舞，没有回撤，但是更加仔细地分辨他们在对于市场过程的理解中那些未能被他们的批评者们认识到的方面。这个日益精确的明晰化过程不仅仅是一种交流的改进；它还是一个自我理解的改进过程。在这一章中我正是想集中于这个不断改进的自我理解的过程。虽然在这里我的主要兴趣在于现代奥地利学派理论的逐渐发展，我们同时也应该承认，在进行大辩论的同时，也并行存在着一个具有更加一贯性的瓦尔拉斯新古典主义理论的发展过程。虽然将有关社会主义经济计算的辩论看作新古典观点的进一步发展的重要推进因素可能有些夸张，但还是可以将辩论中的兰格—勒纳观点看作该发展过程中的一个重要事件。

接下来，在米塞斯关于社会主义计算的论文发表以后的四分之一个世纪里，发生的情况是原先作为大多数经济学家共识的单一而模糊的市场图景开始分解成两个分离的、截然不同而且聚焦明确的组成部分。一个组成部分被理解为完全静态的一般均衡市场模型；另一个组成部分被理解为动态企业家发现过程。正是在辩论的过程中，奥地利学派经济学家——而不是他们的辩论对手——逐渐变得明白，他们的观点代表着对社会主义的批评，不过其原因和程度都仅限于资本主义的市场能真正建立这样一个动态的企业家发现的过程。拉沃耶对此做如下表述："我曾经得出结论认为，奥地利经济学家在'历经'社会主义经济计算的辩论过程中学到了很多。因为他们不得不在曾经的辩论中应对各种批评，现在他们有了更好、更清晰的方式来表达他们的论点。"（1985a：26f）我的观点是奥地利学派经济学家学到的远不止于表达的技术；他们学会了更加细致地体会他们自己的传统是如何理解市场过程的。

我们可以区分奥地利学派理论这个不断改进的明晰化过程的若干条有明显区别（但当然也是相关的）的发展主线。首先是对于市场过程的实证性理解的进展。其次是对市场过程的"福利"因素的理解（尤其是对经济体系的社会功能或者面向社会的"经济问题"的本质的理解）的进展。再次是对价格在解决上述现已得到更好理解的面向社会的"经济问题"中的角色的理解的进展。我将在这一章具体讨论每一条发展主线（当然，也并行存在着新古典经济学的发展，例如对于均衡市场的纯实证理解，对于一般均衡的福利特征的重视，以及关于均衡价格在促进分散化决策的完全契合中的作用等）。

经济理解的多重层次

我的关于现代奥地利学派观点的明晰化过程的故事有些复杂，尤其是涉及有关社会主义计算的辩论，以及考虑到从该观点中可以发现对于价格体系的三个不同层次的经济理解。我在此处先将这些层次列举出来可能会有些帮助。它们分别是：（1）对稀缺性的认识；（2）对信息的角色的认识；以及（3）对发现的角色的认识。

1. 经济理解的基础自然包括对稀缺性及其含义的认识。在个体层次，对稀缺性的认识可以揭示个人的配置性、经济性行为。在社会层面，稀缺现象暗含着来自于价格体系的社会利益，即价格体系将各种资源或产品的相对稀缺程度表达为一个价格结构，从而鼓励潜在的使用者"经济"、有效地利用这些稀缺资源，无论是生产者或是消费者。

2. 对于市场价格体系的社会作用的更深层次理解来自于有关价格可能是经济体中从一部分到另一部分的信息传播的有效手段。当价格的确真正完全反映了市场参与者在市场中进行的出价和还价时，该价格可以提供高度有效的信号系统，避免了向选择者传递详细的、事实性信息的需要。如果一项重要原材料的供给来源突然被破坏，其市场价格的跃升将非常迅速而有效地传递该灾难对其潜在使用者的影响。那些已经知悉了灾难的人不需要再去告诉潜在使用者灾难发生的事情，只要涨价就足够了。

3. 最后，在前两个层面的经济理解的基础上，现代奥地利学派的观点明确地提请注意价格体系在提升对于仍然未知的信息的警觉性以及发现信息中的作用（既包括利用现有技术从现有的机会中获得潜在收益，也包括利用生产的创造性过程的可能性）。

奥地利学派经济学家认识到所有这些层次的经济理解之间同时存在着关联性，这造成了明显的复杂性。很显然，从今天的现代奥地利学派理论的明确观点看，要想全面理解价格体系的社会利益，就必须要接受所有三个层次的经济理解。也就是说，一方面，虽然对于稀缺性的社会后果的理解不需要理解信息和发现的细节，但是奥地利学派经济学家对于市场价格体系如何有效处理困扰社会的稀缺性问题的认识，在很大程度上有赖于他们对于价格在传播已有信息上的功能的认识，以及对于价格在提醒市场参与者留意尚未被注意到的机会上的功能的认识。然而，在另一方面，新古典经济学尽管当然承认价格体系在处理稀缺性问题中的作用，似乎在提到这个作用时丝毫没有意识到市场发现的过程（而且，直到最近，也没有认识到市场在传播信息中的作用）。因为在有关社会主义计算的辩论中，早期的奥地利学派的表述并没有对不同层次的经济理解进行区分，也没有强调他们对市场的理解所赖以为基础的发现过程，所以（包括奥地利人自己和旁观者）很容易相信奥地利学派对社会主义计算的批评乃是与他们的新古典主义对手建立在对市场运行的相同理解之上。在辩论的早期阶段，这尤其如此，因为米塞斯发现，他曾经与社会主义的拥护者争辩，究竟是谁在最基本的层面上完全没有理解由稀缺现象引起的社会问题。

只有在更多出色的经济学家——他们**的确**理解稀缺性引起的经济问题——出来说明米塞斯的推理未能成立之后，奥地利学派才被迫更加仔细地明确表达他们对市场过程的理解的根据（以及在此基础上，他们有关社会主义经济制度不能提供任何能够替代市场过程的机制的主张）。因此，米塞斯特意指出，H. D. 迪肯森（H. D. Dickenson）和奥斯卡·兰格这两位社会主义作家在社会主义经济计算问题上的确理解了其中所包含的经济问题（Mises, 1966：702n）。

在上述复杂背景下，我现在以某种程度上更加具体和更加系统化的方式，转而考虑对于奥地利学派经济学家来说在社会主义经济计算的辩论的各个阶段逐渐诱致的自我认识发展过程。如我所言及，我将分别讨论三个方面的进展：（1）市场运行的实证性理解；（2）社会面临的经济问题的福利和规范因素；（3）价格在帮助处理该经济问题中的角色。

作为发现过程的市场

作为事后诸葛亮，我们现在得以理解，在奥地利学派经济学家的市场观点中，其最重要的特征乃是（过去也是）动态的企业家—竞争性发现过程。现在我们知道，对于米塞斯来说，不能反映和表达企业家的判断和预感的价格概念在语义上就是矛盾的[正是由于这个原因，米塞斯反对兰格有关社会主义（国家）的经理能够依据集中制定的非市场价格来认清他们所处的方位——并且在该基础上进行计算——的主张]。我们现在知道，米塞斯认为对于市场均衡状态的描述只不过是配角戏（Mises，1966：251）——它所描述的事物永远不会发生，它也几乎不能提供任何与现实条件的直接联系（在现实条件下，任何时候市场都充满了不均衡特征）。我们现在知道，对于米塞斯来说，市场是一个企业家过程而不是固定的状态（1966：278f）。我们知道这些内容是因为它们构成了自从 1940 年《国民经济学》（*Nationalökonomie*）出版以来米塞斯经济学的中心主题。我们有足够的理由赞同拉沃耶及其他人的看法，即这些见解，至少是暗含的，乃是自第一次世界大战之前至今的奥地利学派遗产中不可或缺的组成部分（自然由于这个原因，熊彼特的竞争观点与米塞斯和哈耶克如此相似）。

不过，尽管如此，也必须承认，在认真研究米塞斯 1920 年的论文之后，对该论文的初步理解可能很容易导致一个非常不同的结论。可能较为容易地从该论文（以及米塞斯1922年德文原版的《社会主义》中的有关段落）中解读出这样的结论，即米塞斯所欣赏的市场的主要特征在于市场具备持续地产生在合理的程度上接近均衡价值的价格的能力。在他关于产品的市场价值如何进入经济计算的讨论中，对于米塞斯来说，是否指出这样的市场价值有可能具有严重的误导性似乎并不是重要的事情（1920：第97页起）。他的确在若干处强调"货币计算有其局限性"、"不便之处以及严重的缺陷"（第98、109页），但是米塞斯所指的弱点几乎仅指货币价格不能够体现非资金成本和收益的重要性，以及不能够处理由于货币价值波动导致的衡量问题。他没有提请注意这样的可能性，即非均衡的货币价格可能会激发市场参与者作出相互不一致的反应（例如，超过均衡水平的价格可以激励生产者提供更多产品，但是消费者则不会购买该种数量的产品），或者致使他们忽视从相互有益的交易中获利的机会（例如，同一件产品在同一个市场的不同位置以不同的价格出售）。浅尝辄止的读者可能轻易地相信，米塞斯满足于市场价格合理地构成相对社会重要性的精确表达，以及正是这一点构成了社会主义无法复制的市场的成就。在"生产资料私有的经济体系"之中，米塞斯声称，"所有的高阶财货在价值评估尺度上获得与生产的社会条件以及社会需要的即时状态相一致的地位"（1920：107）。

确实米塞斯已经在他1920年的论文中提请注意由基础数据变化引起的特殊问题，这关系到经济计算的需要。因此，可能会产生这种看法，即对于1920年的米塞斯而言，市场的一个首要成就是它具有能够激发企业家对这些变化的警觉性的能力。因此，也许他对市场的认识终究在于将其看作"发现程序（discovery procedure）"。但是似乎很难得出这个结论。当然，我们可以自信地说米塞斯在1920年可能已经接受了市场激励企业家发现的见解；但是他并没有在 1920 年的论文中以一种展示出市场就是持续的发现过程的方式来提出数据变化引起的问题。他提到变化仅是为了指出，即使一个刚刚实行社会主义的经济体可以很好地从以前占主导地位的市场经济条件下的生产模式中找准自己的方位，背后条件和目标的变化也会迅速使这些模式变得过时和无效（1920：109）。米塞斯这几次简要地提及不能阻止读者得出认为米塞斯相信市场会持续地接近均衡的结论，即使在数据变化的情况下。在《国民经济学》出版之前，米塞斯所有的作品中似乎都存在这种忽视市场作为发现过程的情况。

　　但是在他的 1940 年的《国民经济学》中（后来翻译和改写为《人类行为》），米塞斯以前所未有的明确性强调了将市场看作企业家过程的重要性。那一年以来，哈耶克也明确地提请注意均衡化问题，该问题显然在市场过程的进程中以某种方式和在一定程度上得到了成功的克服（Hayek，1949c）。此外，与米塞斯一样，1940 年以来，哈耶克不断指出那些在 20 世纪 30 年代为以集中制定的非市场价格为基础的社会主义辩护的人们中的一些人犯有"过度痴迷于关注静态均衡的纯理论中的问题"的错误；他们也没能理解具有这个特点的真实世界的市场会是什么模样，因为不同地点和不同产业的日常变化所引起的调整太过迅速（Hayek，1949d：188）。似乎少有疑义的是，引导米塞斯和哈耶克在 20 世纪 30 年代末期强调这些市场的动态特征的是那些由他们在有关社会主义经济计算的辩论中的对手所持有的观点，如兰格、勒纳、迪肯森等。如果说米塞斯过去的言论指向的是那些完全缺乏最基础的经济理解（至少应包括缺乏对稀缺性的含义的认识）的人，现在对他的挑战已经被出色的经济学家——不过是那些对市场的理解局限于"均衡理论的痴迷"的经济学家——接手。正是在面对这些经济学家的辩论而复述他们的观点的时候，奥地利学派经济学家被引导着将其理解中的"过程"因素明确地表达出来，在此之前他们并没有受到任何压力要来强调这一点。

　　奥地利学派经济学家更大的自我认识的发展过程延续到20世纪40年代。米塞斯在这个时期的贡献是他将自己《国民经济学》改写和翻译成《人类行为》。书中关于其市场过程的观念的描述对于奥地利学派理论的发展产生了最为深远的影响。正是这部权威著作以如此果断而明晰的方式呈现出市场过程的动态特征，致使自此以后，再也不可能忽视奥地利学派和主流新古典主义理论之间的深刻区别了。

　　不过，正是哈耶克，在20世纪40年代的两篇著名论文中，以格外清晰易懂而富有感染力的方式明确阐述了奥地利学派理论的那些关键要素。在其中的第一篇论文《知识在社会中的使用》（1945）中，哈耶克提请注意市场在沟通信息中的作用。为此，他明确地将他的讨论与有关社会主义经济计算的辩论联系在一起（我在下文还会回头继续讨论这篇论文在现代奥地利学派理论的定型化过程中发挥的作用）。在第二篇论文《竞争的含义》（1946）中，哈耶克能够得以非常明确地说明奥地利学派经济学家对竞争含义的理解是什么，以及为何现代主流经济学理论在完全竞争状态下对待竞争问题的做法因为掩盖了对市场运行的理解而必须为之扼腕叹息。

　　哈耶克指出，将竞争只是看作完全竞争的状态，也就是将注意力仅局限于得到完全调整的状态以及均衡的状态。但是这么做已经是在**假设**"存在着一种情形，该情形的成因的真正解释本应就是竞争性过程的效应"（Hayek，1949e：94）。换句话说，哈耶克在第二篇论文中赋予动态竞争以核心作用，以提供对于市场如何产生而使得分散化选择实现相互调适的趋势的真正解释。

　　似乎没有疑问的是，正是他在20世纪30年代面对"竞争性社会主义"的支持者的经历，致使哈耶克形成了这些关于完全竞争概念的有用性存在严重局限的见解。已经变得非常清楚，将竞争移植到社会主义经济环境中的幻想只会产生于一种错误的信念，即认为完全竞争均衡模型就代表着竞争在市场中的作用。实际上，有非常明确的证据表明哈耶克关于竞争性过程的见解乃是作为有关社会主义经济计算的辩论的结果而发展起来的。接下来，在他的 1940 年的论文《社会主义的计算 Ⅲ：竞争性方案》中，哈耶克指出对均衡分析的迷恋已经致使社会主义经济学家误解了竞争的作用。哈耶克写道，很显然，"完全竞争的概念……已经使他们忽视了一个其方法看上去恰恰不能适用、但是非常重要的领域"。这个重要的领域包括大量"几乎不通过市场、而只是基于特殊的合同而生产的机械、多数的建筑和船舶以及其他产品的许多部件。这并不意味着这些产业的产品的市场中不存在激烈竞争，尽管这可能不是'纯理论'意义上的'完全竞争'"（Hayek，1949d：第 188 页起）。这个段落中对于完全竞争模型的理解不如哈耶克在 1946 年的论文那么明确，但是它已经明确地指向了后一篇论文，而且它也显然有意要消除"竞争性社会主义"拥护者的误解。接下来，从"竞争的含义"（1946）到"作为发现程序的竞争"（1968）对于哈耶克来说只是一小步而已（Hayek，1978a，第 12 章）。于是，有关社会主义计算的辩论的演变与哈耶克关于作为发现过程的市场的最超前的表述之间的联系看上去不仅是极为有道理的，也是显然不会有错的。

发现观的演变

实际的情形可能是下面这个样子。早期的奥地利学派经济学家其实并没有意识到，对于市场，他们自己隐约接受的是过程理论而不是均衡理论。人们并不总能意识到他在说着白话，或者更直接地说，人们并不总是意识到他在呼吸。如果雅非发现有必要对瓦尔拉斯、杰文斯以及奥地利学派的经济学进行"去均质化"，这不仅因为外部观察者未能认识区别他们各自观点的重要差异，也因为这些学派的领军人物未能做到这一点。考虑下面这段米塞斯在1932年说的话——人们会忍不住将其描述为令人震惊的说法：

> 在现代主观经济学中，已经习惯于区分若干学派。我们通常说奥地利学派、英美学派……以及洛桑学派……［事实是］这些思想学派的差别仅在于对于相同的基本思想的不同表达方式，对它们的划分更多的是依照词汇和表达的特色，而不是它们教授的内容。

> (Mises，1960：214)

显然地，在1932年，米塞斯并没有将瓦尔拉斯或者马歇尔的追随者视为奥地利经济学理论的主要反对者，而是将主要反对者视为反对边际效用理论的历史学和制度主义著作者（也包含少量的经济理论家）。米塞斯列举这些反对者包括卡塞尔（Cassel）、康纳德（Konrad）、迪尔（Diel）、迪策尔（Dietzel）、戈特尔（Gottl）、利夫曼（Liefmann）、奥本海默（Oppenheimer）、施潘（Spann）以及凡勃伦（Veblen）（Mises，1960：215）。对应于这些著作者的观点，米塞斯发现上述三个主要经济学流派在支持主观主义价值理论方面是合流的，米塞斯将该理论视为"市场理论"的同义词（第207页）。但是对过程的强调，或者对均衡的强调，恰恰没有看到。

然而，在1932—1940年期间，米塞斯和哈耶克的眼睛至少部分地睁开了。社会主义经济学家的著述工作，尤其是德宾（Durbin）、迪肯森、兰格和勒纳，乃是建立在对市场体系如何运行的理解上，揭示和表达了均衡在经济体系运行中的首位性。基于这样的理解，一个类似的非市场的价格体系可以发明出来用于社会主义经济。面对这些作家的这些主张，米塞斯和哈耶克感受到一种召唤，要求他们自己注意与市场体系相联系的企业家–竞争性过程的首位性。

当然，这个期间正在发生的主流微观经济学的数学化（瓦尔拉斯思想融入了马歇尔传统）有助于后来成为主流理论的象征的均衡论重点的定型。帮助奥地利学派经济学家实现过程论重点的定型的是社会主义经济学家在驳斥米塞斯挑战时对主流价格理论的大量使用，但是米塞斯曾经相信他的挑战乃是牢固地建立在相同的主流价格理论基础上。人们现在看到，正是这次遭遇为米塞斯提供了足够的推动力，使其在后来的年月里反复攻击数学在经济学中的误用、均衡分析的误用以及根植于主流竞争和垄断理论中的误解。

不能错误地认为奥地利过程理论的定型化是在 20 世纪 40 年代早期完成的。无论是在米塞斯还是在哈耶克的著作里都看不到关于他们自己的方法与新古典主流方法的区别的明确表述。我可以证明，20 世纪 50 年代米塞斯门下的研究生在明确理解什么因素可以精确地将这两种方法予以区分方面仍然存在困难。在那个时代，非常流行的看法是将米塞斯—哈耶克方法视为不过是过时的、不精确的以及不严密的方法。在帮助学生理解奥地利学派理论的基础时，前文中引用的哈耶克的论文特别地有帮助作用。但是，逐步实现的奥地利学派过程分析方法的明晰化——该明晰化仍未完成——可以无误地回溯到 20 世纪 30 年代米塞斯和哈耶克对那些出色的社会主义著作者的主张的第一次回应。

奥地利学派福利经济学的发展

作为事后诸葛亮，应该认识到，对于奥地利学派经济学家来说，对市场（或其他的经济体系）成就的规范评估必须使用与那些在主流福利经济学中见到的大为不同的评价标准。如今，当然，现代主流经济学的主要特色是在两次世界大战之间关于社会主义经济计算的辩论过程中发展起来的，并且自从第二次世界大战以来就成为它们的特征。而且，很难避免这样的结论，即主流福利经济学的发展在很大程度上归因于在辩论过程中获得的澄清。勒纳的例子最有可能是这种情形，不过对于福利经济学在总体上似乎也是如此（另见 Hutchison，1953：第 18 章；Little，1957：第 14 章）。我在本章的这一部分想要主张的是，就规范经济学的奥地利学派分析方法而言，同样地，也是关于社会主义计算的争论触发了澄清和明晰化的过程。

从 20 世纪 80 年代的观点来说，很清楚的是，对于奥地利人来说，过去两个世纪里经济学家脑海里评价政策或制度安排的经济之"善"（goodness）的若干概念都是不可接受的。围绕最大化总（客观）财富的概念而形成的古典思想从主观主义视角来说明显是不可接受的。用总效用标准代替总财富标准的新古典主义尝试（由马歇尔和庇古做出），在奥地利学派经济学家看来，由于存在人际间效用的比较问题，也以失败而告终。基于帕累托社会最优理念的现代资源配置的社会效率概念寻求避免人际间效用的比较，但是现在看来根本没有什么用处。不仅社会资源配置的概念包含了一个，委婉一些来说，与奥地利学派方法论的个人主义（methodological individualism）不相容的社会选择概念，[①] 而且这个概念提供的标准几乎只是适用于对情势（而不是过程）的评估。沿袭着哈耶克关于市场在动员分散知识中的角色的开创性论文（现在已经非常著名），现代奥地利学派经济学家已经趋同地将协调观作

---

① 关于对这个概念的批评（以及现有文献如何错误地应用了罗宾斯勋爵的个人资源配置的概念），可参考 J. M. 布坎南（Buchanan，1964）。

为规范讨论的关键（Kirzner, 1973，第 6 章；O'Driscoll, 1977）。
我们将要看到，这个观念天然地与奥地利学派对市场过程的理解
相适应。让我们来看这个现代奥地利学派思想如何在很大程度上
作为有关经济计算的辩论的结果之一而发展的。

在米塞斯 1920 年的表述（97f）及其在 1922 的著作（Mises,
1936：115）中几乎照搬的复述中，米塞斯对市场价格的经济功能
的评估非常简洁。他陈述道，用以货币表达的市场价格来进行的
经济计算产生三项益处。首先，"我们能够采纳所有参与交易的个
人的评价作为计算的基础"。这允许个人间的比较，但是避免了直
接的个人间效用比较的问题。其次，这种计算"使得那些希望计
算复杂生产过程的成本的人能够立刻看到他们是否与他人一样经
济地工作"。不能在生产中获利证明其他人有能力更好地利用相应
的投入品。再次，货币价格的使用使得价值被简化为通用的单位。
据承认，这里表述的益处主要指的是经济计算，而不是更广意义
上价格体系的社会利益。尽管如此，他们似乎表达了一种社会
"经济"观念，它与稀缺资源的社会配置视角并无差别。这种情况
对于哈耶克来说，至少在 1935 年之前似乎也是如此。他将"经济
问题"界定为"在不同的用途之间配置可用的资源"，并指出这
"更多的是社会的问题而不是个人的问题"（Hayek, 1949f：121）。
这里，我们对从罗宾斯的教科书中扩展出来的对于从个体层面到
社会整体层面的经济活动的著名标准了然于胸。就我的意图而言，
重要的是，无论是米塞斯还是哈耶克，都是在将社会看作仿佛它
是被迫基于给定的稀缺资源而在其可替代的使用模式之间进行选
择的意义上，对价格体系的有用性进行判断。

然而早在 1937 年，哈耶克就已经注意到分散知识的经济问题。
他声称"所有社会科学的核心问题（是），存在于不同头脑中的知
识碎片的组合如何才能产生其结果，这些结果，如果要着意人为
产生的话，将一个发号施令的大脑（directing mind）掌握一种没有

一个人能够单独拥有的知识"（Hayek，1949c：54）。1940 年，哈耶克利用这种见解在有关经济计算的辩论中批评社会主义经济学家。"现实竞争的主要好处（是）通过它分布于不同人之间的知识将得到利用，但如果是在集中的指令经济中利用这些知识的话，它们就必须全部被纳入单一的计划中。"（1949d：202）但是，正是在 1945 年，哈耶克明确地否定了他自己以前曾经接受的观点——社会面临的经济问题是实现最优解的问题，是实现社会可获得手段的最佳运用问题：

> 这样，社会的经济问题不仅仅是如何配置"给定"资源的问题——假如所谓的"给定"就是指对于某一个人的头脑是给定的，由它来刻意解决这些"数据"所设定的问题。社会的经济问题更是指这样一种问题，即如何确保对于社会的任何一个成员所已知的资源能够以最佳方式用于那些只有这些个体才能知晓其相对重要性的目的。或者扼要地讲，它是一个知识利用的问题，而知识并不是全部给予任何一个人。
>
> （Hayek，1949b：77f）

此外，哈耶克明确地将有关经济计算的辩论与反对有关社会面临的经济问题只是简单的最优化问题的观点联系起来。一年以后，在批评完全竞争理论的过程中，哈耶克再次提出他的新的规范标准。针对所有市场参与者对所有相关信息拥有完全知识的假设，作为该理论的最主要内容，哈耶克评论道，"当我们假设所有的人知道所有的事情，什么也不能得到解决……真正的问题其实是如何使得已有知识尽可能多地得到利用"（Hayek，1949e：95）。

于是在这里我们断言，基本的规范问题正在被标准的福利分析方法通过其假设所抛弃。几乎没有疑问的是，这个主张对福利分析具有革命性影响。尽管这些对于福利分析的启示已经完全被经济学界所忽视（除了对哈耶克的关于价格体系是信息交流的网络的相关阐述有一定程度的理解外），真相是哈耶克已经开启了一扇通向对于经济政策和制度安排的"善"的全新视角的大门。我们现在理解，有可能根据对政策和制度安排在促进发现的能力，而不是从它们有可能产生的资源配置模式（与假设的最优分配模式进行比较）来评价这些政策和制度安排。这个其重要性怎么强调也几乎不过分的创造性洞见，显然是有关经济计算的辩论的直接的副产品。

我们看到，如同对于市场构成发现过程的实证认知一样，对于发现的规范方面的认知进程从 20 世纪 40 年代中期以来未曾停止。据指出，对碎片化知识的强调不足以驱逐主流的福利概念。"协调"（指一种协调的状态），尽管可以指向分散知识情形下的分散化选择的协调，但还是涉及标准的帕累托准则。只有在使之前**不协调**的行为**变得协调**的过程意义上的"协调"才能使人领会从哈耶克的见解中得出的发现准则（参考第 8 章和第 9 章）。哈耶克本人已经远远超越了"利用个人已经拥有的关于特定具体事实的信息"，从而深化了我们对于分散知识问题的理解。他现在强调利用个人具有的能力来发现相关具体信息的问题。因为一个人"会发现他所知道的，或者仅在面对一个问题而这种知识恰好有用的时候才能够发现"，他可能永远不能"传递他所掌握的全部知识"（Hayek，1979：190）。所有这些将焦点集中于更加一般性的规范标准，即鼓励在个体层面上**消除**利用社会资源的分散化选择中存在的**真实错误**。明显地，这个标准与对市场**过程**（其中企业家精神和竞争不断地激励着发现）特征的重视具有高度的相关性。于是，再一次地，我们看到有关社会主义计算的辩论如何导致了与现代奥地利学派经济学有关的这条成果丰硕的主线的发展。

价格的功能

正如拉沃耶关于大辩论的历史所记载的那样，现代奥地利学派经济学能够以一种前所未有的清晰度来理解大辩论的各个阶段。根据我们现在对动态竞争的本质、企业家精神的角色以及对错误的发现的社会重要性的理解，我们可以看出米塞斯和哈耶克的"真正所指"——也许甚至比他们自己在写作时的理解还要清楚。我们可以看到，社会主义经济学家没有能力理解米塞斯和哈耶克的真正意思，这主要是由于他们太过依赖于主流的新古典范式。我们可以看到这如何导致了混淆和误解。本章分析的重要性在于，正是有关经济计算的辩论本身产生了那些现代奥地利学派经济学的关键发展步骤，而现代奥地利学派经济学最终能够更好地做出对于"它那时到底是什么意思"的奥地利学派式理解。我们现在转而用更清晰的方式，简要回顾奥地利学派传统内市场价格功能的发展过程。

我们已经注意到，米塞斯在1920年简要提到过市场价格在竞争性市场经济里经济计算中所扮演的角色。一个不求甚解的读者如果读到1920年的论文（包括1922年的著作），很容易得出结论，即市场价格通过使得每个市场参与者面对反映所有其他市场参与者的活动的社会估价（social valuations）的方式实现社会效率；而且，市场价格为每个面对它们的市场参与者的选择施加相应的效率约束。显然地，这种对于市场价格的理解与兰格的理解没有大的不同，尤其是体现在他早已声名狼藉的关于"价格的参数功能"的论述，即"尽管价格是市场上所有个人的行为的结果，但是每个个人都独立地将实际市场价格当作给定的数据并据以调整自己的行为"（Lange，1964：70）。

　　拉沃耶已经详细地说明，奥地利学派经济学家所理解的价格的真实角色与兰格的理解大不相同。对奥地利学派经济学家来说，价格产生于一个开放的环境，企业家必须在其中与真实的奈特意义上的不确定性做斗争。这种环境"恰好能产生那种能够激励竞争性发现过程的选择"（Lavoie，1985a：137）。在这种环境下，企业家"并不把价格当作他不能控制的参数；相反地，他正好代表着使价格向取得协调方向移动的驱动性力量"（1985a：129）。

　　米塞斯如此描绘企业家驱动型市场以及价格在其中发挥作用的景象：

　　　　在市场的运行中没有任何自动的或机械的东西。渴望赢利的企业家，在某种程度上……以拍卖中的竞拍者身份出现……他们的出价，一方面受限于他们对未来价格的预期，另一方面也是为了将生产要素从其他与他竞争的企业家手中夺走……企业家的作用是阻止任何一种不能以最便宜的价格来满足消费者最迫切需要的生产方式的存在……他们最早地认识到在什么事情已经做和可以做之间存在着的差异……在制订计划的时候，企业家首先要看最近发生的价格，但是这种价格却被错误地当作**当前**价格。当然，企业家永远不会不考虑到可能的价格变化而直接令这些价格进入他们的计算。最近发生的价格只是他们思考未来预期价格的起点……关键的事实，乃是逐利的企业家间的竞争不能容忍**错误的**生产要素价格的存在。

　　　　　　　　　　　　　（Mises，1966：332—335；黑体为原有）

　　1949年的这个表述（大概是基于1940年出版的《国民经济学》的一段相似内容）为价格赋予的角色似乎与粗心的读者从米塞斯1920年或1922年的表述中得出的印象大不相同。反差在于，后者将价格看作**已经**以合理的精确性表达了所有的相关信息，前者则将价格视为激励着企业家的未来预期。很难不得出这样的结论，即由于对兰格和勒纳在"价格的参数功能"中表现的误解感到错愕，米塞斯才在价格在企业家过程中的角色上做出了更深入的表述。他在早期关于市场价格的表述主要不是为了解释市场体系的运行，而是为了说明市场价格使得经济计算成为可能。这些表述主要是说给那些未能认识到市场价格如何反映稀缺所导致的约束的人们听的。有关经济计算的辩论中的经历不仅使米塞斯认识到存在着更为练达的社会主义拥护者，也使他对自己所代表的奥地利学派对市场运行方式的认识有了更为细微的理解。

就市场价格的功能来说，同样地（如同我们在理解市场的发现程序以及规范性评估的"协调"标准的出台的过程中所发现的一样），现代奥地利学派观点的发展并未在 20 世纪 40 年代即行告终。哈耶克 1945 年具有重大影响的论文《知识在社会中的运用》，虽然明确地注意到价格在沟通信息中的作用，却未能对两种截然不同的沟通功能做出区分。认识到均衡价格作为经济信号能允许基于承载知识的分散个体的分散决策的即时协调功能是一回事；可是，认识到非均衡价格在涉及分散信息（其存在性在此之前没有获得相应重视）的可得性时刺激企业家发现过程的作用却完全是另外一回事。

米塞斯和哈耶克在 20 世纪 40 年代受到社会主义经济计算辩论的推动而作的表述，均显露出已经认识到后一种功能的明确迹象。但是恰恰是哈耶克在第一种功能（关于均衡价格的信号传递功能）上的先驱性且细致表述的洞见，使得人们怀疑他是否认识到现今的奥地利学派经济学家当然会做区分的两种功能之间的巨大差别（见第 8 章）。

即便如此，现代奥地利学派经济学家对价格能够刺激发现的功能的认识，就其重要性的程度而言，必须看作是由关于经济计算的辩论所开启的系列性多重进展中的更进一步发展。

在持续的辩论

　　如果认为关于经济计算的辩论已经结束，那就错了。拉沃耶曾经说明他的研究工作的主要目的是"重新点燃关于经济计算的辩论之火"（Lavoie，1985a：179）。有迹象表明新一轮的有关经济计算的辩论正在酝酿之中。从本章的视角看，这些迹象应该解读为呼唤以更大的明晰度和灵敏性对奥地利学派理论进行重新表述。理查德·R. 尼尔森（Richard R. Nelson）发表的一篇重要论文表明了这种需要（Nelson，1981）。尼尔森对市场的批评以及暗含的对中央计划的（温和）辩护体现出他对有关经济计算的辩论中奥地利学派文献的相当广泛的熟悉和理解。不过，本文作者认为，尼尔森的论文中还是表现出对奥地利学派理论认识的不足。我们已经看到，奥地利学派理论已经历经了前后多个阶段的明晰化过程。尼尔森的论文非常明确地表明，进一步的深化工作——以及更多需要做的工作——在这场持续的辩论中是如何的至关重要。

第七章　米塞斯与哈耶克：奥地利学派主观主义的现代发展

关于路德维希·冯·米塞斯的研究作品已有很多了。[1]同时，关于弗里德里克·冯·哈耶克的研究作品也不在少数。[2]然而，在现代经济学的发展中，将米塞斯和哈耶克联系起来做研究的作品却不多见。特别是，关于他们在第二次世界大战后奥地利学派传统思想的弘扬中所发挥的重要作用，还没有获得学界应有的注意。诚然，经济思想史学家在叙述奥地利经济学派时，总会将米塞斯和哈耶克视为现代社会中奥地利学派的代表人物。但这种引述通常倾向于认为，他们两位代表了一个行将就木的传统之回光返照（或者，简直被认为是死人断气后的抽搐），而不是将他们看作是对新兴学术思想有真正贡献的人物。此外，对于两人之间存在的重大差别，这些简单的讨论也没有研究在多大程度上，哈耶克的作品可以被认为是米塞斯作品的延续与扩展。而本章的目的就在于：多少填补一下文献中的这类空白，揭示米塞斯和哈耶克在 20

---

① 虽然关于路德维希·冯·米塞斯经济学的分析还没有出版过全面的分析，但是下述作品中都有相关的论述：莫斯（Moss, 1976）、森霍尔茨（Sennholz, 1978）、格利乌斯（Greaves, 1978）、罗斯巴德（Rothbard, 1973）、安德鲁斯（Andrews, 1981）、艾柏林（Ebeling，未发表）。要了解米塞斯作品的综合性参考书目，可以参见宾恩（Bien, 1969）。

② 最近有很多作品讨论的是，在社会政治学与哲学方面看哈耶克的研究所具有的更广泛的意义。要了解哈耶克经济著作的详细综述，可参见马赫卢普（Machlup, 1976）以及奥德里斯科尔（O'Driscoll, 1977）。

世纪奥地利经济学历史中所扮演的角色。

米塞斯与哈耶克的矛盾性

如果把这两位经济学家做一常规性的比较，确实会发现两者之间存在一些相悖之处。毋庸置疑，如果用米塞斯学术体系的核心因素来衡量，哈耶克根本不能算是米塞斯主义者。对米塞斯而言，经济认知的可能性完全取决于先验性领悟；他那种考察经济科学的人类行为学（praxeological）观点，就一贯而无条件地（unqualified）表现了这种先验主义。然而，在哈耶克作为经济学家的职业生涯的较早时期、同时也是比较重要的阶段，他就明确表示在这方面他对这位导师不敢苟同。① 在哈耶克看来，能够被科学所认知的经济规律性之所以可能存在，干脆依赖于一种经验基础。对哈耶克来说，单凭人类的逻辑并不能够就经济过程推导出系统的真理。假如思想史学家在其对 20 世纪经济学作阐述时对米塞斯和哈耶克进行对比，那么这种对比（除了在两次世界大战中间的维也纳社会环境中将两人联系在一起的纯粹个人和学术关系之外）好像就基于两位经济学家对比较集中聚焦的一些理论问题总是抱有某些相似的重要看法，特别是针对：（a）中央计划体制下经济计算的可能性（参见 Hayek，1935，1949：第 7、8、9 章）和（b）商业周期的不当投资（malinvestment）理论（例如参见 Mises，1980：357—366；Hayek，1931，1933）。或许由于从两位在这些特定的理论论题方面的相同观点中可以看到它们在政治和意识形态意蕴中最为重要的共性，这使得两人的名字在文献中经

① 参见哈耶克（Hayek，1949c）。也可参见哈耶克（Hayek，1979：205，n. 51）来了解哈耶克认为可以将其与米塞斯分开来的一项基本的哲学观差异。

常被相提并论。但对于研究奥地利经济学派的历史学家而言，这种共性似乎尚不足以证明哈耶克的经济学完全是在继承了米塞斯经济学的基础上进一步发展起来的理论。为了阐明这一断言，有必要跳出他们就个别具体问题上的一致性，而展示他们在关于经济制度的整体理解中存在特定共同性。鉴于哈耶克和米塞斯之间存在方法论和认识论上的极大差别，我们能不能还为他们做这样一种假定，说他们有着这样一种共同理解呢？

我们在本章的论点是，对该问题的正确答案应该是肯定的。我们认为，要解决米塞斯与哈耶克之间表面上的矛盾，可以考察一下两位在推进奥地利学派经济学发展过程中的贡献。由于对这一论断的阐述将成为本章的主题，也就能理解我们为什么不打算讨论两位卓越的经济学家在四分之三世纪中所完成的全部学术成就。我们的注意点严格限定在下面两点的论述上：（1）米塞斯与哈耶克的贡献之间表现出的重要连续性；因为（2）该连续性代表了奥地利学派经济学的连贯发展（同时，在实际中也会让世人对该派学说重新燃起兴趣）。所以，如果对我们即将讨论的内容先做一个简要综述，或许不无裨益。

米塞斯、哈耶克和主观主义

我们认为应从主观主义角度评估奥地利学派传统的发展，而在过去也正是主观主义成就了奥地利学派对经济学理解的处理方法。但是，我们也承认，经济学上的主观主义并不是随着门格尔的《国民经济学原理》的出版便一蹴而就的。我们要说，米塞斯与哈耶克的共同之处就是，他们都有意将经济学中的主观主义认识论继续向前拓展，超越 20 世纪 20 年代奥地利（及其他地区）经济学家的作品所代表的相对简朴的阶段。我们也会发现，米塞斯作品中所含的主观主义观点，跟哈耶克著作中的论述存在很大区别。不过，正是通过利用他们这些趋向于更复杂的主观主义的补充性贡献，才让现代奥地利学派的复兴能够使得主观主义的经济学理论不断发展，由此构成自卡尔·门格尔以来奥地利学派经济学的历史。

因此，我们的论证将（a）证实先前的学者的主观主义思想中存在的不足，（b）必须在米塞斯与哈耶克的作品中分别甄别两者各自在这方面的推进，以及（c）必须揭示两者各自的贡献进行某种整合，便于让我们合理地来谈论米塞斯和哈耶克对奥地利经济学派的主观主义传统的联合贡献。

人们经常引用哈耶克许多年前的一段话，其中哈耶克强调了不断加深的主观主义影响对经济分析的重要意义。他在 1952 年写道："或许可以毫不夸张地讲，在过去一百年里经济理论中的每项重大进步，都是不断应用主观主义的结果。"（Hayek，1955：31）而在一个脚注中，他对米塞斯在这方面的成就大加赞扬："推动这项进步最执着的人，可能就是米塞斯，而且，我想他那些独树一帜的观点之所以在开始时会让许多读者觉得怪诞而难以接受，是因为米塞斯在执着地推进主观主义路径过程中，长期以来都领先于其同时代人们之故"（第 210 页第 24 条注）。

在本章中我们要提出，正是米塞斯和哈耶克身上对主观主义共同的热诚，体现了联结两者研究工作的连续性线索。此外，我们还将发现，因两位思想家都致力于主观主义研究而得出的各种洞见之总和，在奥地利经济学派——以主观主义为核心的经济学智识传统——的发展中，已经成为重要的历史篇章。

两类主观主义

当然，奥地利学派从一开始就被认定是"主观主义者"。与古典的价值理论希望从物质生产的客观状况角度来提供的解释不同，奥地利学派更强调有评价和选择能力的消费者行为所启动的市场过程。但近年来对主观主义的探讨注意点，被放到了若干相当不同的，也许也会探讨个人选择的层次。特别是有**两个**层次得到了甄别：可用术语将它们表达为（a）"静态的主观主义"和（b）"动态的主观主义"（Buchanan，1982；O'Driscoll 与 Rizzo，1985：第 2、3 章；Ebeling，未公开发表）（已故的马赫卢普教授对经济学术语中关于静态—动态的区分，做过一些可喜的研究，当然，很难确定这两种层次中哪一种被认为是更根本的，参见 Machlup，1963）。在这种区分的种种表述之间存在某些差异。不过，G. L. S.沙克尔曾对人类选择做过著名的分析，以此为这样一种分类提供了有用的标准。在大概 20 年间的一系列作品中，[①] 沙克尔一直都注意强调人类选择的极端**创造性**与**不确定性**。每项选择都是一个自生自发的新起点，根本不是先前特定的偏好构型和障碍的必然结果。社会历史就是这种互动的众多新起点不断涌现而交织形成的结构。做这些选择时，需要考虑未来事件的发展，而未来却笼罩着难以消除的不确定性。此外，对未来的基本上的不可预知性本身部分是我们完全确知未来很大程度上由未来人类选择所固有的不可预知性的这一结果决定。从沙克尔的观点来看，关于社会历史的"动态"主观主义看法，认为它需要回溯到各市场参与者每时每刻所要做出的选择，他们的选择绝不可以被认为必然发生在一种在其各自做出选择之前即时存在的客观的环境中。

　　这种人类选择的主观主义性质，相比于其他（静态）主观主义分析情况，具有明显的区别，因为在后者中，其创造性与选择本身的不确定性至少被默认为是限定的。"静态的主观主义"观认为选择确实能够表达选择者的主观偏好，但似乎这些偏好与选择

———————————

① 沙克尔是持有这种分析的最重要人物之一。

本身是分离的（甚至在有些情况下，还会认为这种偏好在时间上先于选择本身），同时好像这些偏好能"确定"具体的选择内容。这样，社会历史的进程就被看成是因为这些互动的选择所导致的"必然的"事件流（当然应该认为，这种"必然性"对于潜在选择者的独立而"主观"的偏好而言，具有很强的相对性）。

沙克尔等人都指出，利用这样一种"静态的"主观主义观点所想象出的人类选择，几乎完全不能算是真正意义上的选择（Shackle，1972：书中到处可见；Kirzner，1979a：第13章）。人类的"选择"过程被认为已经必然地暗含在给定的偏好与约束构型以及目标和资源构型当中，于是在这样的情况下，选择就表现出"机械性"或"自动性"——因此就根本不是真正的选择。真正的选择一定要求现实的可能选项不止一项；但在静态的主观主义观看来，被拒斥的选项在做出选择时刻之前（或者说至少不是在做出选择之时），已经被认定是次优的（因此也就是不容考虑的）选择。按照这种静态的主观主义观点，个人的偏好程度，或者那些有关的不差异曲线图，被认定是表达了独立的主观好恶，这一环境并不足以让这种"机械性"选择方式带有真正选择的特征。机器可以计算出理想的最优选项；但我们不会说机器可以选择。

现在，学说思想史上存在一种看似有理的观点，认为现代新古典主义的主流继承了从杰文斯、瓦尔拉斯，特别是帕累托路径中所衍生出来的"静态主观主义"之衣钵（帕累托讲过一句很惊人的话，即"只要个人能为我们留下有关他的嗜好的写真照，那么个人就可以消失"[1]，这句话倒是清晰准确地反映了一点，即帕累托对个人选择的主观主义的理解程度极其有限。）这种观点在另一方面也在暗示，从门格尔到米塞斯，一直以来的奥地利学派更

---

[1]　参见帕累托（Pareto，1927：170）。感谢拉赫曼教授为我介绍了这一文献。

加倾向于"动态主观主义"。从门格尔强调消费者对产品（在间接意义还有要素服务）的重要性的独立**评价**，到米塞斯关注在开放而不确定的世界上人类有目的的行为，奥地利学派传统好像一直都不认为选择必然是由"给定"偏好决定的。虽然奥地利学派的这一观点并不完全错误，但我们会发现该观点却严重地失之过简。事实是，尽管门格尔（可能还包括他的几位追随者）的理论中已经具有了"动态主观主义"的重要元素，但奥地利学派经济学在第一次世界大战后初期，关于主观主义的认识基本上还是沿着"静态"而不是"动态"的方向发展。关于这一点的真实性，只需要考虑一下莱昂内尔·罗宾斯于1932年发表的非常有影响力的论文《论经济学的性质和意义》的奥地利学派源头，或许就可以得到有力的印证。

罗宾斯、奥地利学派经济学家与新古典经济学

如果新古典微观经济学自认为其基础建立在对选择的分析上，那这一点在很大程度上就是因为罗宾斯的著作的影响。即便现代的哪部教科书要用完整（哪怕是适当简短的）一章来称赞罗宾斯在理论上的突破，称这种理论突破导致了一种现代的观念，即"纯经济科学的核心就是广义的选择理论"（Walsh，1970：17），也绝不是言过其实。现在习以为常的想法，在1932年却带有一定的革命性；自那时以来，这种想法就绝对地掌控了主流经济学思想的发展方向。我们在本章的重要目的就是要确认（a）奥地利学派经济学在这方面对罗宾斯的影响，和（b）这种影响是怎样（通过罗宾斯）按照"静态"而不是"动态"主观主义概念，而被逐渐引入到新古典主流思想当中的。后面这种情况将有力说明，给罗宾斯带来强烈影响的奥地利学派文献本身更接近帕累托的思想，

而不是倾向于以门格尔为代表的主观主义。

马克·埃德尔森（Mark Addleson）在最近一篇论文中，提醒我们注意罗宾斯的著作中俯拾即是的奥地利学派的影子（这种影响在罗宾斯的著作刚发表时就得到了广泛承认）。他引述了 R. W. 苏特尔（R. W. Souter）在 1933 年关于该书所写过的一篇书评，其中，苏特尔认为该书"严谨而清晰地讲述了'奥地利学派'的主旨"（Souter，1933，转引自 Addleson，1984：509）。埃道森指出，该"论文充盈着来自奥地利学派传统的影响。这一点从作者在致谢词中所讲的'特别感谢路德维希·冯·米塞斯……'的话语就可以反映出来"。很多经济学家的名字也在文中一再提及，诸如舍恩菲尔德、汉斯·迈耶、斯特里格尔、卡尔·门格尔、费特（Fetter）、哈耶克、本·庞巴维克等。[①]

这样，如果说作为现代新古典的选择理论中典型特征的"静态主观主义"，在很大程度上要归因于罗宾斯的影响，那么，我们也就不会惊讶于不仅在罗宾斯自己的作品中，而且在罗宾斯所引述的至少部分奥地利学派文献中，能发现有限的主观主义的证据。

当然，对于罗宾斯来说，选择理论对于人类生活的经济方面的确处在核心位置上。"经济学就是将人类行为作为目标与有着多种备选用途的稀缺性资源之间关系加以研究的科学。"（Robbins，1935：16）"当实现目标的时间与资源有限，并存在多种备选用途，而且各种目标可按重要性排序时，那么行为必然会表现为**选择**的形式。……它有着经济方面的因素。"（第 14 页）但罗宾斯的选择对我们所说的"动态"主观主义而言，并没有太多贡献。

罗宾斯意义上的选择行为的结果似乎就必定隐含在给定的目标和手段的关系模式当中。而目标和资源之间的关系则是罗宾斯

---

① 参见埃德尔森（Addleson，1984：509）。尽管作者与埃德尔森在很多重要的观点方面存在重要的差别，但是作者还是心怀感恩地向埃德尔森的论文表达了谢意。

意义上的选择的前提。好像可以断言，这种结果的出现是选择者不能控制的——而是"在给定的物质与技术可能性环境中，互相冲突的心理作用之合力"（Robbins，1935：35）。虽然目标本身是给定的，但绝非僵化不变的。目标可能变化，而且事实上也在变化："享乐主义者会变成禁欲主义者。"（第26页）但一组给定的目标被另一组目标所替代的情况，发生在罗宾斯意义上选择**之前**（或者至少是**之外**）。无论罗宾斯意义上的人需要怎样的过程，才能逐渐具备一套必须据以对其给定的有限手段做出配置的目标体系，该过程不仅完全处于经济学范畴之外，而且也处于经济选择本身的范围之外。在罗宾斯看来，经济选择可以完全受制于给定的目标和手段所组成的框架结构，这种框架结构使得系统的配置行为成为必要。就像塔尔科特·帕森斯（Talcott Parsons，1934：512）当初曾指出的那样，关于选择，之所以会出现这样一种机械的可悲理解，原因就在于罗宾斯将目标当成给定的，从而泯灭了人类意图本身所具有的未来性。

但是，"动态"主观主义观点肯定也意识到，在表述个人目标时，人类一定是在想象的备选的未来方案间进行选择的。选择者对这些备选未来方案的想象，在很大程度上是选择的一种内在因素。在选择时，目标并不都是"给定"的；目标实际上是通过选择本身才固定下来的。不论选择某一目标作为努力方向的原因是什么，都不可能是为了让这些目标本身作为数据用以求得约束条件下的最大化解。[1]对选择的完全主观主义的处理不可能像罗宾斯所说的那样，将对这些问题的讨论置之度外。对选择的完全主观主义的理解一定要说明选择者面对极其不确定的世界，以其自身的所具有的全部的自发创造性，从无限多的可能的未来图景中**选**

---

[1]　关于罗宾斯意义上的选择观念与效用最大化的关系，参见罗宾斯（Robinson，1935：第15页注解）。

择一部分，作为其备选方案的基础……而他就是在这些备选方案之间选定自己要接受的路径。罗宾斯的选择学说虽然有很多优点，而且很多地方可以证明带有奥地利学派的特征，但还是被认为偏离了（即便不是完全否认了）动态主观主义的观点。

不过，就像理查德·埃贝林最近在一篇未曾公开发表的论文中所表述的那样，一流的奥地利经济学家（特别是汉斯·迈耶、理查德·斯特里格尔……罗宾斯对此君的引述特别突出……以及罗森斯坦-罗丹）在 20 世纪 20 年代的作品中关于主观主义所表述的观点，与罗宾斯学说一样具有局限性（或曰其主观主义的"静态"程度与罗宾斯的一样）。假如可以认为罗宾斯的作品是 1870年之后经济思想中种种边际学派的一种综合，那么也必须说明，罗宾斯从维也纳带来的这种主观主义，是严重局限于"静态"视角的主观主义。

那么，在这里我们就找到了依据来证明我们先前所做的一项论述，即在 20 世纪 30 年代早期前，奥地利经济学传统的发展中就已经出现了有着严重局限性的主观主义类型。现在我们要认证，米塞斯与哈耶克的研究可以被明确理解为给奥地利学派引入了（独立的）动态主观主义元素。然而，为此目的对原先所谓的市场经济完全由"追求经济性的人"构成的理论模型进行重新考察，将会很有用处。

罗宾斯意义上的经济性追求者的世界：主要的怀疑点

我们会发现：很容易甄别对于这个世界的两种不同的视角在妨碍着人们对市场所做的任何现实主义理解。这两种视角互有抵触。其结果会是，米塞斯"动态主观主义"的理论贡献，要求将世界变更为其中一种视角下的世界，而哈耶克的主观主义贡献会把这个世界转换成后一个视角下的世界。这种结果根本不会是偶然的。综合起来看，我们会发现两位在这方面的理论贡献，成功地用市场中动态的主观主义观念，替代了静态的主观主义观念。正是这种情况，同时也正是本章的这一论点，可以（1）证实米塞斯和哈耶克思想中长期以来存在的呼应关系，同时（2）承认他们在同一方面的重要理论贡献，拓宽奥地利学派经济学的眼界。

完全由罗宾斯意义上的经济性追求者（economizers）所构成的世界，事实上就是当代新古典微观经济学的世界。这样，如果论述米塞斯和哈耶克在主观主义方面共同的贡献是如何改变了这一世界，那就会在同时一瞥奥地利学派的观念在融汇了两位的理论贡献之后，与主导的新古典观点存在着怎样的区别。

我们发现，追求经济性的人（economizing man）是在一个框架内做出"选择"的，该框架受到了经过排序的目标和可支配资源的关系模式的刚性限定。这些目标和可支配资源被假设是给定的（在做出经济性选择时刻）。罗宾斯理论中这种严格配置性的选择并没有涵括对这一刚性框架的组成元素的感知或甄别。当前，在市场经济中，对任何行为主体，除了可认为其他（类似的追求"经济性"的）个人的选择是给定的之外，无论是目标排序，还是可支配资源，都不能认为是已经给定的。例如，没有任何一位生产者，会在不对对应其产品数量的市场价格等因素作任何具体预期的情形下认为其产品数量就等同于实现具有某种重要性的目标后的数量结果。假如生产者没有具体地预计生产资料的卖家所可能提出的市场价格，生产者就不会将生产的投入品认定为可支配资源。不过，如果承认在一个由追求经济性的个人组成的世界，个人所面对的情况是，可以假设他会就其他（同样追求经济性的）个人实际上正在作出的选择进行明确的预期，这会使得我们处于很严重的两难境地。

实际正在作出的追求经济性的选择，之所以"正确"，要么是因为其能支持各市场参与者所甄别的预期的目标排序与可支配资源框架；要么是因为这些选择不能证实这些预期的目标—资源框架。对于前一种可能，所作出的所有配置性选择事实上都能按计划成功执行，而不会产生遗憾——因为任何被视为最优的行为路线被证明是可行的，且最受偏重。关于所选择的任何配置行为路线的可行性和最优性，都不会因为别人的预期选择不能按预计的那样发生而受到影响。另一方面，对于后一种可能，情况就大不相同了。对于后一种可能，选择者发现不能自己完成所选择的行为路线（因为那些行为路线所预设的他人之选择，其实并没有做出）；或者，他们会发现其选择的行为路线——因为相似的原因——从市场选择方式实际造成的由目标与可支配资源构成之层级结构（hierarchy）看来，根本算不上真正最优的配置计划。这些可能选择中，每一种情况都好像会引发很大困难。

假如我们认定所有追求经济性的选择确实是"正确的"，我们就必然将自己限定在完全协调而均衡的世界里了——只有当市场参与者相互之间对他们能够，也愿意做出的选择存在普遍的全知状态，这种情况才是可以想象的。将我们自己以及我们的经济分析限定在市场参与者相互之间存在无所不知的语境中，不仅是接受了一个根本不可能的预设，而且也是在承认我们有关追求经济性的世界的模型，**不能说清楚任何**在存在不完全知识的真实世界**中也许借以达到完全协调的事物状态（或者任何具体的事物状态）的调整过程。**而对于后一种可能，就这点而言情况也至少是同样棘手。

我们的确会很容易想象这样一个世界，其中大部分所尝试的追求经济性的选择在执行过程中会引起失望（原因是必然属于预期性的其他人的选择并没有真的做出）或者招致后悔（原因是后见之明将揭示真正相关的目标和资源匹配模式本来会提示更加可

欲的配置性行为路线）。但是，在完全由追求经济性的个人所组成
的世界中，根本不清楚市场参与者在随后的时段中，是如何利用
这类失望来对配置性选择做系统性修正的。我们一定要记住，我
们这些追求经济性的个人并不具备对他人将做怎样选择的预期进
行系统修正的倾向。也就是说，追求经济性的个人**被赋予**了给定
的目标—资源框架。在有关追求经济性行为的分析范畴中，**没有
任何因素**允许我们对市场参与者相关的目标—资源框架设定某种
系统的系列修正。除非我们能完全超越罗宾斯意义上的追求经济
性的人的假设，否则，我们的上述两种可能选项中的后者将会让
追求经济性的尝试受挫——但并不能认为这种不均衡乱象会对选
择做**任何**系统的修正，更不用说导致任何**均衡化的修正序列**（参
见 Kirzner，1973：36）。

　　为了利用追求经济性的个人所构成的模型来解释系统的市场
调整（这种调整可能由原初的不均衡所引发），明显有必要假定市
场参与者的确会逐渐认识到，市场作用会告诉他们先前认定的目
标和资源框架中哪些地方需要重新调整。但如果这样，就会给该
框架注入完全随意的调整性质，从而会威胁到模型的完整性，也
就是说，赋予追求经济性的人们以一种能够用与市场实践经验相
关的新框架来代替原先假定、但已失信的目标—资源框架的倾向。
要规定这样一种禀赋，不仅仅要大幅修正追求纯粹经济性的个人
的假想行为方案（毕竟他们被假定有着有关目标—资源框架的**给
定禀赋**）。没有被清楚说明的是，市场实践经验是怎样让这些追求
经济性的个人能突然感悟可用机会的，**这些机会虽然本来就存在，
但先前却没有得到这些追求经济性的个人的相同的注意**。

　　于是，在这里我们又看到了这个追求纯粹经济性的世界表现
为两个不同的方面，必然会造成严重的困惑。首先，有关这种世
界的模型由于不能注意到知识和学习在最初假定的目标—资源框
架禀赋中的作用，也不能关注到后来知识和学习在市场实践经验

中对原先框架进行修正的作用，可见该模型的效率的确是很低下的。其次，该模型包含的总体是纯粹由追求经济性的个人构成的，事实上与学习序列（learning sequences）是不一致的，而那些学习序列是解释系统的市场过程所必需的。我们会看到，虽然米塞斯作品中表述的"动态"主观主义，为讨论第二种困惑创造了可能，但是直到哈耶克在深化主观主义方面做出贡献后，才将前一种不足情况消除。米塞斯提倡的主观主义用动态的人类行为替代了很像木头人的经济性追求者的机械的配置行为。哈耶克的著作推动经济学界明确地认识到知识与学习在经济过程中的作用。米塞斯和哈耶克这两位共同的著述提供了一种关于市场过程、真正"动态的"主观主义理论。

米塞斯与人类行为学

在米塞斯看来，**经济学就是一门人类行为学**。米塞斯认为，经济理论中的每一个结论，都是经济生活由互相作用的人类**行为主体**所构成这样一种状况的结果。人类行为乃是基本的分析单位。尽管据笔者所知，米塞斯从未对其**人类行为**的理念与罗宾斯的**"追求经济性"**（economizing）概念进行区分，但毋庸置疑，两者之间存在根本性的差别。人类行为的概念范畴要远远大于追求经济性的概念；虽然稀缺资源在多种竞争性目标之间的配置可以作为人类行为的例子，但人类行为却可能完全不是配置行为。"人类行为是有目的的行为"（Mises，1966：11）。一个行为人努力要做的，就是"用一个更令人满意的事态来替换一个不大满意的事态"（第13页）。这些阐述中，并没有将其限定到计算怎样把可支配资源用于竞争性目标之间的配置方面。

我们可以在米塞斯的概念中看出含有两种主观主义元素，而这些元素是在较狭义的罗宾斯追求经济性选择（economizing choice）理念中所不具备的。第一，人的行为在本质上是**有目的的**；其目标并不是在约束条件下实现（效用或利润之类的）最大化，而是去除感知到的不自在因素（uneasiness），从而在将来达致更好的事物状态。没有人会（像当年有人指责罗宾斯那样）指责米塞斯抑制人类活动中充斥的目的感；没有人会指责他抑制人们主观的**未来感**，这种未来感附着于人类通过行动来努力实现的目标。不仅人类行为的理念强调其目的性；而且目的性观念的确彻底彰显了其本质。对米塞斯而言，人类行为也可以包括刻意保持完全闲置状态（Mises，1966）；**不作为**（inaction）也可以被认为是行为的特例。行为中的核心元素在于追求目标，而不是最大化，也不是配置效率或者其他目的。如果从人类行为中将主观因素抽离出来，就不可能不彻底侵蚀人类行为的概念本身。[1]第二，人类行为观念（与罗宾斯的追求经济性观念不同），内含有一种根本的企业家元素："在任何真实鲜活的经济中，每个行为者始终都是一名企业家。"（米塞斯，1966：252）人类行为主体"在目的和手段已经明确的情况下，不仅具备了有效追求目的的倾向，**而且还会积极而警觉地确定追求何种目的的、可支配何种手段**"（Kirzner，1973：34，黑体系后加）。人类行为选择分析中的主观主义，不只是意味着承认跟某个选择者相关的"目的—手段"框架是其特有的；它也甚于承认选择者是有意识地在追求其目的、承认其行为中充满着实现其目的的主观能动性。米塞斯的人类行为分析中的主观主义，内含着这样一种洞识，即与人类行为相关的任何目的—手段框架本身，就是在该行为发生过程中被**主动选择**的——而那种选择会表达或反映出行为主体的梦想、愿望与想象、他的期

---

① 有关米塞斯涉及人类行为的这方面观点，及其相对于罗宾斯追求经济性概念的进一步推进，参见柯兹纳（Kirzner，1960：161f）。

望与知识，以及他的预判与偏见。

根据米塞斯的逻辑，一旦我们对经济主体的理解突破了其（在给定的目的—手段框架背景下）作为在约束条件下的最大化者的狭义理解，进而认同人类都是积极遵从自己的预判和眼力（关于什么目的值得追求以及什么是相关的、可资利用的最佳实现路径）的观点，那么，就比较容易将通过发现而习得（learning by discovery）融入我们对市场过程的理解之中。现在我们再也不拘泥于一种其分析单位不允许相关知识出现偶发性变化的理论建构模式。我们再也不能受限于这样一个世界，在其中所有被认为应该知道的信息，在原本已经得到周全设想的系统性搜索程序中，要么为行为主体所已知，要么现在信心十足地加以计划，从而迟早会被行为主体所习得。现在我们会认识到在市场过程中存在着对此前尚未被关注过的机会的"自发性发现"（spontaneous discovery）的可能性，或者会认识到早先的预期事实上是过度乐观了。我们现在可以去寻找这一系列发现的或许是系统性的展开，而促因就在于这一系列发现本身所创生的一系列变易着的机会。

若换种说法讲，现在我们或许可以将行为主体随时变化的选择模式解释为知识结构发生不断变化的系统性的结果，同时知识结构的不断变化本身则是发现的结果，这些发现反过来说又是由行为主体之间所存在的不断变化的机会所激发使然，而这些不断变化的机会正是随着时间的推移行为主体的选择发生变化的结果。换言之，米塞斯的理论贡献的意蕴，截然不同于本文前一节所论及的罗宾斯世界那令人忧虑的两大特征之一，也即追求经济性的世界与需要用以解释系统性的市场过程的种种学习过程并不相协调这一特征。

然而，对米塞斯主观主义理论贡献中有系统的意蕴所进行的陈述，并不是说米塞斯本人曾明确用这些术语来阐述过市场过程的这一特征。事实上，米塞斯本人并没有专门强调说明变化着的知识构成不断展开的市场进程的作用。正是哈耶克对一种更为深入的主观主义的贡献才将这种作用置于明确无误的核心地位。接下来，我们就了解一下他的这项贡献。

哈耶克与知识的作用

哈耶克对现代经济学的贡献（他在其他学科中也建树颇丰），贯穿了该学科的很多领域，涉猎面之广令人赞叹。单单在经济学方面的参考书目一项，就包括了当今很多领域中的经典作品，诸如货币理论、商业周期理论、资本理论、思想史、社会主义计划理论，经济学方法论以及其他重要领域。不过我们可以说，在哈耶克关于当代经济学的研究成果中，最为人称道（即便有些人不总是完全理解）的部分，就是关于**知识的作用**的论断。在这一节中，我们简单地探讨一下哈耶克这项著名的贡献，同时在我们看来，它构成在现代经济学中决定性的、明确的主观主义扩展。

哈耶克最终将知识引入经济学当中，带来两大各自独立（但自然也互有联系）的洞见。第一大洞见（在其 1937 年著名的论文《经济学与知识》中，这一见解得到了详尽阐述）展示：（a）市场均衡的本质就是市场参与者具备完全的共同知识所造成的结果，和（b）假想的均衡化市场过程的本质就是它由特定的共同**学习**模式（patterns of mutual learning）所构成。关乎知识的第二大洞见［在 1937 年论文中已有介绍，而在 1945 年题为《知识在社会中的应用》（The Use of Knowledge in Society）的论文中做了明确阐述，见 Hayek，1949b］，将注意力投向了环境所带来的实证性与规范性后果，即某经济体中可用的知识总量"绝不会以集中或整合的形式存在，而是体现为分散性，也就是由彼此分离的全部个体所掌握的不完全、甚至常常相互矛盾的知识片段所组成"（第 77 页）。

如果承认市场过程由发生着系统性变化的、有关彼此情况的个体性知识的模式所构成，如果承认那些使得社会成员能够最完全地利用"不会全部赋予任何单个人的知识"（Hayek，1949b：78）的社会制度的规范性意义，那就会给微观经济学理论与福利经济学带来革命威胁。与前面曾推断的那样，现代新古典微观经济学与福利经济学理论，处在主观主义较低的（或者说是"静态的"）层次上。哈耶克关于知识的洞见，要求对这些领域的理解进行一场综合性的、完全的（或"动态的"）主观主义的革命。这些革命威胁在某种程度上始终没有能撼动新古典的统治地位，这在无形当中证明，现代经济学界对扩展的主观主义之接受度仍然非常有限。

哈耶克自己非常重视其关于知识的作用的论著的主观主义特征。哈耶克在详细讨论主观主义对社会科学的重要性时，提及了"经济理论所关注的更为复杂的现象，以及近些年来所取得进展尤其与主观主义的拓展紧密相连的地方"。他特别罗列了"这些发展所带来的、显得越来越重要的新问题，诸如不同人的意图与预期的兼容性问题，他们之间的知识分工（division of knowledge）问题，还有获取相关知识与形成相关预期的过程问题等等"（1955：33）。鉴于本论文的目的，应该注意到：哈耶克的这些主观主义贡献，与本章中先前曾说到的罗宾斯理论模型中另外一个令人不安的特征是截然不同的，那个特征就是，罗宾斯的模型没有将知识和学习的作用置于核心地位（不论是涉及最初的模型描述，还是涉及完全利用该模型来解释市场过程的做法）。

米塞斯、哈耶克与主观主义的经济学理解

我们已经考察了米塞斯和哈耶克对主观主义的发展所分别作

出的贡献。对米塞斯来讲，经济学被逐渐转化为一种（极端主观主义的）人类行为学；哈耶克则将经济学原理转化为关于人类知识的新理解。在此，我们要说的是，这些不相连的理论贡献，不仅一起使得静态的主观主义理论朝着动态的主观主义理论迈开了决定性的一步，而且同时还有助于强调关于市场过程的主观主义理解，这正是对奥地利学派经济学家研究的真正拓展，而该项研究的传统可以追溯至门格尔。假如我们在这方面的论点可以被接受，那就会证明，尽管米塞斯与哈耶克之间存在重大的差别，但在文献中将他们紧紧联系在一起的提法是有道理的。此外，那还会说明文献中将这两位经济学家并称为晚近古典奥地利学派的代表人物的提法是很有意义的。

卡尔·门格尔决定性地改变了对经济学理解的取向。他的主观主义观点表明，经济现象何以能被理解为有着自身价值评判与经济性追求的个人行为的反映与表达。有很多理由认为，门格尔自己的主观主义似乎就是相当"动态的"，令人赏心悦目。门格尔的后继者也都多传承了其中的很多洞见，并将它们与其他学派的边际主义经济学家的研究成果联系在一起。但是，在精练奥地利学派的边际分析方法过程中，在第一次世界大战后一段时期里，某种"静态性"却似乎逐渐出现在了主观主义当中。（指出这一点，并非要批评相关的作者。无疑，奥地利学派经济学有其某些确凿无误的视角，根本不必要强调其动态的主观主义洞见）。因此，像罗宾斯那样杰出的理论综合高手，有可能将奥地利学派的洞见注入主流的新古典经济学理论（对于它，"动态"的主观主义事实上属于陌路相逢），同时又根本没有超越静态主观主义的层次。这样，罗宾斯在新古典微观经济学中注入奥地利学派因素，虽然丰富了新古典微观经济学的内容，但所取得的进步仍然沿袭了新古典微观经济学的老路，其实是与动态主观主义视角**格格不入**的。因此，也就难怪现代有些动态主观主义的支持者，比如沙克尔、拉赫曼等教授，都不得不拒斥几乎整个新古典范式。米塞斯和哈耶克则采取了不同的路径。

　　事实上，米塞斯和哈耶克贡献的重要性，不仅在于他们转而关注先前的罗宾斯版注入奥地利学派经济学元素的新古典微观经济学中所缺乏的主观主义因素，而且在于经过他们引入这些新因素之后，传统的奥地利学说通过提出对市场过程的更深到理解而得以扩展。虽然在许多十分实质性问题和方法论问题上这种更深到的理解与新古典主流有着很大不同，但是它还是保留了自从门格尔时代以来奥地利学派与其他边际主义学派所共享的一些重要交叠领域。米塞斯和哈耶克所保留下来的就是一种市场观，它坚定地承认市场之**系统性**（而不是混乱性或偶然性），同时绝没有忽视选择环境的"目的开放性"（open-endedness）——这种目的开放性源自时间的流逝、对未来的不完全的可知性以及由此而生的"极端不确定性"的无处不在特性。他们的一大成就就是引导人们将市场过程理解为系统性的"发现程序"[①]——也就是自发的共同学习程序，而这种发现程序总是由具备企业家精神的人类行为主体不断推动着。这种人类行为的动机、警觉和激励，倾向于引导这些"不可模型化的企业家发现"（unmodellable entrepreneurial discoveries）走向增进共同知识与人际协调。尽管基本数据中不可预知的外生变化会持续施加影响，但按照现代奥地利学派的这种观点看来，仍然可以感知到那种在震荡不息的市场中所表现出的企业家警觉（entrepreneurial alertness）的强大协调力量。可以肯定地说，那些持续外力影响的破坏作用，在某些市场上的表现力度要大于其他市场。所以说，虽然现代奥地利学派的这种更深到的理解提供了对所有各种市场的洞见，但若利用它们来对特定市场进行具体的预测或判断，还是需要认真关注有关的经验性和制度

──────────

　　① 当然，发现程序是哈耶克的说法。参见哈耶克（Hayek, 1978b）。

性的细节。

　　所有这些当然都可以说明人们为什么常常将米塞斯与哈耶克相提并论。我们完全有理由认为，他们的市场观在本质上是相同的，而这种市场观的微妙与力量就源于他们对主观主义的贡献的复杂性质。从这种视角来看，两位都对中央集权的经济计算之可能性做出过批评（在两次世界大战之间，米塞斯与哈耶克都做过此类阐述），这也就绝非巧合了。我们现在可以清晰地看出，他们的这种一致批评，源自于他们都认为市场过程乃是自生自发的企业家发现过程（processes of spontaneous entrepreneurial discovery；参见拉沃伊，1985a）。在本章中我们已经论述过，鉴于他们各自对一种深化的主观主义所做的贡献，可以认为他们为这一共有的理解提供了极为重要的元素。因为以上所有这些理由，所以说，在20世纪经济思想史的宏大视野中，米塞斯与哈耶克珠联璧合的理论贡献，就可被认为代表了对仍然生机勃勃的奥地利学派主观主义传统的发展的有力推进。

第三部分

关于奥地利学派分析
方法的新探索

第八章　价格、知识的交流与发现过程[①]

哈耶克教授为经济科学（Economic Science）所做的主要贡献中，意义最重大、影响也最深远的一项贡献，自然要数他关于"社会面对的经济问题"之性质所做的开创性论述了（Hayek，1949b：77）。正是在这一语境中，哈耶克明确地将经济学界的注意力引向了那些由**知识的分散**（dispersal of knowledge）**所产生的**特定问题。

> 社会的经济问题……不仅仅是如何配置"给定"资源的问题——假如所谓的"给定"就是指对于某一个人的头脑是给定的，由它来刻意解决这些"数据"所设定的问题。社会的经济问题更是指这样一种问题，即如何确保对于社会的任何一个成员所已知的资源能够以最佳方式用于那些只有这些个体才能知晓其相对重要性的目的。或者扼要地讲，它是一个知识利用的问题，而知识并不是全部给予任何一个人。
>
> （Hayek，1949b：77—78）

当然，哈耶克的洞见代表了现代福利经济学历史上的一项突破，并且在关于社会主义经济计算的辩论中，为申述"奥地利学

---

① S. 池田在纽约大学奥地利学派经济学研讨会上曾提交一篇论文，题为《论均衡价格、非均衡价格以及信息》（An Essay on equilibrium prices, disequilibrium prices, and information），笔者受到其中思想的启迪，对此深表谢意。

派"的关键判据提供了一种全新途径（尤其是可参阅 Lavoie，1985a）。然而除此之外，在促进我们理解市场的作用方式和价格体系如何在事实上倾向于解决社会所面对的经济问题方面，哈耶克对知识的作用的强调是往前迈进的重要一步。事实上，似乎正是哈耶克在这方面的贡献，引起了经济学界的最多关注。虽然在描述福利经济学的现代发展中很少有人提及哈耶克对配置效率标准（allocative efficiency criterion）的摒弃（以及对"协调"视角的偏重），而且众所周知，对关于社会主义经济计算的辩论的一些描述彻底地和不可原谅地混淆了他的观点（Lavoie，1985a），但哈耶克对于价格解决知识分散性问题的洞见，还是被广为引述的，而且引述者常常还是最为正统的新古典经济学家。我在本章中将要说明的是，尽管哈耶克在这方面的研究成果被经常引用，但经济学文献中却没能对其全部重要性做出公正的对待，这不无遗憾。于是，经济学界对知识分散性问题的专业性关注，往往流于浮泛、令人失望。要论述这一断言的效力，有必要明确区分因知识分散性而带来的两种完全不同的"交流"上的困难，同时（相应地），要明确区分市场在"社会面临的经济问题"语境下可能要完成的两种截然不同的功能。或许会有帮助的是，我们首先从另外一个很不同的语境中取例，做一个类比推理，那就是众多车辆通过城市十字路口时的情况。

汽车与分散知识的问题

设想汽车开到了城市中两条街道的交叉口，一条街道是南北走向，另一条是东西走向。（举例说）从北边开来的汽车司机，在穿过东西走向的街道、进而继续南行之前，必须事先选择是否要停车。司机的选择取决于他对其他汽车司机（这些司机可能是从不同方向赶到该路口的）行至路口时的选择所持有的知识和预期状况。为了让车流通畅而安全地通过路口，显然必须用某种手段对各位司机的选择加以协调。如果这样的协调缺位，那么，很明显会导致车辆在通过路口前出现不良的、高成本的（同时可能是不必要的）延误，甚至会造成撞车，使情况更糟，也使成本更高。不难看出，这类非理想事件之所以发生，至少部分地可归因于知识的分散性：一辆汽车的司机在做选择时知道他自己做了怎样的选择，但其他汽车上的司机却不知道第一位司机所做的选择（甚至根本就不知道存在这样一位已经先行做出选择的司机）。于是，**他们的选择**跟先行做出选择的第一位司机之间，就很可能出现缺乏协调之类的情况。假如有一位全知全能者能为**所有的**司机做选择，那么这位全知全能者就可能将司机们的行为安排得井井有条、顺顺当当。由于不存在这样一位中枢式的全知全能人物，那么，一套设计合理（且充分有效）的交通信号系统，就可以为每一辆车的司机提供可靠的信息，让他们明确其他司机的选择将会如何，从而实现协调的效果。绿灯亮起，事实上就是在给向南行驶的司机示意，让他确信东西走向的车辆将在眼下一分钟内，或在未来几分钟内，不会通过路口。而红灯亮起则是要求他停下来，在此期间该信号（在一个设计合理的系统中）会让停车的司机相信，这种停车等待并不是浪费（因为南北方向的红灯在暗示，东西方向的车辆正被允许通行）。通过适当地让交通灯定时变化，就可以实现秩序井然的交通协调效果。让我们分析一下我们所谓的信号系统"实现协调"的含义。不妨着重关注一下这种系统之所以能够消除不必要延误的机制（相当相似的原理也适用于该系统消除可避免的撞车事故方面）。

　　成功的交通信号系统不仅能够防止撞车，而且还能避免让车辆无谓地等待（譬如当另一个方向上的车流量极小的情况下还要求等待）。较优的协调机制会允许变更信号灯的时延，能反映不同走向的马路上车辆的相对稠密度。这样,"实现协调"的说法,若从汽车示例的语境来看,应有两种很不同的含义。

第一,如果一套交通信号系统中的时控机制从一安装起,就能有效地用某种最优的方式来控制车流量,那么就可以说它实现了协调的功能。倘若大家都遵守交通信号的指令,那么就不会出现恼人的撞车,也不会出现不合理的等待。要成功地实现协调,就必须能够高效地交流准确的信息。提供给车辆司机的信息应该能(a)准确地告知每一位司机其他司机选择的结果,从而反过来能让他们(b)做出相应选择以让上述(a)点特征能真正有效,让司机们的选择集能够(c)避免不必要的等待。这自然是"实现协调"的说法的有效意义。但使用该说法还可能导致第二项含义。

要了解第二项含义之前,先考虑这样一种交通信号系统,即当该系统安装后会出现次优的时控效果。向南行驶的司机,比如说在下午3时,遇到了红灯停下来等待了好几分钟,但在此期间东西向的马路上根本就没有车辆通过。无疑这种等待就是没有必要的;这就意味着,由北向南的司机在这样做的时候,并没有跟东西向的司机的选择做好协调(因为后者已经选择在此时间不通过路口,而前者却还是不能利用东西向上的车辆司机之选择而做出有利的调整)。不过,现在我们将信号系统想象为从一开始就被设计为能改变、从而可以针对前一天交通状况实际时间表做出反应的定时模式(那个时间表不仅记录了下午3时东西方向上的车流稀少的情况,而且还记录了南北方向上车流量稠密的情况)。那么,今天从欠完美的协调系统中所得到的实践经验,将会有助于修正该系统的定时状况,从而用改良的协调系统来取代原先协调能力差的系统。这种信号系统(包括其从先前缺憾所导致的不良结果中"学习"的自我改进的特性),也可以被认为是"实现了协调"功能。然而,这种说法在此所指的是该系统的这样一种特性,即能使其本身察觉先前的缺憾并加以纠正。只要该系统的信号促成了司机们的非协调行为，该系统就开启了其协调职能——因为正是那种非协调行为才为改良的时控方式提供了必要的信息。从这种意义上讲，该系统能实现协调的能力，根本不表示它实现了前面段落所提到的结果集（a）（b）（c）。向南行驶的司机被要求在红灯处无谓地停车，实际上就相当于该司机是在东西方向的车流量方面被给予了错误的信息。然而，我们发现，该系统由于从一开始就包括了能够解决其自身不足，甚至能够对其加以系统消除的反馈机制，因而也就具备了"实现协调"的特性。同样，在此系统的协调特性源自系统提供信息的方式——但是，跟**已经进行完美**定时的系统相关的方式不同。原先带有瑕疵的第二种系统的协调功能，来自该系统能够**就其自身所具有的有瑕疵的信息交流特性进行信息交流**的能力。

让我们回过头来考察一下，价格体系在应对分散知识所产生的问题——也就是"社会所面对的经济问题"——时能产生怎样的作用。我们会发现（a）价格在我们所举的交通信号例子中的两种意义上，一般都能"实现协调"，同时（b）实际中的研究文献只是承认（并且引述哈耶克来阐述）两种意义中的一种。

均衡价格与市场协调

近来，经济学家常常认为竞争性均衡价格体系是一种协调市场参与者个体选择的有效方式。价格的确经常被比作信号。选择者虽然不知道其他市场参与者的偏好，也不知道生产过程方面的状况，但是——经济学家解释道——市场参与者还是可以通过这些价格信号的指导，被引向理想的预期行为模式，从而使所有行为在执行中不会招致失望与遗憾。

例如，在关于马歇尔意义上的单一商品市场中，该商品的均衡市场价格会促成出价与报价方面的市场出清模式。这种均衡价格会促使那些潜在买家的需求量恰恰等于那些潜在卖家在那种价格水平下愿意生产的总量。一方面，当价格处在低水平时，买家不会受到低价的误导而想寻求购买多于实际供给数量的商品（而只要价格处在买家愿意支付的水平范围内，买家同样也不至于拒绝出钱来购买所愿意支付数量的商品）。另一方面，当价格处在高水平时，卖家不会受到高价的误导而生产多于买主实际上所寻求购买的数量的商品（而且任何卖家也不会拒绝提供某种数量的商品，只要相对于这一数量的商品，价格可以接受）。任何一位买家事实上都根本不需要了解供给状况、投入品的可得性或者成本等情况。而卖家也完全无须了解消费者的偏好、替代品的可得性等情况。要让马歇尔意义上的单一商品市场能够完好地协调买卖状况，市场参与者只需要了解该商品的现行均衡价格。所有买家在这一价格水平下，提出要购买的所有想要数量的商品，结果会发现他们的愿意购买的总量与所有卖家报出的愿意出售的总量相合（后者只不过是在相同的现行均衡价格水平下提出愿意出手的商品总量）。这样均衡价格就发挥了协调作用。以上所述当然很好理解，同时，也是所有经济学家工具箱里共有的一部分基本配备。

人们在理解均衡价格能够实现什么结果这一问题时，经常引述哈耶克对知识的强调。均衡价格被认为就是用一种很经济的方式，向潜在的买家和卖家传达信息，而这些信息则是协调两者的选择所必需的。正是因为关于各单个潜在购买者的偏好的详细信息和各单个潜在的供给来源的特定的生产能力的详细信息，都是非常分散的，均衡价格体系的协调能力才显得如此有价值，令人印象如此深刻。

人们认为均衡价格所具备的这种协调力，无疑类似于已经设有最优时控的交通信号系统稳妥而高效地协调交通的能力。[1]均衡价格，就像设有最优时控的信号变化一样，能准确地传达特定的信息（在此语境下要按照"准确"的本意来理解），以此激励或促使个体选择者能够做出很默契的一系列选择；这些选择既不会使他们失望，也不会让他们懊悔。现在，我们必须表明，价格除了体现所说的可实现协调这层意义（也就是说，当价格已经属于均衡价格时——能够类比于已经设有优化时控的交通信号系统）之外，还可能具有另外一层更重要的意义，即价格可被认为是在实现协调。这层意义就是指，非均衡的价格有着一种能力，可让针对出价与报价的市场选择出现系统性变化，因为原先非协调的一系列选择导致了非理想的结果，所以行为主体就要做出调整，用较为协调的选择来取代先前非协调的选择（当然，这种情况就类似于未经最优控时的交通信号系统，由于包含反馈机制，从而可以让原先差强人意的时控所导致的缺憾结果生成一种时控得以改进的势头）。[2]

非均衡价格与市场协调

设想一种未能取得均衡的单一商品（不妨说就是特定数量的

---

① 这种类比当中存在一项重大的局限性，那就是，要让交通信号系统生效，必须依靠一些外生的因素（例如，外部强制或者习俗），从而可以确保这些信号能够被所有的司机切实遵守。但是对于均衡价格系统而言，并不存在这样一种外在的因素。这种均衡价格系统的本质意义就是，价格结构可以自发地直接激发人们做出一系列完全协调的行为。

② 这里的类比也是有缺陷的。我们在下一节内容中，将会发现非均衡价格所表示的错误能够引发失望与遗憾之感，从而促使这些犯错的当事人在随后的时间中能够对其出价和报价进行自我修正。但是对于交通信号系统而言，我们必须假定有人（或者机器人）负责对欠佳的定时系统做出反应；在"错误"时间变灯的信号，并不能由于过去的"失误"和"遗憾"而决定吸取教训，从而改进其定时系统；交通信号的定时模式的改变，需要有人或者机器从"外部"来操作才能得以实现。

茶叶）的市场。举例说，我们设想在过去的某个交易"日"中，该市场不同区域的贸易价格出现了很大差别。再进一步设想，在该交易日结束时，成交的茶叶总量远远地低于实际的供需状况本来可以促成的交易量，于是潜在的卖家仍然有很多茶叶存货积压下来，而这些存货实际上本来能用卖家可接受的价格卖给那些渴望买到茶叶的顾客，从而减少其积压量。这类市场状况就表现出了协调失灵：价格没有能够出清市场。出价与报价所产生的信号，都没有能促成买方与卖方形成完全相互匹配的选择集；而市场参与者由于对彼此的态度、偏好与能力都缺乏充足信息，就不能利用现有的机会来实现本可共赢的交换。

可以想见，这些不幸的市场状况迟早会让市场主体感觉到失望和懊悔。之所以会出现这样的失望和懊悔情绪，是因为就买家而言，他们也许迟早会意识到：假如能出更高的买价就可能获得更多的茶叶（而且，即便出价更高，他们也应该会乐于这样做，而胜于愚蠢地认为用低价也可以买到茶叶，结果却发现买不到，从而空手而归）。或者就卖家而言，他们也会意识到：假如本来能降一点价格，就会卖出更多的茶叶（而且，他们也会更倾向于这样做，而不是错误地认为报出高价也能卖出，从而反而不能脱手茶叶）。在这些情况下，当买家（卖家）发现他们那种用低（高）价买进（卖出）的愿望并不现实时，他们就会出现失望的情绪。同时，由于当时没能意识到若用较高（低）的价格买进（卖出）商品的话讲应该是更为明智之选，事后也就会出现懊悔的情绪。此外，由于在同一个交易日内，茶叶在市场不同区域的价格并不一致，所以许多以较低（高）价卖出（买进）茶叶的人，当然也将懊悔没有能够像当天在别的市场那样用较高（低）的价格卖出（买进）。

这些失望与懊悔的情绪将会让潜在的买家与卖家的选择出现显著的变化（即便他们的偏好和生产能力等"实际"决定因素并

没有发生变化）。支付了高价的买家和用低价卖出的卖家，都会修正自己的市场态度，这样就会出现价格趋同的情况。对潜在的卖家（买家）出售（购买）商品的意愿做了过高估计的买家（卖家）将会意识到其原先的误判，并按照实际情况来调整他们的出价。事实上，正是因为所有这些调整都可能让原先的一套价格被另一套价格（这一套价格将更加趋同，而且可能更不会招致失望与懊悔的情绪）所取代，原先的市场才应当被认为处在非均衡状态。假如没有任何外在因素的作用（例如偏好的变化，或者供货状况的变化），原先的那套出价与报价也都可能让位于一套不同的价格。倘若因此带来的变化会系统地推进市场主体的选择（与前期的选择相比）趋于更优，我们就可以肯定地认为市场（甚至包括其先前整体上尚不够协调的状态）在某种程度上具备实现协调的能力。由原先协调不到位所导致的失望和懊悔的情绪，都会系统地促进市场选择的改善。这种情况当然就好比是原先有瑕疵的交通信号系统。①

　　应当指出，这里（不均衡）市场的"协调特性"，派生自价格传达信息的能力，**但并不可以说，均衡价格是通过信息的准确传达来加以协调的**。这是一种相同不同意义上的协调。均衡价格之所以能起到协调作用，就是因为这种价格**已经得到**如此调整（或者说"预先调停"），以至于将这类价格考虑进去后所做的选择，倾向于相互强化（mutually reinforcing）。非均衡价格可以被描述成在发挥协调作用（如果说能的话），但只是在这样一种意义上：它们能够提醒那些市场参与者（从原先促成这种非均衡价格出现的选择当中）注意到，变更其选择将会对未来来说更为明智。这样，"过低"的非均衡价格（以及由此带来的过度需求）就会对某些失望的买家暗示：他们应当报出更高的买价。或者，只要在不均衡

---

① 要对这种协调过程作更多了解，可参见柯兹纳（Kirzner, 1963：第7章）。

表现为同一个茶叶市场上出现不同的价格，这种高低价格之间的差价，就会向某些警觉的企业家暗示，如果愿意用较高（高于最低价）的价格买进，同时用较低（低于最高价）的价格卖出，那么就会从这种套利交易中赚利。促成此类发挥"协调"作用的变化的信息，实际上就是原先价格结构所提供的信息，但是，只有警觉地发现原先价格**没有能够实现**均衡价格状态下的那种协调结果，才能说这种信息得到了传递。

分散知识、价格体系与经济学文献

于是我们发现，哈耶克关于社会所面对的经济问题的性质的见解，能让我们认识到价格的协调作用，而且在其要比均衡价格的作用更为重要的意义上。信息分散的情况给社会带来了"交流"的困难，原因并不仅仅在于，即便得到最充分协调的分散决策，也都必须**预设和包含**一个有效的信号传输系统。信息分散的情况还给社会带来更为重要的"交流"困难——难于产生信息流或信号流，从而不能激励对原先未协调的选择做出**修正**以增强彼此的协调性。

只要经济学家把经济问题看作为实现社会资源有效配置的问题（如同单个的追求经济性的个人所面临的私人资源配置问题），那么价格体系在帮助克服分散知识的问题中所表现出的对"协调"促成社会福祉的贡献，当然就不好理解了。现在人们已比较广泛地认识到，作为我们理解哈耶克的观点的结果，探讨"有效配置社会资源"的问题，就等于完全**回避，因而也就忽略了**分散知识的问题。

经济学在吸纳哈耶克的见解过程中有一点让人失望，那就是经济学文献好像没有阐明价格体系是如何应对分散知识情形所导致的"交流"困难问题，但是，我们认为这个问题应该更为重要。这些文献关注了价格体系可传达信息，但只是在较为肤浅的意义上，也就是说，只关注了均衡价格所实现的信号传递之职能。

不过，这种对哈耶克学说有限的探讨，如果出于教科书的教学目的，倒还可以理解，也可自圆其说。当代若干教科书[①]就引述过哈耶克的著名的罐头市场一例：

> 假定在世界的某个地方出现了消费……罐头的新机会，或者说罐头的一处供货渠道被中断了。就我们而言，导致罐头变稀缺的原因，到底是以上两种情况的哪一种，都无所谓——这种无所谓本身倒是很重要的。罐头的所有消费者所需要知道的就是……他们应经济地消费罐头。大部分的消费者甚至都不需要知道……他们减少了对罐头的消费后会对其他何种需要有利。……只需要知道任何商品都有一个价格这一事实……就会促成一种解决方案……而这种解决方案也许本来已经由某个能够处理所有信息的单一的头脑所达至，而事实上这些信息分散在参与这一过程的当事者当中。
>
> （Hayek，1949b：第 85 页起）

的确，哈耶克所列举的这个特殊的例子只是关注了均衡价格所实现的信息交流的功能（这一点可以明显地看出来，尤其是最后那几句话提到一种单一的价格，而且还提到整个市场具有单一的罐头价格的结果跟某一个全知全能的头脑可能达致的解决方案之间的一致性）。这个例子的关注点并不是价格体系所面临的信息

---

① 例如，参见科勒（Kohler，1982：第 28 页以后），多兰（Dolan，1983：62），格瓦特尼与斯特罗普（Gwartney 和 Stroup，1982：第 3 章，特别是第 56 页）。在格瓦特尼和斯特罗普合著的书中（第 57 页），他们跳出了均衡状态下价格的交流作用的范畴，进一步关注动态市场过程中企业家行为的协调性。

交流问题，因为目前在价格体系中，那些纷繁的市场价格只反映出潜在的买卖双方之间极其**缺乏**协调的选择。不过，我们不必苛责教科书没有超越价格的最简单的信息交流功能。若在研究经济学一开始时，就能对哈耶克学说中这种较简单的观点理解清楚，那无疑将是大有裨益的。

更让人不解的是，不仅很多教科书没能注意到哈耶克这堂课的深刻意蕴，而且有些述及哈耶克的贡献的更进阶的文献也未能对此予以注意。这样，有些相当数学化的文献就出现了，开始探析市场价格在随机的供求状况下所能够传达信息的程度（例如可以参见 Grossman，1976；Grossman 与 Stiglitz，1976，1980；Frydman，1982）。这类文献所关注的问题就是，不知情的市场参与者究竟能不能从市场价格本身中得出准确的信息。在任何地方都不会有这样的怀疑，即市场价格的构型会不会"激活"企业家的警觉性与动机，使得其运用猜测（和尝试）来获得事实上可以（比价格本身所反映的信息）更加接近实际情况的预感。托马斯·索威尔（Thomas Sowell）的巨著《知识与选择》（Knowledge and Decision）可以被看作是对哈耶克的洞见的意蕴所做的最为广泛的拓展，但人们在这本书中同样也看不到某些内容的探讨，比如，价格以及价差会激发人们动用也许优于这些价格本身所传递信息的现存信息。

就像索威尔在其著作中的一贯表现一样，对"价格是经济知识的概括"（尤其是见 Sowell，1980：第 38 页）这一点的强调无疑具有重要价值。但是，他对价格与知识之间的关系所持的这种洞见，却忽略了更为重要的一种情况，那就是，正是这种信息不充分，才使得人们不清楚这些价格概括是如何表达现有的知识的，从而创造实现自我修正的市场激励。因此，原有价格中所内含的获利机会就承担了非常有效的信息传递者的角色（这种意义跟"价格为知识的概括"的意义大不相同）。所以说，政府对价格灵活性所设置的障碍，将不仅阻挠价格反映出真实市场情况（这一点索威尔曾有极好的详尽解释）——而且价格体系之所以能够发现并传达真实市场情况，恰恰依仗非均衡价格所产生的激励，但政府禁止价格灵活性的限制手段，却会阻遏那种激励的出现。

哈耶克与市场发现过程

哈耶克本人［特别是在其早期作品中，关于分散知识（dispersed knowledge）情况所具有的社会意义，曾提出开创性的洞见］对于价格在市场发现过程中的作用所做的论述，并没有人们所希望的那样清晰。假如一个人错误地坚信，价格之所以被认为能传递信息，就在于均衡价格准确地反映（"概括"）了供求的实际情况。那么，当他读过哈耶克在 1937 年和 1945 年所撰写的关于知识的论文之后并没有感受到其原先那种错误观点受到动摇，也许是情有可原的。虽然哈耶克在早期写过很多论文来批评福利经济学家们所持有的标准观点（也就是说，将经济问题看作是由社会确保对给定的稀缺资源做出有效率的配置的问题）只是反映了这些人对均衡状态不当强调而已（参见 Hayek，1949a：第 93 页脚注 2，第 18 页），但是，这些论文还是没有明确地表达出非均衡价格在解决哈耶克所提出的知识分散问题方面，是如何发挥其作用的。不过，我们也已经看到，一旦人们理解了分散知识所蕴含的协调问题，那么，对于非均衡价格在这方面的作用就应当没有什么疑问了。事实上，哈耶克的确希望其关于知识问题的措辞也能包括价格在提供激励来实现自我调整中的作用，这一点可以从他将竞争看作一个过程以及特别是后来将竞争看作发现程序（discovery procedure）的论述中明显得到印证（Hayek，1949e，1978b）。

在哈耶克于 1946 年题为"竞争的含义"(The Meaning of Competition) 的演讲中，很有洞见地将完全竞争的**状态**与动态的竞争**过程**作了区分。前者所要求的一项条件就是完全的知识；而后者的重要创新之处在于"只有通过竞争的过程才能发现这些事实"。当哈耶克在该论文中提到"传播信息"(Hayek, 1949e：96, 106) 时，他并不是指通过均衡价格信号或已知的信息来实现即时的信息传递。而是指"意见形成的过程"(第 106 页)。这种意见形成的过程，由一系列企业家的行动步骤所组成，而企业家进入的竞争性自由 (competitive freedom)，才使得意见形成过程的出现成为可能，例如，一个企业家进入后，由于"其拥有排他性的知识 (exclusive knowledge) ……而将某商品的生产成本降低 50%"，于是乎就有了"让价格降低……25%"(第 101 页)。

哈耶克在其后来的作品《竞争作为一个发现程序》(Competition as a Discovery Procedure) 中，对上述洞见做了更深入、更明确地阐述。在这篇论文中，强调重点并不是说，价格能成为传递既有信息的信号——而是说，正是竞争过程才能够挖掘出事实上被发现的知识到底是什么。竞争过程依赖于在任何特定的时点的市场数据，而且只在这样一种意义上，即"市场过程的每个阶段所生成的临时性结果……会告诉个体应当寻求些什么"(Hayek, 1978b：181)。市场所实现的那种"预期的高度一致性"，"是由某些预期的系统性的失落所催生的"(第 185 页)。"竞争所带来的总体上有利的效应，一定也包含着让某些人的预期或意图失落或者受挫的情况"(第 180 页)。事实上，"竞争之所以有价值，原因就在于竞争的结果不可预知，而在总体上看，会不同于或理应不同于任何人刻意预定的目标"。

从哈耶克关于竞争过程中内在的**发现**特性所提出的这些洞见中，自然可以推导出这样一种观点，即市场价格在竞争过程中所提供的各种激励，乃是促进"竞争性的企业家"进入和发现的关键因素。从这种意义上看，价格就发挥了"传递信息"的作用，但这种作用跟它在均衡状况下传递**已发现**信息时所表现的作用，存在很大的区别。

交流与发现

均衡价格允许市场参与者能"读出"对其彼此的行为做出协调式调整所需要的有关信息。在这方面，非均衡价格的帮助有限；实际上，从非均衡价格中，人们认为可以领会到的大量所谓"信息"都是很不准确的，同时还会造成浪费与挫折。非均衡价格在传递信息与信号等方面的表现都比较差（当然，这时所比较的，就是在这方面由均衡价格所设定的可疑的相关标准）。的确，市场与市场体系常常因为非均衡价格所表现并制造的协调失灵而受到指责。哈耶克的"奥地利学派"洞见能让我们明白：市场价格所履行的社会职能，更多地体现在**发现**观方面，而不是信息传递观方面。

关于发现，不应把市场价格（特别是非均衡价格）过分看作为可借以刻意考量的已知信号，以便确定应该采取何种适当的行动；而是应当把它们看作是自发产生的红色信号灯，从而使得先前不知情的市场参与者在作为企业家的意义上对一些获取净利润的机会或可能招致亏损的风险保持**警觉**。当然，这些发现在市场逐渐达致协调的过程中，都是关键的步骤，它们会一步步改进原先普遍的互不了解状态，而代之以不断改进的社会协调状态。

经济学从市场发现程序的微妙作用中，无疑可以获得很多启示。将来的经济思想史学家们，肯定会把社会科学中这一学派的未来发展，追溯到哈耶克那些影响深远的开创性论文。在那些作品中，哈耶克告诉我们，在制造社会所面临的经济问题的过程中，分散知识扮演了关键的角色。

第九章 经济计划与知识问题

引　言

　　自从哈耶克教授明确指出主流福利经济学中包含的根本性错误以来，迄今大概已有40年了。哈耶克认为，这种错误观念会导致人们不能理解为什么要批判集中计划下可能存在理性经济计算的说法——在这种批评中，最有力、最鲜明的代表人物就是米塞斯，后来再由哈耶克自己将这种批评思想更推进了一步。正像拉沃伊教授（Lavoie，1985a）所论述的那样，虽然哈耶克的作品被广为引述，但后来那些写了有关社会主义计算大论战问题的福利经济学家们，对哈耶克的观点其实根本没有领会。

　　在本章中，我们希望复述并扩展哈耶克在"知识问题"上的见解，以及这一问题对中央经济计划的意蕴，无论是全盘的集中计划还是局部的集中计划。在下面的段落中，我们将引述哈耶克自己对其见解的阐述，并就此做些评论。而在本章后面的段落中，我们还将选择一个完全不同的出发点，让我们最终达到对哈耶克立场进行复述与延伸的目的——阐明我们做出这些复述的一些重要意蕴。

　　根据哈耶克的观点（Hayek，1949b：77—78）：

　　　　理性经济秩序问题的独特性，正是由下面的事实所决定的，即我们对必须利用的有关各种具体情形的知识，绝不是以集中或整合的形式存在，而是表现为所有分立的个体各自所掌握的不完全的，且常常相互矛盾的分散性知识片段。这样，社会的经济问题不仅仅是如何配置"给定"资源的问题——假如所谓的"给定"就是指对于某一个人的头脑是给定的，由它来刻意解决这些"数据"所设定的问题。社会的经济问题更是指这样一种问题，即如何确保对于社会的任何一个成员所已知的资源能够以最佳方式用于那些只有这些个体才能知晓其相对重要性的目的。或者扼要地讲，它是一个知识利用的问题，而知识并不是全部给予任何一个人。

我们不妨将这种知识问题称为"哈耶克的知识问题"（Hayek's knowledge problem）。在开始讨论之际，我们发觉可以接受这样一种说法，即哈耶克提出的知识问题，至少在表面上并**没有**让社会效率规范（social efficiency norm）至上论立即失去其意义。就像哈耶克所指出的那样，知识的分散性固然表示经济问题不是"给定"资源的配置问题（这里，"给定的资源"是指资源被交付给某个单一的头脑，且为他所知），但知识本身当然也属于一种稀缺资源。于是，依照哈耶克提出知识问题的思路来看，集中计划执行者的任务就可以被认为是对社会中给定时点的分散知识（dispersed knowledge）做最有效的利用——而这类用途的实现，必然要受到信息沟通成本与搜寻成本的约束——可得信息的分散性导致这些成本的必然存在。

因此，哈耶克的知识问题似乎并没有超出经济计划问题的范畴。有人也许会说，知识问题将计划工作变得复杂起来：它引入了一种微妙而复杂的、新发现的资源（即知识）；它促使人们关注这种资源的特殊性质（也就是其分散性）；它还让人们注意到一种特殊类别的成本（即搜寻与沟通产生的成本）。但哈耶克的知识问题似乎仍然能够被归于一般性的经济问题，即传统上人们所说的资源配置问题。本章的核心主题就是批驳对哈耶克知识问题的内涵做作这样的理解。①

在本章中我要说明，确保分散性知识得以最优利用的问题，事实上并不能转化成确保社会资源有效配置这个更一般性问题的一个特殊案例。接着，我们指出，社会计划就其本质来讲并不能解决哈耶克的问题——这类计划只能对这种知识问题所涉及的自发性市场力量起到阻挠和妨碍的作用。为了论证这些观点而介绍一种与哈耶克的知识问题看似大不相同的"知识问题"，倒是很有用处的。

个人计划与知识问题

人们每天都在不断计划。经济学家逐渐认为，个人的计划就是追求最大化：计划者的目的就是实现约束条件下的最优。这就是莱昂尼尔·罗宾斯于 1932 年（Robinson，1935）着力阐述的经济性选择这一概念（concept of the economizing decision），而自从那时以来，这个概念就被普遍接受，成为微观经济学理论的基本内容。我们要指出的是，这个个人计划的概念隐含了不容回避的"知识问题"。

计划的理念预设了刻意确定的标的——比如说效用或利

---

① 哈耶克（1979：190）在较近时期对知识分散问题的理解做了更深入探讨，认为这个问题已经不只是"利用个人已经掌握的某些具体事实"的问题。现在他强调的是，个人所具备的发现相关具体信息的能力之运用问题。这样就让哈耶克进而指出，因为一个人"会发现他搜索的是已知信息，或者只有当遇到某个问题需要相关信息时才会去搜寻"，所以他就可能绝对做不到"将其所掌握的全部知识传递出去……"拉沃伊教授在最新一部未公开发表的作品中，也强调了"隐含知识"对于利用分散性知识的社会问题的重要性。本章也将得出类似的结论，不过，论证的出发点有些不同。

润——为着最大化的目标。该理念也进一步预设了已知的资源约束。按照罗宾斯的说法，目标和手段都被假设为"给定"的。正是假定计划者拥有有关这些计划环境的知识，使得经济学家将"计划"想象为解决约束条件下最大化问题的办法。应当注意，计划本身的有效性，完全取决于下述假设的有效性，即计划者确实详细地了解他未来选择的各种情境。假如计划者不知道他要寻求实现的目标是什么，或者不知道他可以支配的资源是什么，再或者他不知道相关资源相对于所追寻目标的效能如何，那么他的计划——无论在设计时多么谨慎——都不足以导致最佳结果的出现。

现在我们可以确定跟每个单个计划都具有潜在相关性的知识问题。**由于计划者对其实际情况的了解知识并不充分，他的计划也就可能并不足以带来最优的现实效果**。我们不妨称这种知识问题为"基本的知识问题"（basic knowledge problem）。这使得该问题与我们所说的"哈耶克的知识问题"相区别。我们将说明它还将表明，我们想要论证的"哈耶克的知识问题"可以被认为是我们所说的"基本的知识问题"之特例。当然，我们所说的"基本的知识问题"初看上去看似与哈耶克的知识问题没有多少相似性。哈耶克的知识问题在于可用信息的分散性；而我们的"基本的知识问题"却在于个体对与其处境相关的实际状况完全无知。然而，倘若对哈耶克的知识问题与我们所说的基本的知识问题能做进一步思考，就会有一个重要的发现，即哈耶克的问题其实就是基本的知识问题。接下来，先让我们澄清关于基本的知识问题可能存在的一个误解。

基本的知识问题与有关知识搜寻的经济学

有人会说，关于每一个计划的根本知识问题，能够通过增添新的计划阶段而规避掉。毕竟，假如一项计划由于必要资源不能充分获得而或许不能奏效，那么这种可能出现的失败未必就是最终的失败；这种失败可以通过先行做出某种计划，取得相关资源而避免。实际上，并不是简单地设计一项直接导向最终目标，将它即刻实现的计划，而是先后利用一项一项的计划，实现中间过程中提出的多项目标。这样，基本的知识问题可能就是要求明智的前期计划了。

从这种视角来看，基本的知识问题似乎就只是说明某种重要资源（也就是知识）的实际供给是不足的。这样的不足，也就意味着需要一种"有计划"的搜寻，来获得必要的信息。从原则上讲，基本的知识问题可以被规避掉，这至少可以和由于资源的短缺而出现的任何问题可以被规避掉相提并论。而如果这种搜寻工作是值得的，那么，寻找到能克服必要信息缺乏问题的一项前期计划，就可能完全消除所谓的基本的知识问题。而假如这种高成本的搜寻工作是不值得的，那么，基本的知识问题似乎只表现为计划者所处的环境中固有的、不可避免的稀缺性约束。对于经济学家而言，这样一种不可规避的稀缺性问题，从相关意义上讲，就意味着根本没有问题。

如果知识问题是可规避的，那么它就能够（并假定为将会）被规避；如果该问题不值得规避，那么好像也就根本不存在所谓的"基本的知识问题"——因为我们是根据"可及的最优结果"（attainable optimum）未能实现去定义基本的知识问题的。倘若知识的缺乏让假想的最优结果无法实现，那么就不会产生基本的知识问题。倘若获得知识的成本高得令人却步，那么"想象中的最优结果"即便理论上"可以企及"，但实际上也根本算不上是最优结果。但是，这一套论证是缺乏支持的。与每一个体计划相关的、潜在的基本的知识问题，就其本质而言就是不可规避的。当然知识的缺陷可以通过搜寻得到纠正，而个体的计划者，必然也将在其前期计划中考虑这样一种搜寻究竟是否值当。但是，基本的知识问题——它导致人们可能实现不了可及的最优结果——还是存在的。事实上，人们为获取知识而可能拟定的前期计划，只能"扩大"基本的知识问题之范围。

让我们设想一个人正为实现某个有价值的目标而拟定一项计划。且让我们称这一计划为 A 计划。在为实现 A 计划而拟定具体措施时，这位计划者发现他缺乏一些必需的信息。于是，为了实现这些前期的目标（也就是那些缺乏的信息），他便开始拟定另一项计划。不妨将这一搜寻信息的计划称为 B 计划。我们会发现 A 计划已经被"放大了"（原因是发现了自己的无知），它包括为实现前期的目标而制定的计划，所以说 B 计划是嵌套在 A 计划当中的。这样，我们就可以将 A 计划扩大过程中要采取的后续措施——在获得了实现 B 计划过程中产生的信息后所采取的措施——称为 A′计划。（A′计划所包括的措施，就是假如计划者实际上并不缺乏必要信息时，构成当初预想计划的那些措施。）我们不难看出，基本的知识问题对于 B 计划和 A′计划都是一个潜在的危险因素。包含了 B 计划和 A′计划的 A 计划，当然也不能免于这两个计划中的弱点。

即便 B 计划精确地获得了可搜寻到的信息的最优数量，在这方面做得完美无缺（同时，为该计划而付出的成本也被认为是物有所值），A 计划也依然不能摆脱"基本的知识问题"的麻烦。要注意，尽管我们的决策者当初拟定 A 计划时，就意识到他缺乏具体的信息项（因此启动了先期的 B 计划），但是，他所缺乏的信息其实比他预想的要多得多。（更重要的是，这种未被觉察的信息可能会表现为这样一种形式，即固执地把完全错误的信息视为有效信息，这种认识当然是错误的。）此外，他可能还会错误地认为，他认定他缺乏的信息项，对于 A 计划的执行是必要的。他还可能会错误地认为，他确实缺乏这些信息项（就缺乏的相关意义而言）。而实际情况则可能是，他在之前已经掌握了这些信息项。

例如，他可能认为在执行 A 计划过程中，必须跟某人 Z 做个沟通，那么 A 计划就需要了解到 Z 的电话号码，由于他认为自己不掌握该信息，于是他就启动了 B 计划来搜寻 Z 的电话号码。但实际情况可能跟预想的有很大不同。实际上可能根本就不应该找 Z 沟通，或者实际情况也可能是，Z 现在与我们的计划者就处在同一个房间内，这样对 A 计划而言，事实上就不需要打听 Z 的电话号码。或者还可能是，我们的计划者对 Z 的电话号码根本不"缺乏"了解；他可能已经将那个电话号码清楚地记在电话本中，而且就放在电话旁边，很容易找见。考虑到关于 A 计划和/或 B 计划所可能出现的大量误解，也考虑到计划者自己可能完全没有觉察到其无知的程度，即便 B 计划圆满地达到了自己的目标，A 计划（因为它包含了 A'计划和 B 计划）也远不能说就是最优的结果。此外，实际情况还可能是 B 计划忽略实现它自己目标的更有效途径（例如，本来有成本更低的搜索办法，但搜索者对此却不知情。）

总而言之，即便有可能对认为缺乏的信息做有计划的搜索，也不能消除知识问题。首先，在执行有计划的搜索时，本身就没有意识到容易获得效率更高的搜寻技术。其次，要搜寻的信息，事实上可能并不能证明搜寻的成本是合理的，因为（计划者所未能意识到的）实际情况是，所搜寻的信息对于计划者实现其最终目标而言并没有意义。再次，除去计划者认识到自己缺乏，并因而要努力搜寻的信息之外，他可能还缺乏其他的信息，而对此他却并没有意识到自己缺乏，因而也并不曾打算执行与其相关的任何搜索计划。

集中计划与知识问题

现在，我们就能够理解，哈耶克对分散性知识问题的洞见，揭示了集中计划与"基本的知识问题"有着深刻的、无法绕开的联系。让我们设想自己就处在集中计划者的位置上，诚恳地、一心一意地在搜寻尽可能高效的资源配置方式。

作为集中计划者，我们的任务就是为社会制订出一项计划，其情形与个体为自己的行动做计划相似。我们要针对特定社会目标来设计计划，同时，要考虑具体的、我们认为可用的社会资源。① 这种集中计划的框架（在原则上，以及在已经发生的必要变化上）和综合性的社会计划有关，也和补充或修正而非完全替代分散的经济活动有关。当然，社会计划与个体计划之间的类比，会促使我们承认基本的知识问题对于社会计划而言，确切地也会有类似于它对个体计划而言所必然出现的、不可避免的问题。哈耶克的贡献使我们认识到，集中计划中的那些（因基本的知识问题而产生的）问题，在分散式计划中则是能够被规避掉的。

中央集权的计划不能免于基本的知识问题所带来的弊害，这种情况很容易从基本的知识问题这一概念本身推导出来。因为个体的计划者可能意识不到其真实的处境，甚至可能完全意识不到自身的无知，所以，他制订出的最好计划，也不能实现可实现的最优结果。集中计划者同样可能意识不到他们对于社会计划的真实情境也是无知的。我们对于分散性知识的含义的理解，加深了我们对于基本的知识问题重要性的认识，同时，揭示了在没有中央集权计划时，该问题的弊害是如何"有可能"被完全避免的。

只要承认分散性知识——特别是涉及"特定时空环境的知识"（knowledge of particular circumstances of time and place，参见 Hayek，1949b：80）——的实际存在，就会立即让我们明白那种让集中计划者大伤脑筋的"基本的知识问题"。对于计划的个体而言，基本

① 在此，我们不去涉及下述两种观念所引发的一些常见困难，一种观念是将社会目标排序，就好像将个人的目标排序一样，另一种是与社会效率与社会选择有关的各种观念。

的知识问题源于这样一种可能，即他认为他对环境的了解，也许跟他对真实环境更为警觉或敏感时所能了解到的情况并不一致（如果不支付额外的资源的话）。

当然，这种可能性情况也完全适用于集中计划者，而且由于集中计划者特殊的处境，这种可能性情况还会被加强。集中计划者认为他对相关情境的了解，必然会表现为他对他所了解的分散的、点滴知识的认识，这种知识，某种程度上只要付出一定的代价，就可以被社会计划的制订和执行所利用。我们几乎不能指望集中计划者能知道，到哪里以及如何才能找到在经济体系中的某些地方已为人所知的全部分散的信息。甚至，集中计划者似乎都不大可能充分意识到，在这些具体方面，他自己的知识空白的性质及程度。他可能会在一般意义上认识到，有某些他不知其所在位置的信息，他也不能得到线索，来判定可以去哪里去搜寻到这些信息。最后就导致计划者也不可能充分利用其已知的所有信息。信息的分散性，显然关系到适用"基本的知识问题"的一个新维度。

前文中我们说过，哈耶克的知识问题——虽然有其创新之处——或许仍然可以算作是一般性的经济问题，也就是传统上人们所认为的那种经济问题，即实现给定资源（其中，可用信息也被当作一种重要资源）的有效配置。现在我们发现，误认为集中计划者根据常规的计划就能实现约束条件下资源配置的最优化，从而就解决了哈耶克的知识问题，这是一个多么荒谬的想法。知识问题的核心，也就是由于分散信息而导致的"不可知的无知"（unknown ignorance），使得它不能被计划者强求一致的分配计划所容纳。就好像个体的计划者不能有意识地处理他所有的决策中遇到的基本的知识问题一样，集中计划者同样也不能援用计划手段来专门解决哈耶克的知识问题。

哈耶克的知识问题之所以能够对集中计划做出严厉的批判，

是因为在市场体系的情境当中，分散的决策使得集中计划者所面临的那个不可解决的知识问题，可以通过企业家的竞争性发现程序（entrepreneurial-competitive discovery procedure）得以解决。

企业家的竞争性发现程序

哈耶克对于分散决策的论述常常遭到人们的误解。最为常见的一种误读认为，分散决策的市场经济之所以能避开知识分散的问题，其原因在于各种价格可以准确而"经济地"将必要信息传达给相关决策人（而不需要决策人了解分散于整个市场体系中的全部详细信息）。必须强调的是，虽然这一套推理自然也会出现在哈耶克的作品中，但是，这种解读对于其作品的全部意蕴来说未免失之偏颇。

认为市场价格可以传达信息，因此也就会直接克服知识分散的问题，就相当于为不可靠地假设市场总是处于或者接近均衡状态提供了充足的理由。只有在均衡状态中，才能认为受市场价格引导的市场参与者会自动与其他所有（同样受到市场引导的）市场参与者的行为做有效的协调。此外，若假定市场就是接近均衡状态的（且不说我们还有其他理由对这种假设的真实性感到怀疑），那么，从本质上看，简直就是在招致（而不是克服）哈耶克的知识分散问题。毕竟，就好像知识分散性现象给集中计划者构成巨大挑战一样，这种现象对市场也构成了完全类似的挑战，也就是要在事实上达致使市场出清的市场价格组合这一挑战。

人们并不能通过**假定**价格能顺利促使市场主体的选择相互协调，从而来"解决"知识分散的问题。实际上，知识的分散性正是某个特定时期市场价格"做不到"市场出清，也不能保证不存在资源浪费的现象这种现实可能性的理由。但市场确实具备应对

（即便不能完全克服）知识分散问题的手段。这些手段就体现在价格体系的运作当中，但并不是假想的均衡价格体系的运作机制。价格在解决哈耶克知识问题过程中的重要作用，并不在于均衡价格能准确无误地传达其他有类似信息的人的行为的信息。相反，它的重要作用在于非均衡价格能够提供纯赢利机会，它能吸引那些警觉、逐利的企业家的注意。知识的分散性使得市场参与者不能协调其行为，但是，这会表现为一系列的价格，使得那些警觉的企业家可以从中发现获利机会。

对于纯利润机会究竟是如何吸引企业家的注意力的，我们现在知道得非常少。但毋庸置疑，这样的机会具有强大的磁力。说纯利润机会会引起注意，绝不是说只有企业家有意识地投入高昂的搜寻成本，就一定能发现这些机会。而是承认，纯利润的诱惑能让个体选择者超越给定的、可知察的计划框架，同时，在一定程度上避免了所有选择都会遇到的基本的知识问题。无论何时，人类的企业家敏感性，都会将其狭隘的计划行为置于更为广阔的"人类行为"框架中。①在计算给定的竞争性目的下给定资源的最优配置的**同时**，他也会保持一份企业家的警觉，比如对那**些**可获取的，但与他已经获取的资源不同的资源，或许是值得追求的不同的一组目标束。

人类行为中的企业家因素，就是对纯利润机会信号做出的反应，这种纯利润源于社会中分散知识产生的错误。正是这种激励促成了竞争性的企业家发现过程，它让市场参与者了解越来越多的、分散于市场中的相关信息。正是这种企业家的竞争性过程，解决了集中计划者难以回避的根本性的知识问题。假如集中计划取代企业家发现的过程，无论是全社会范围的大包大揽计划，还是自由市场中国家零敲碎打式的干预，计划者都不仅扼杀了市场

---

① 关于这一点，可参阅米塞斯（1966：253—254）。

超越基本的知识问题的能力，同时还使自己在面对这个问题时束手无策。这个问题的根源就是哈耶克所指的知识分散：集中计划没有办法来解决知识分散的问题，同时，它的集权，即使不是彻底终止了市场发现的过程，也对它构成了阻挠。

市场、企业与集中计划

人们认识到，市场经济中的每一家企业就好像是由诸多自发形成的、激荡澎湃的竞争性市场力量构成之大海当中的一座地方性"集中计划"孤岛，这种认识至少可以追溯到 1937 年科斯关于企业理论的论文当中，在企业内部，生产行为都是通过集中指导的协调来实现的，而不是通过价格机制和利用市场竞争来实现的。我们本章的讨论，或许有助于我们了解支配自由选择的"集中计划"与竞争性的价格体系之界分的力量。

我们发现如果用集中计划来替代市场发现（通过保持对获利机会的警觉和敏锐来实现），就会让知识分散所产生的"基本的知识问题"变得更加严重。因此，在自由市场中，"集中计划"带来的好处（例如避免市场竞争情境下常常出现的重复生产"浪费"），却是以恶化知识问题为代价的。我们可以预见，企业会自发地扩张到一个点为止，在该点，由"集中"计划带来的额外好处，刚好被信息分散所产生的、渐次增长的知识困难问题所抵消。如果企业规模较小，信息分散所带来的知识问题也许还不严重，那么为了利用明晰协调的组织，承受这些问题是值得的。如知识分散发生于一个小面积的、有组织的区域中，那么这时的哈耶克知识问题，可能跟与较大规模的、复杂的实体相关的知识问题不同。前者的知识问题，可以通过有意的搜寻得到解决。然而，当超过某个临界点之后，知识问题就会削弱超大企业的盈利能力。

因此，不同规模和范围的企业之间的竞争，将会揭示这种"集中计划"的最优范围。

另一方面，假如集中计划被全盘地或局部地强加到自由市场头上，那么这种计划几乎总是会带来知识问题，某种程度上，集中计划不可能因它所能带来的任何好处而变得合理。政府强制执行的集中计划，把市场自发形成的解决知识问题的精巧手段消灭殆尽，这种集中的计划，就其本身的性质以及知识问题的性质上而言，都不可能提供任何替代性的解决手段。

结　　论

我们应该记住，知识问题的性质就在于该问题的影响范围与严重程度都不可能提前预知。各种产业政策与经济计划方案带来的悲剧，部分地就在于那些善意的设计者根本没有意识到知识问题——没有意识到自己的无知所产生的问题。

第十章　知识问题及其解决办法：
一些相关的区别

哈耶克思想的核心作用，体现为他对于知识分散性所引发问题的见解。这些见解滥觞于哈耶克在两次世界大战之间就社会主义经济计算的可能性所做的辩论，并于 1945 年结晶为他的经典论文《知识在社会中的运用》（The use of knowledge in society）（1949b）。虽然这些见解最初都来自哈耶克的经济学，但在过去 30 年里，这些思想也给他在别的社会哲学学科方面的建树带来了丰厚的滋养，而这些学科后来成为哈耶克主要的研究工作。

在他 1945 年那篇经典论文中，哈耶克明确地阐释了一种原创性的经济观点，原文如下：

> 理性经济秩序问题的独特性，正是由下面的事实所决定的，即我们对必须利用的有关各种具体情形的知识，绝不是以集中或整合的形式存在，而是表现为所有分立的个体各自所掌握的不完全的，且常常相互矛盾的分散性知识片段。这样，社会的经济问题就不只是如何配置"给定"资源的问题了——如果"给定"系指［把资源］交付某个单一的头脑（a single mind），由它来刻意解决由这些"数据"（data）所设定的问题。它毋宁说更是一个如何确保为全部社会成员中的任何一个成员所知的资源达到最优利用的问题。而至于那些要达到目标的相对重要性，也只有那些追求它们的个体自身才

能知晓。或者简单地讲，社会的经济问题就是一个知识利用的问题，而这种知识并没有完整地给予任何一个人。

(Hayek，1949b：77—78)

大概 30 年后，哈耶克在推介其三卷本著作《法律、立法与自由》（Law，Legislation and Liberty）过程中，承认上述见解对其后来更一般性的讨论产生了巨大影响力：

对于经济领域中我们的制度性无知（institutional igonorance）的重要性的认识……事实上，就是《法律、立法与自由》一书思想的出发点，而《法律、立法与自由》将该思想系统地应用到更广的领域当中。

(Hayek，1973：13)①

事实上，早在 1960 年的《自由宪章》（Constitution of Liberty）中，哈耶克就将其 1945 年的经济学观点应用到非常广阔的领域当中了。哈耶克在那本书中指出，"所有个体所掌握的知识之总和，绝不会表现为某个经过整合的整体（integrated whole）。这里的重大问题在于我们大家如何从这样的知识中获利，而这样的知识却只能是分散的，作为所有人的分离的、局部的、有时甚至相互冲突的信念（beliefs）"。他进而观察到："换句话讲，正是主要因为文明让我们能够从作为个体的我们所不具备的知识中获利，同时，也因为每个个体对特定知识的利用都可能帮助某些他不认识的人们实现其目标，而作为文明社会中的成员要比那些单枪匹马的人在实现这些目标方面更容易成功。"所有这些都让哈耶克将"文明

① 在那本书所引段的一个脚注中（第 148 页脚注 10），哈耶克为此还专门举出了其 1945 年的那篇论文。

的发展理解为知识的发展"（1960：25），他指出，"我们越是文明，每个人对文明运作所赖以存在的实情就越是相对地无知"。正是知识的分工（division of knowledge），加重了个体对他所利用的大部分知识的必然无知（necessary ignorance，参见第26页）。我们在本章的讨论，是通过对哈耶克把他那个原本狭义的经济学洞见扩而广之，用于探讨一般意义上的文明及其各种具体制度的合理性，从而探索分散知识问题的含义。

对哈耶克知识问题的扩展

在其最近的研究中，哈耶克的确将关注点放在"知识问题"［我们现在沿用拉沃伊（Lavoie，1985b）第三章中的用语］的重要性方面，认为它并不仅仅是指市场过程能够协调市场参与者的相互预期。哈耶克强调了知识问题对于社会与文化规范以及制度的演化所带来的影响。哈耶克认为，我们大部分有价值的社会制度之出现，离不开彼此依存（mutually sustaining）的预期所组成的复杂网络，不可能想象，任何中央集权组织能够对它进行刻意的模仿。在哈耶克看来，导致这种良性的文化规范和制度自发出现的因素，正是社会自发协调过程得以演化的条件。只有这样，才可能逐渐编织出一个由无数互相依存的预期所组成的网状社会结构体（social fabric）——该结构体的整体的复杂性非任何个体思维所能企及。

现在可以说，假如有人认为哈耶克曾坚决地主张（categorical assertion），无论什么制度，只要是自发形成的，就更有可能比任何主观刻意建构的制度更有利于社会，那么这种看法无疑是错的，也是不公正的。然而，很多学者却也都感觉到，哈耶克有时候似乎确实抱有与上述观点近似的看法，这令他们感到有些疑虑。尽管哈耶克指出，他"很小心地避免讲：演化就等同于进步"，但他的确曾明确表述过："文明存在的条件正是传统的演化"，还坦率地宣称"自发演化乃是进步的必要条件，即便不是充分条件。"（Hayek，1979：168）特别是，布坎南曾对哈耶克最近的学术著作中这一变得日益重要的论题表达过看法：

> 该论题涉及自发秩序原则的扩展，从"规范的"意蕴来看，它会扩展到制度结构自身的出现……政治经济学家，或者希求改革社会结构的其他任何人，都不再有空间更改法律和规则，尽管其目的在于确保提高总体的效率。按照这一逻辑框架的严格解释，任何希望设计、建构或改变制度的努力，都将招致低效率。因此，对历史的"自然"过程所做的任何"建构理性的"（constructively rational）干预都应谨慎地回避。讯息似乎很清晰：在缓慢伸展的历史面前，要保持心宽戒躁（relax）。
>
> （Buchanan，1986：75—76）①

布坎南努力地使哈耶克免受实际上支持了前文所述的极端立场这个指责。同时，还希望竭力解决哈耶克一贯的反建构主义的言论与他自己寻求制度改革（例如，他提议实现货币的非国有化，还提议宪政重组）之间的矛盾。②

不过，哈耶克仍然给人们这样一种强烈的印象，即他坚信良性制度的演化一般来说是可能的。

在本章中，笔者愿意附和批评哈耶克的人们，对其奉行的平行主义观点（即既主张在给定制度框架中实现自由市场的成就，

---

① 还可参见格雷（Gray，1982）。
② 布坎南（1986）。还可参见布坎南（1977）与柯兹纳（1987）。

又看重制度本身的自发演化）表达出质疑。这种观点已经成为哈耶克最近几十年著述工作的基础。我首先将小心地将哈耶克当初的知识问题细分为两个明显不同的子问题，而这两个子问题在社会规范与制度的生成环境中都能找到其对应成分（counterparts）。那样，就会明显看到，在这两个子问题中，只有一个能够在制度发展的背景下找到解决办法，其方式与它对应的知识问题在市场中被解决的方式相同。而知识问题中的另一个子问题，在制度发展的背景中，却并不能够通过自发过程得到解决，尽管其对应的问题在市场中可以通过这种自发过程得到解决。应该特别强调的是，我们这种批评的目的，与其说是要斥责哈耶克在市场与社会之间所做的类比推理，不如说是要探索哈耶克教导我们去理解的知识问题中的某些细微之处。由于哈耶克自己似乎没有能对这些细微之处一直表现出敏感，自然也就使得我们这项任务显得更加重要了。

市场背景中的知识问题

且让我们设想一个竞争性均衡状态中单一产品的市场情况。假定出现了市场出清的价格。所有市场参与者要想防止做出招致失望与懊悔的个人计划，除需要知道市场价格之外，并不必掌握其他更多的知识。每一个卖方都会发现他总能以市场价格卖掉其待售商品。而每一个买方也都会发现他总能以市场价格买到其希望买进的商品。这样，每个市场参与者所要掌握的知识就可以停留在最少的水平上。任何人都无须了解供求曲线的图形或者位置。然而，市场价格却会激发出一系列随机的决策，使市场参与者所有有可能实现互益的交易都有可能得以实现。现在，假定生产我们的产品制造部门受到了灾难性的冲击，使供给曲线剧烈地向左平移。市场价格将上涨，而产品的买方将会发现，对于这种产品的消费，自己要比以前更加精打细算——这种节约行为是受到市场价格上涨引导的，但他根本不曾了解到出现了灾难性的事件，他知道的仅仅是现在的市场价格比以前高了。很多教材在讲述哈耶克市场如何解决知识问题的观点时，都会将均衡态市场的这一成就作为知识问题及其市场解决办法的标杆性阐释。

这些阐释表明，市场解决之道所能做到的，就在于市场能够将分散性知识调动起来，就好像所有信息都集中在某一个人的头脑中那样。虽然知识在实际上是分散的，以至于似乎不可能让某一单个的人获知所有的信息，但是，市场还是能够成功地自发造成一种社会效应，从而可以利用每一个相关的知识片段。

我们想要指出的是，若能对均衡市场的这一成就做仔细考虑，就会发现存在两种不同的结果。我们认为这两种结果分别对应于哈耶克知识问题的两个不同的子问题。让我们研究一下其中的道理。

市场出清价格之所以会出现，就是因为市场参与者中没有谁会同意买卖未被接受的商品。每一个市场参与者都能准确地预计其他人对其提出的报价或出价将做如何反应。要做出任何选择，都不会以不适当的乐观态度作为依据；因而任何选择要做出后也都不会招致失望。当然，我们也不难想象在某种情况下，这种皆大欢喜的状况并不会出现。市场参与者可能会错误地认为，其他人甚至会在很高的价位上购进商品；或者错误地认为其他人会愿意用很低的价格出售商品。这类过度乐观的错误也并不奇怪：这类错误的出现之原因在于，市场参与者可能并不知道其他市场参与者对自己有怎样的了解，也就是说，他们不愿意出高价购买商品（或者用低价来售出商品）。由于这种分散性的知识（也就是人们仅仅知道自己的态度，却不了解其他人的态度），市场便很容易造成不能出清的状态（因为过于乐观的出售者待价而沽，但他所期待的这个价格却太高了等）。这种由于过于乐观的心态（源于知识的分散性）而可能导致的市场无法出清问题，就是我们要探讨的两个知识问题中的第一个。姑且就称之为知识问题 A（Knowledge Problem A）。

　　然而，只要稍作思索我们就会确信，知识问题 A 并不是市场出清价格情况下成功解决的唯一的知识问题。过度乐观主义也并不是市场出清价格不可能在整个市场出现的唯一原因。假想有这样一种情况——该情况的程式化条件的设定，只是为了让假定的相关情形更具现实性和一般性——其中的市场被一堵墙或者一片海洋截分为两半（而同时假定市场的这种界分，并不会为商品在市场不同地区的流动带来交通成本）。在这种情况下，很容易出现的结果是，市场的界分将产生两个独立的市场，而在每一个市场中都会有一个占优的（相异的）市场出清价格。因此，可以很清楚地看到，（就好像在前文探讨单一市场出清价格的情况一样），知识问题 A 也得到了解决。（在这两个独立的"市场"中）市场参与者都没有提出满心希望自己的要求能被接受、但结果却遭到了拒绝的买卖计划。对于其他人对他们给出的报价会做何反应，任何人都不会过于乐观。

　　但是，同样也明显的是，在"两个'市场'"这种情况下，即便在其中任何一个市场中，当地的价格实现了市场出清，却依然会有错误出现。（在这两个市场当中）相同的商品出现两个不同价格的现象，就表明那些支付了较高价格的买家，错误地忽略了在其他市场中用更低价格购买相同商品的可能性；而那些以较低价格售出的卖家，则错误地忽略了在其他市场获得更高售价的可能性。这样，一些高价市场的参与者，就会（因为价格偏高而）停止购买，宁可不要那件商品，即便要到其他市场才能买到。与这种情况相对应的是，一些低价市场的参与者则不愿意（以低价）出售了，即便要到高价市场中才能找到愿意出更高价的潜在买家。

这样，市场参与者就不能够抓到原本**可能**抓到的商机——本来，如果他们能够更加准确地了解到他人**也许**原本**打算做什么的话，情况就不一样**。显然，这些错误（所表现的问题，虽然跟市场参与者过于乐观的心态所导致的知识问题 A 并不相同）也构成了一种知识问题：市场参与者对于其他人**可能**愿意支付的价格（或者愿意给出的售价）并不了解（于是表现得过于悲观、失去商机）。我们就称这第二种问题为知识问题 B，也就是由于分散知识所引起的过于悲观主义的问题。

两种知识问题

人们只要稍作思考，就会相信知识问题 A 和 B 确实属于不同的问题。① 虽然两种问题均源自信息的分散性，但它们却是完全不同类型的错误。我若是不能充分了解其他人的做法，就会让我过于乐观地期望用很高的价格卖出。如此，则我的不充分信息就将促使我预期其他人会采取某种行为，而这种行为实际上不可能发生。这类构成知识问题 A 的错误倒是自我显示（self-revealing）的——因为它们所促发的建议注定是要失败的。在市场背景中，知识问题 A 产生了一种看上去几乎不可避免的均衡化过程。正如哈耶克本人在明显地谈到这种均衡化过程时所说的那样，市场参与者"为了让均衡状态出现而必须获得的相关知识，就是根据他原先所处的位置，以及他随后制定的计划所必须获得的知识"②。

另一方面，由于我对于其他人会做什么并没有充分了解，就

---

① 关于这两种问题之间的差别，以及均衡化过程中它们各自引发的不同市场过程的特征，可参见柯兹纳（Kirzner 1963：第 7 章）里面的深入探讨。

② 参见哈耶克（Hayek，1949c：53）。我要感谢马雷奥·里佐让我意识到了这段内容的重要性。

可能让我过于悲观地认为用很低的价格也不可能售出（而实际上依照这样的价格，其他人或许是会乐于购买的），于是，就让我干脆完全放弃了出售的念头。在此，由于我的信息不充分，就让（原本可能实现互利交换的）市场参与者忽略了这种可能性，结果导致他们共同失策（尽管他们根本没有觉察到这一点）。这里的知识问题 B，可以解释为什么不能采取实现帕累托最优的做法。这种知识问题 B 并不会造成失望的计划；他造成的是不能够实现潜在收益（因为他们都没有觉察到这一点）。由于知识问题 B 所导致的损失未被市场参与者觉察，这些问题被揭示、被纠正的必然性便也并不存在（这一点与知识问题 A 的情况不同）。市场参与者今天不能互相了解到的信息，到了明天他们也往往仍然不知道。

　　当然，在市场出清的均衡状态中，两种知识问题都将得到解决（就我们所考虑的这种市场而言）。在市场出清的均衡状态中，实际情况不仅仅是每一项买卖的计划都能成功实现；而且还表现在潜在的买卖双方（他们都是这一市场的参与者）任何可能的互利交易都不可能实现不了。我们不难理解在这种均衡中，为什么会出现任何人都不会过于乐观地希望太高的要价（或者给出太低的报价）。也就是说，我们理解，任何这种过于乐观的错误都会自我纠正：失望的情绪教会市场参与者不要希求对方做出不切实际的反应。也就是说，我们理解了知识问题 A 是怎样得到解决的。

　　但是，对于市场出清的均衡状态中的知识问题 B 是怎么得到解决的，我们却不能同样轻而易举地把它搞清楚。许多被忽略的互利交换之可能性——由于最初的知识分散性，所导致的几乎不可能不被忽略的可能性——是怎样被发现的，对此人们仍然很不清楚。是什么因素让市场参与者知道了他们昨天还不知道的信息（关于彼此的可能态度）呢？

　　当然，经济理论可以解释在市场均衡中，知识问题 B 是怎样逐渐得到解决的。结论是，这种解决方法事实上与解决知识问题 A

的情况完全不一样。知识问题 A 具有自我纠错的性质，而知识问题 B 的解决，却是因为它自身**创造了一种解决问题的激励，之所以得到解决，是因为这种激励为那些对利润机会保持警觉的企业家所发现**。只要市场参与者的悲观情绪导致可能不往帕累托最优方向的移动，就会产生一些机会，使攫取纯企业家利润有了可能。潜在的卖方 X 由于正处在悲观情绪中，并不知道潜在的买方 Y 愿意用 10 美元来购买某一件商品，结果虽然自己愿意用 3 美元的低价出售该商品，却还是没能将该商品卖掉。这种 X 和 Y 之间互利性交易机会被忽视的状态，正是攫取纯企业家利润的绝佳机会。任何人，比如说 Z，只要敏锐地捕捉到这一商机，即便根本没有什么资本资源，也愿意从 X 处购进，价格比方说是 4 美元（这样，根据我们的假设，X 将会乐于接受这一价格），但 Z 支付给 X 的款项，却完全是 Z 将该商品以 9 美元的价格转手卖给 Y（而按照我们的假设，Y 也是同样会乐于接受的）后，从所得收益总额中拿出来的。只要因知识分散导致了相互的无知，致使人们采取表现为帕累托最优的行动，那么，我们就会看到，一种吸引敏锐的企业家从中赚取纯利润的情境就出现了。

这样，经济理论就告诉我们，在市场中存在强大的力量，使得所有的纯利润机会都能被发现，并被攫取。知识问题 B 就是通过企业家发现先前被忽视的商机而得以解决的。

这样，市场出清均衡态下**两种**知识问题都已得到解决的观点——也就是确保市场参与者彼此间不要犯（因信息分散而导致的）过于乐观与过于悲观的错误——是建立在两种截然不同的、完整的市场学习过程之上的。使知识问题 A 得以解决的那个过程，并不依赖于企业家的、利润驱动的警觉，而是源于这样一种几乎不可避免的习得的认识，即有关过度乐观的预期是不现实的这样一种认识。而解决知识问题 B 的过程，则是必须完全地依赖于企业家发现先前未曾为人觉察的可用商机。

在更大的背景中讨论两种知识问题

就像哈耶克后来所强调的那样，知识问题并不仅仅是市场背景下的问题。该问题与社会制度的形成也紧密相关。像法律、语言、货币的利用、尊重私有财产等制度所需要的共同知识（mutual knowledge）与共同预期，跟市场均衡所需要的共同知识都完全类似。现在我们希望指出的是，知识分散的现象给良性的社会制度的形成带来的是两个截然不同的问题（就好像在市场背景中相应的知识问题一样）。且让我们考查一下，社会中度量距离的通用单位的使用。很明显，在社会交往中采用统一的单一度量标准是一重要的因素。假如在同一个社会中存在好几套不同的度量体系，那么要在无数的可能状态中出现标准化的度量，那简直就是举步维艰、困难重重。要让一套通用的度量系统得以形成，我们需要社会各成员能够正确地预见到其他人也会采用同一套度量系统。只有当（同时也正是因为）每个人都能准确地预见到其他人也采用英尺、英寸的度量系统时，该套系统才能被普遍地使用。更严格地讲，只有当（同时也正是因为）每个人都对他人预计该系统会被普遍使用有一个准确的预计时，该系统才能通行开来。诸如此类。

显然，这样的相互依存的预期可能是不存在的——结果就造成或者表现为通用的度量制度不存在。而哈耶克所强调的是，这类制度的自发出现乃是历史形成的。社会成员虽然没有集中计划和指导，但是都逐渐地形成了社会的语言制度、度量制度以及货币交易制度——而这些制度无一不需要相互依存的预期模式才能形成。如哈耶克告诉我们的，人类文明中的很多方面，都是由这样的自发发展而来的互相强化的预期系统构成。

　　为当前的目的，我们应当强调的是，这些制度并不必然要求所有可想象到的、能导致帕累托占优（Pareto superior）的社会制度的机会都能被抓住，并能得到利用。英尺和英寸这种长度度量制度的普遍使用，一点都不意味着，出现这样的制度必须要抓住一切可想象的、更有效的度量制度的机会。也有可能占优的度量制度已经出现。如果占优的制度在过去并没有出现，这一事实不能否认英尺和英寸制度是有用的。这种制度是建立在数以百万计的人的共同期望的基础上的。没有一个人会因为他人使用这一制度而失望——因为他人使用这一制度符合自己的期望。这种制度之所以有用，完全是因为，也只能是因为它解决了知识问题 A（确保了个人的预期不会落空）。本质上，该制度并不取决于知识问题 B 的解决。即便有些更优越的度量制度**可能**会被设计出来，并（通过向社会成员证明该制度的优越性与迫切性，使得它得以）付诸实施，但是，如做不到这一点，也根本不会影响现有度量制度的有效性。

　　对于我们通常涉及的所有制度而言，情况都是如此。使用共同的一套语言，并不一定取决于一套最简单、最清楚的人际交流方式的出现。语言的通用，只依赖于社会成员逐渐习得对一套词汇和语法的预期。

　　从自发出现的一套规则，如语言、行为或法律规则这个意义上说，自发秩序所要求的只是某套给定的规则是人们普遍预期的。这种制度中任何一种制度的存在，从本质上讲，都不需要我们超出解决知识问题 A 的范围，即避免对他人行为的失望。

制度的自发形成

　　因此，我们就理解了哈耶克有关良性社会制度自发形成的可能性的论述。显然，这样的制度可以同样地通过解决知识问题 A 而形成，而这一问题的解决，促进了实现市场均衡化过程的出现。的确，人们一般会学会准确地预期他人将要做什么，而这类相互依存的预期构成了稳定的社会制度的确立。

但同样清楚的是，任何单一制度的形成都不一定要求事先解决好知识问题 B，也就是要求通过互动，发现迄今未被注意到的、有吸引力的互利机会。在下文中我们要指出的是，除了在市场背景下之外，事实上并没有出现一劳永逸地系统性解决知识问题 B 这样一种总体上可行的趋势。

如果我们的这一看法能被接受，那么，我们就有依据挑战如下断言，即认为自发过程一般来说不仅能够产生表现为互相依存之预期的稳定制度，而且还会产生一种好的制度代替劣的制度的趋势，就好像在市场中存在的知识问题 B 得到解决的那些趋势一样。从长远来看，社会**可能**存在适者生存的趋势（或者，类似的其他趋势），产生更多，而不是更少的"有用"的社会规范与制度。但是我们认为，上述这些趋势，与市场能够通过知识问题 B 的解决，使得社会上有用的机会被发现和利用的趋势是完全不同的。

制度，无论是对社会很有用的、用处小甚或完全有害的，都只要求解决知识问题 A。在更广阔的社会互动背景中，完全可以相信，这种解决办法将会出现，其方式和市场背景下它的出现相同。正因为这个原因，制度才可能自发出现，而且也确实是自发出现的，这是自发协调的经典例子。

但是，用一个较优的制度（例如，公制的度量衡）来替代较劣的制度（例如，以英尺和英寸为基础的度量体系）要求的就不仅仅是知识问题 A 的解决：它也要求解决知识问题 B。我们认为，不能指望就好像在市场中解决知识问题 B 那样，在市场情境之外还能找到该种问题的解决方案。这样，关于社会制度能够不断良性地自发演化的信念，不能立足于我们从知识问题 B 在趋向市场均衡、实现帕累托最优的过程中得到解决这一情况中获得的洞见，也不能立足于对这个洞见不加批判的类推。我们的观点需要得到进一步的论证。

知识问题 B 的解决：外部性问题

我们再回顾一下，市场过程有这样一种趋势，即由于纯利润机会的激励，知识问题 B 得以解决。敏锐的企业家会积极搜寻一些次优状态（也就是体现知识问题 B 的状态），因为对于这些次优状态所带来的纯利润机会，他们会做出反应。通过获取跟这些次优状态相伴生的利润机会，企业家就使整个市场受益（因为他会改变价格与成本，使两者趋向相等，从而消除迟钝的市场参与者从前未能发现和利用的互利性交易机会。）但是，外部性并没有出现。吸引企业家来惠利社会的激励因素，就是为自己获取纯利润。所有通过克服问题 B 来实现社会得益的可能性，都意味着能够警觉地发现机会的企业家受到了私人利益的吸引。而我们要指出的是，在社会制度和规范形成的过程中，却并不存在私人得益与社会得益并行不悖（coincidence）这样的幸事。

且让我们想象一个社会，它在应用英尺和英寸的度量体系。假定在使用公制的度量体系后，将会大大降低整个系统中的交易成本以及其他成本。实际中，并没有一个明显的方法可以吸引私人企业家借以注意到公制度量体系的优点——更不用说找到一些促使人们尽量采纳该度量体系的机会了。对社会产生的一些相关受益的外部性，似乎在阻挠人们将这一未被利用、但为社会成员共同所有的机会转化为具体的、对私人有吸引力的、能够为警觉的企业家所发现的良机。

作为知识问题 B 的一种特殊情况的结果，公制仍然没有被采用。个人意识不到，使用公制将是一项改良。此外，即便有些人（甚至所有人）会逐渐明白这一点，他们也会（正确地）认为（即便在他们很清楚的地方）其他人（因为**他们**相信没有人会使用该项制度）不会采用公制。**所有**社会成员同时意识到公制是社会的偏好（或者在任何情况下，社会全体成员都能逐渐准确地预见到其他人也都相信公制将得到普遍推行）的可能性，将与知识问题 B 所造成的强大障碍发生正面的冲突。要让一群快乐地使用着英尺和英寸这套共同度量系统的人群，认识到公制的实际可行性与优越性，或者至少预见到他人从今以后清一色地都使用公制，这怎么可能呢？

对知识问题 B 的解决，总是离不开企业家的想象力。在这种市场情景之外，知识问题 B 所特有的外部性，会让我们对自发的发现程序——它是根据驱动市场过程的企业家发现过程而型构的——不再有信心。

哈耶克、门格尔和货币的出现

哈耶克经常引述卡尔·门格尔关于社会中有用制度自发形成的见解（Hayek, 1967a：94；1969b：100—101；1955：83；1973：22；1978c：265n）。观察一下，门格尔（Menger, 1981：257—262；1985：151—155）有关那种社会良性制度自发出现的最著名例子是一种普遍接受的交易媒介的自发形成（从而为物物交换转化为更具效率的货币经济创造了条件）。理解这在门格尔的阐述中事实上是如何发生的，会很有启发。我们会发现，自发的社会过程——广为使用的货币因它而得以演化产生——并不是就像**在市场均衡过程中解决知识问题 B** 那样在其中解决该种问题的类似过程。要理解知识问题 B 在货币据以产生的门格尔过程（Mengerian process）中是如何得以解决的，不妨先考虑一种根本不牵涉任何知识问题的类似的自发社会过程。这样做或许有些帮助。

让我们考虑一下雪中的小路是怎样被众人自发性踩踏出来的。这里没有任何刻意的集中计划来创造这样一条路。首先，设想有位健壮的人因为有急事要去某地，就不辞辛苦地在厚厚的积雪中踏了过去。这次行走付出很大的成本（如沾湿衣服），但显然是有价值的。穿过雪地究竟要选择哪一条路线，可能有着很大随机性，或者可能是根据先行者从出发地到目的地的情况而决定的。重要的是，在雪地上第一次行走的经验，会降低随后各次行走的成本。当首次行走完成后，雪带来的困难就会变小些。其他人（包括那些根本没有在雪中行走的人，以及那些可能在雪地上选择其他路线的人）在看到有人已经在雪中走过去之后，会觉得遵循着先行者的足迹穿过雪地，倒也是件便利的事情。注意（a）后来穿越雪地的行人所得之便利是第一个穿行雪地者的非意图结果，（b）以后在穿行雪地的时候，人们明显都会倾向于沿着前人曾踩有足迹的路径行进。而那些实际遵循了前行者足迹的后行者本身也在无意识中，对那条穿越雪地的清晰小路的自发形成做出了贡献。每穿行一次都将雪踩得更踏实一些，这样便进一步减少了其他人穿行雪地所需付出的成本。从这种意义上看，人们熟悉的、社会良性的新路径现象，乃是人们自利行为的非意图结果。

而促使雪中小路自发形成的一系列行为，与解决任何知识问题都没有关系。它体现出的，仅仅是人们穿行雪地时，在不同的紧急程度下有多幸运（也有可能，它体现的是不同的人需要在不同的时刻穿行雪地）。小路在自发形成过程中并不需要创造性、想象力或者企业家的跃进步伐——而这些因素事实上也都没有出现。小路的形成不是集中计划的结果——不是由于企业家们有各自独立的愿望去建造它，而是因为雪中踏出一步后都会在无意中促使更多的人迈出下一步。

　　顺便提一下，我们也应注意，就好像会出现每一步都将降低后继者的成本，从而促成自发实现的良性结果一样（如雪中小路的例子所示），我们也不难设想一种截然相反的过程。也就是说，我们很容易想象出一个过程，其中每一步都会无意地、**有悖常理地**改变其他人采取后续行动的成本。假如更多的人涌入城市，让城市经济与周围村落相比增加了城市经济生存的机会（或者说，无论如何，只要村民相信情况就是如此），那么城市就可能自发地陷于人口拥挤问题而不可自拔，并且这种现象会变得愈加严重，愈加不可忍受。封建家族或者国家都会认为加强自己的武装来防备外寇是明智之举；但是，每采取一项这样的武备行动，对其他方就多增添了一份危险，结果导致各方都展开不断升级的军备竞赛，同时，彼此怀疑的情绪升级后，还会加大战争爆发的概率。这种悲剧性的过程是众所周知的，也很容易理解（但却不大容易控制）。我们的观点是，无论是不是良性，这类自发的过程都会继续下去，因为每采取这样的一步动作，都会系统性地使得他人采取类似的动作变得更为理性。这便造成了大家所熟悉的滚雪球效应。门格尔所说的货币自发出现的过程完全就是这样的。

　　使货币演化得以进行的那个动态的门格尔过程，它的驱动力是一些特定的商品的流动性逐渐增强，但这种商品还没有成为货币，而只是物物交换市场上那些头脑聪明的参与者之间的间接交易手段。从物物交换的经济环境中，警觉的市场参与者发现如果他们将自己所拥有的产品换成某种自己虽然不需要，但却是他们希望换到的商品之持有者所可能需要的目标商品，那么，他们交易的机会就会改善。随着这种做法的出现，这种商品的流动性（即人们自己并不想消费，但还是要获取的商品）也就增强了。换句话说，由于出现了这样一种情况，即**这些**警觉的市场参与者都在买进这一种商品，便促使**其他**市场参与者发现，只要先获得该商品，就会增加其**最终**获得**他们**最终想消费的商品的机会。某些商品，一旦拥有了使流动性不断加强的动力之后，它的流动性达到这样一个极其充分的程度，使得它可以从别的普通商品中独立出来，成为大家都认可的交易媒介。让我们仔细考察一下门格尔过程（与我们雪中小路的例子不同）在解决知识问题方面的意义。我们会更加细致地了解到，门格尔过程虽然毫无疑问地解决了知识问题 B，但是，其解决办法与市场过程解决知识问题 B 的办法是完全不同的。

在原始的物物交换的社会中，由于缺乏普遍接受的交易媒介物而带来的不便，可以看作是因知识问题 B 引起的。（知识问题 A 在此并不会构成问题，因为社会参与者都对他人的可能行为怀有错误的预期。每个人都完全相信其他人只从事物物交易。没有人会误认为可以接受"货币"以交换待售商品。）妨碍人们使用货币媒介的，并不是他们不能了解到其他人实际上**正在**做什么，而是他们不能了解到其他人**可能**乐意做什么（假如他们依次知道别人也会采取类似的行动）。因为从物物交换的经济转型为货币经济，需要抓住一个此前人们还不曾想到、但对大家都有益的新机会，所以，物物交换仍然是主要的模式。即便如果我知道了改用银子为货币本位将有着更高的效率，我也不会将我的产品都卖出去来换回银子，因为银子还不是货币（换句话说，我并不能指望其他人会接受银子）。虽然事实上，其他人像我一样都认识到从物物交换转型为利用银子作货币本位所带来的好处，但我还是可以说，银子还不是货币，原因就是我们中的每个人（虽然都理解了银子作为货币的好处），却不知道其他人**可能**会接受什么东西。当然，如果我知道其他人也知道了我知道他们认同由银子等材料充当货币的好处（诸如此类，**以至无穷**），银子就将被所有的人接受为货币。因此，妨碍广泛起用银币的知识问题，是知识问题 B。

门格尔过程概述了从物物交换的社会到货币经济的转型，这一转型自然要求自发地克服知识问题 B。在这一转型之后，市场参与者就学会了一种新的行为方式，它会使所有的人受益。但是，习得这些教训的方式，与市场背景中克服知识问题 B 的企业家过程，却并不能相互对应。在市场背景中，知识问题 B 会以市场错误的形式表现出来，而这种错误本身显示为企业家的获利机会。在门格尔过程的背景中，情况却并非如此。（在门格尔过程中，市场参与者对相关商品流动性的稳步提高所表现出的警觉，绝不是对该商品未来流动性**进一步**提高的警觉；他警觉的纯粹是他如何可以利用商品**已经增强的**流动性以实现个人效率的提高。）没有哪位企业家，凭他本人，能在把物物交换的社会推向运用货币的社会的努力中，发现纯利润的机会。但在门格尔的故事当中，依然存在一个自发的过程，使社会朝那个方向前进。我们的观点是，它是以一种非企业家发现的方式发生的，就如同雪中小路的形成这个例子告诉我们的那样。

结　　论

在市场中，促使知识问题 B 得以解决的是这一事实，即在市场背景中，知识问题 B 构成了未被利用的互利交易机会。这种机会为它们的发现者提供了获取私人的企业家利益的机会。这便启动了我们所熟悉的企业家过程，其结果是将分散的市场相互间紧密地衔接在一起，消除价格差异（以及进一步获利的机会）。

但从更大的社会背景看，知识问题 B 阻碍了那些可行的、有成本效益的社会制度的形成，并不能为这种阻碍的发现者提供赚取私人收益的机会。所以，自发地出现更好的制度规范的基础，即系统性地发现程序也就不存在了。

不过，这种情况也并不能阻碍真正自发的制度发展过程的出现。雪中小路的情形会发生。但这恰恰表明，我们不能把**市场趋向于系统性地解决知识问题 B** 作为这种自发过程的经典例子。当然，**任何制度的自发出现**，实际上依赖的正是知识问题 A 在市场中得以解决的过程。哈耶克有充分的理由认为，他那个"市场作为发现程序"的洞见，为他自己后来对文化规范和制度的自发形成，及其与知识分工现象之间的联系的研究提供了基础。

然而，在另一方面，在本章中我们的目的也是要指出，这些关于市场自发协调性的早期经济学洞见，本身并不能说明制度发展的趋势从长期来看一定就是良性的。这种良性的趋势在有些（或者许多）情况下，很可能是有力的，也是重要的；但是，市场中所出现的自发性协调，并不能作为一种依据，可以让我们将那些与市场相关的福利定理（welfare theorems）扩展到范围更广的制度演化理论这个领域中去。这种良性的趋势即便事实上存在的话，那么对它的解释，也必须到其他地方去寻觅。

第十一章　福利经济学：现代奥地利学派的观点

　　在穆瑞·罗斯巴德对现代奥地利学派经济学所做的诸多贡献中，最值得一提的当然就是他在 1956 年关于效用与福利理论的那篇论文了（Rothbard，1956），该论文原是为《米塞斯纪念文集》而写的。在该论文中罗斯巴德利用奥地利学派的观点，清晰地论述了（当代经济学悬而未决的）一些基本理论问题，而且，在该文中他显示出了惊人的学识，所有这些都让人感到兴奋。笔者个人也可以为此作证。无论人们是否完全接受罗斯巴德的结论，都不能不承认他那篇论文非常高妙地体现了米塞斯一贯的思想力量。在该论文问世 30 年之后，本章旨在对罗斯巴德论文中一小部分内容进行重新考量。在阐述现代奥地利学派对福利经济学的看法过程中，我们将强调罗斯巴德在 30 年前就曾正确地坚持的一些奥地利学派的基本原则。虽然我们的观点与罗斯巴德的结论并不能完全一致，但我们还是冒昧地希望，我们对福利经济学的分析能被归于主观主义、方法论个人主义传统，而多年以来，由于罗斯巴德的贡献，该传统得以弘扬。

关于福利经济学的一些看法

　　福利经济学具有众多的表现形式，其目的在于提供一种标准，用以评判具体的制度、立法或事件的经济学特点。这类评判一定要超越狭隘的具体的个体经济关切（可能包含具体的个体利益），而要从社会所有个人的经济利益的角度去考虑。我们会发现，奥地利学派经济学家对于阻碍这种状态的实现的各种因素特别敏感。实际上，在整个经济学界，不少阻碍因素都已经一再被人注意到，当然正是出于这些原因，便有不少"从头开始"重构福利经济学的举措。

我们将始终应用下列（相互关联的）奥地利学派的分析方法，对这些重建工作中相对较为重要的方面进行简单的梳理。

1. 方法论个人主义：我们将拒绝承认有关"福利社会"的陈述中所表达的观点，因为这些论述在原则上难以精确地转变成有关社会个体成员的论述（以不破坏他们的个体性的方式）。

2. 主观主义：对于有关一个社会的经济利益可以用无关乎个体的评价与选择方式（比如实物产出）来表达的观点，我们也是不满意的。

3. 对过程的重视：我们对一个社会的经济福祉的关心，不仅仅体现在其经济福祉的水平上（无论以什么方式来界定），而且也体现在制度的能力上，这些制度激励和支持了经济福祉赖以实现的那些经济过程。

福利经济学——关于其历史的一些概述

1. 当然，在古典经济学时期，人们总是想当然地认为，只要一个社会能够实现财富增长，那么，该社会在经济层面就是成功的。亚当·斯密的著作《国民财富的性质和原因的研究》，简单而又经典地表述了这种福利经济学的思想。人们也总是想当然地认为，一个国家物质财富的增长率（这里的财富常常被视为是以蒲

式耳为单位的"玉米"的产出所构成的），就意味着该国的福祉也
有类似的增长率。根据这种观点，一个国家的物质财富，就是度
量该国经济成功的指标，而无须考察其财富的分配状况。一蒲式
耳小麦就是一蒲式耳小麦。显然，这种福利观念违背了方法论的
个人主义与主观主义。在 19 世纪末，这种观念被边际主义（主观
主义）革命所抛弃。

2. 马歇尔与庇古竭力维护古典学派中的某些核心元素，同时，
避免陷入将福祉等同于（或者正比于）物质财富本身这个误区中
去。他们的注意力并不是放在产品本身上，而是放在那些产品的
效用上。一般来讲，在给定分配方式的情况下，一个国家的物质
财富对应于给定水平的总效用（aggregate utility）。此外他们还认
为，这种总效用原则上是可以用"货币尺度"度量的。他们没有
任何顾虑，就想出了"总效用"这个概念；他们认为效用是可以
在个人之间进行比较和加总的。当然他们并不认为效用只跟个人
的选择行为有关；其实，他们认为效用乃是一种与物质财富有密
切关系的心理影像（作为福祉的一项指标，效用相对于财富的主
要好处，就是效用概念包含了边际效用递减的思想。这样从福利
的角度讲，就不能再把一蒲式耳的小麦等同于任何一蒲式耳的小
麦了：个人的边际消费必须考虑进去。不过若认为一美元的效用
价值就完全等同于另一美元的效用价值，也还是会被认为是成立
的）。

对那些已经理解了米塞斯（和罗斯巴德）有关效用在经济分
析中的真正内涵的经济学家们而言，福利经济学的这种观点显然
是不能接受的。对奥地利学派而言，效用并非心理体验的一个量
值；它仅仅是偏好度的一种指数，体现在选择行为中。将效用加
总不仅违背了方法论个人主义与主观主义（认为不同个体的主观
感觉可以被加总），而且也是在做毫无意义的练习：这是因为经济
分析无以对主观感觉品头论足，它只严格研究各种选择及其对人

际关系的意蕴。

3. 当然，在过去半个世纪中，这种以帕累托最优观念为中心的福利经济学方法，一直是经济学的核心。如果一项改革措施能让社会中有些成员（自认为）境遇改善，同时没有损害到其他所有成员的境遇，那么，这项改革就被认为促进了社会的经济福祉。这种看法当然回避了人与人之间的效用比较问题，而且好像也符合奥地利学派所坚持的方法论个人主义与主观主义。然而，有几点需要注意。

虽然帕累托最优的理念所关注的确实是社会的个体成员，但还是体现了"超个人的"社会及福祉概念。毕竟，人们会认为帕累托最优的行动举措是要推动一个**社会的福祉**，而这个社会是被看作为一个整体概念。否则，根本搞不清楚，往某个方向移动将"有利于社会"的判断将具备何种附加意义（除了只能观察到改革会受一部分人欢迎，而又不会引起任何人反对之外）。实际上，在与社会所面临的一个"经济问题"——在各种竞争性目标当中将可用资源进行最有效配置的问题——有关的思想的发展过程中，帕累托标准成为其中的必要元素。按照帕累托标准，资源配置中的社会无效率将被定义为次优状态。

现在人们都认为，社会所面临的经济问题，从资源配置的角度讲，是个人的经济性追求行为（economizing behaviour）概念的拓展，后者是莱昂内尔·罗宾斯1932年做了明确阐述的。但此前人们也认识到，这种拓展其实是不合理的，它根本没有忠实于罗宾斯理论架构的精神实质。罗宾斯关注的是界定**个人**所面临的经济问题。正是个体拥有目标，并且为了实现他的目标，以尽可能有效的方式，有意识地配置他感知到的资源。将这种重要的个人的配置选择，转换为整个社会的配置选择，充其量也只能算是一种隐喻。社会本身既不具备其独特的目标，也不有意地参与配置选择。由于帕累托最优的思想会强化"社会的'经济问题'"这样一个有缺陷且有误导性的观念，作为经济福祉分析方法的一个构成部分，它对方法论个人主义原则的坚持是极不充分的。

哈耶克与福利经济学批判

哈耶克 1945 年那篇著名论文（Hayek, 1949b）要反对的，正是"社会"这个主流概念及其所谓的配置问题。人们的确可以说，哈耶克的批驳主要并不是针对嵌入于社会经济问题思想中的福利概念。哈耶克关注的乃是知识分散的情境。"社会"为解决其经济问题而必须掌握的相关信息是高度分散的。因此，社会并不能够解决所谓的经济问题（即便为了讨论的方便起见，假定社会的配置任务是有意义的）。所以，哈耶克的批评，可以被看作是对妨碍一国经济问题得到实际解决的那些问题的强调，而不是被看作是对那个经济问题的标准概念本身的批评。但是，对于社会效率这个概念——比如说是在帕累托意义上的——的意义，哈耶克的论文仍然构成了对它的深刻批评，即使是间接的。

因为一旦承认相关信息确实分散在许多人的头脑中这一前提，就不可避免地会得出一个结论，即社会效率的概念将因此失去其意义。社会效率应该是指社会资源的配置在多大程度上对应于社会各个目标的相对迫切性的优先顺序。但是，为了让"社会资源"的概念有意义，也为了"社会目标的相对迫切性"概念有意义，至少从原则上讲必须想象有这样一个人，相关的社会资源与社会目标都为其头脑所知晓。哈耶克关于知识分散性的观点事实上否认了这种情况存在的可能性。这样，分散知识现象，不仅成为这样一种计划者必须解决的现实困难，而且还让社会效率的概念失去意义（尽管这不一定是唯一的促因）。"做出选择"，就预设了一个一体化的目的和手段的框架；假如没有这样一个预设的框架，那么，几乎可以说，配置选择根本就不是一个讲得通的概念（Buchanan，1964）。哈耶克对知识和信息主观主义的认识，实际上从根本上动摇了帕累托福利经济学的基础，最起码，当那些理论基础被用来支持社会选择与社会效率观念的时候就是如此。[哈耶克及其他信息主观主义论者近来将其观点做了扩展，把波兰尼的"隐含知识"（tacit knowledge）——无法明晰地向他人交流的知识——思想也包括在内，这种拓展对标准的福利经济学的打击更是毁灭性的（Hayek，1979：190）]。

哈耶克的福利标准：协调

不少学者在研究哈耶克这些洞见的意蕴过程中，都意识到"协调"的概念提供了一个规范性的尺度，而且这个尺度跟这些主观主义的和方法论个人主义的见解都能吻合（Kirzner，1973：第6章；O'Driscoll，1977）。我们已经讨论过，社会选择（以及这种选择的效率）的理念已经被彻底推翻了（除非是在比喻的层次上留用）。假如琼斯（认为史密斯的食品的价值，比他自己享受一天的闲暇的价值更大）不能够跟史密斯做成交易（而琼斯的劳动在史密斯看来，其价值要超过他自己的食品的价值），那么，虽然我们不可以说社会不能在琼斯和史密斯之间高效配置食品和劳动时间，但是，我们却可以肯定地说琼斯和史密斯不能够对其行为和选择加以协调。如果将协调——也就是使得每个行为主体能够通过对他人目标的满足，来实现自己的目标——看作是超越于单个主体的个体目标的某种理想状态，那么这样做，是一个合乎情理和直觉的诉求。因此，协调不能实现，可能就会被理解为社会结构不能实现对个体结果的超越——但这样一种判断，根本不是建立在任何与主观主义和方法论个人主义不一致的观念的基础上的。

　　当然，达到协调的标准从形式上看，好像也等同于实现了帕累托福利标准。这一点倒是无可否认的。任何（从帕累托理论的意义上讲）次优的状态，显然就意味着有两个市场参与者不能在可行并且互利的条件下做成交易——换言之，这种情况就等于没有实现协调。但是，与帕累托标准不同的是，协调的标准并不需要被解释成社会在配置选择过程中衡量社会效率的基准。协调并不是指它的成功行动所实现的福祉；而只是指相关行动之间的契合性。

　　这样，哈耶克强调的知识分散特性，对于标准的帕累托福利经济学而言，不啻为严厉的批评，而且也为另外一种规范性衡量标准——一种完全遵循方法论个人主义原则的标准——确立了基础。这种规范性标准的适用范围，正是由知识分散性的情境所确定。碎片化的知识（fragmented knowledge），是造成行为不能彼此互相协调的原因。哈耶克的经济社会所面临的"社会"问题，其实就是克服知识的碎片化可能导致的不协调问题。

　　这里出现了更深层的问题。假如一个人能摆脱信息的分散性，假如一个人在处理已有信息时感觉该信息已经为全体市场参与者所了解，那么，这个人当然就不会出现非协调行为了。由于这种情况下哈耶克的"经济问题"被认为是不存在的，标准的（帕累托）经济问题似乎又回来了，哈耶克的指责并未伤其一根毫毛。在这种假定下，社会所面临的问题，好像就被简化为这样一个问题，即针对有限的资源，在相关社会目标之间实现帕累托最优的问题。但是，如果我们可以假定信息的分散性特征不存在，那么，社会所面临的标准的经济问题根本就不会遇到什么挑战。假如我们假定一个人所了解的知识也为大家所周知，那么（且不论方法论个人主义者对社会效率概念提出的其他批评意见），很难想象有什么社会资源配置方式会被宣告为在社会上无效率的。由于彼此都要充分的了解，所以很明显，所有可能的帕累托最优的行动都

必然已付诸实践。若不是如此，就相当于想象，行动主体有意地不去利用他们已知的可用机会。对所有这些机会的了解，以及对于所有相关交易成本的了解，似乎必然就会导致帕累托最优（给定这些交易成本）——要么通过市场活动实现，要么通过权力集中的组织实现（后一种选择本身也取决于对各自的交易成本的比较）。

所以哈耶克有关碎片化知识的洞见，不仅批评了标准的福利标准，而且还提供了一种替代性的衡量尺度（即"协调"标准）。与此同时，这些洞见也似乎可以挽救福利经济学，使之免于由于不可避免的永久性最优，而注定会绝灭的命运。但实际情况却并非如此简单。

过分乐观世界中的哈耶克

事实上，在前面章节中所做的很多观察都可能显得经不住严肃的质疑。而这些质疑似乎可以在几个不同的层次上提出，它们的来源正是永久最优（perpetual optimality）的必然性所导致的麻痹症。一方面，碎片化知识的情境似乎并不能将福利经济学挽救过来，因为它的淘汰由于永久最优而注定。再进一步讲，可以说哈耶克的洞见实际上深化了这种过分乐观考虑所导致的困惑。在本节中，我们将提出这些质疑。而在随后章节中，我们将强化这些质疑，进而说明前面章节中关于哈耶克的福利经济学的观点，为什么是可以得到支持的（尽管当前一节提出各种质疑）。此外，我们将在讨论的基础上，提出创新性的见解，即"协调"作为规范性标准可以免受"过分乐观的麻痹症"（panglossian paralysis）的困扰（而在后面的讨论中，我们将展开论述本章一开始所提到的奥地利学派的第三条原则，也就是对过程而不是对纯粹的事态的关注）。现在我们就开始论述对哈耶克福利经济学所提出的一些明显质疑，这是本节一开始就提到过的。

在考虑哈耶克的知识和信息的分散性问题时，我们必须面对的困难在于这一事实，即从某种相对的意义上讲，哈耶克的"知识问题"从主流的观点看似乎根本就不算是个问题（参见第九章）。可以说，指出知识在社会中的分散性，并不一定就能说明标准的福利分析就不能适用——而只是说那种标准的福利分析将被应用到迄今为止未曾被人注意的成本环境中，这里的成本指信息获取与交流的成本。知识和信息的分散性，确实会为获得经济选择所必要的知识增添新成本。但是，一种新成本从理论上讲当然并不能证明评价社会效率的标准原则就不适用。

此外，一旦认识到碎片化的信息会使标准的福利分析趋于复杂，而不是使其失效，那么指出这一点似乎是合适的，即前文提及的"过分乐观的麻痹症"，将不仅威胁到主流的分析方法，而且还会同样严重地威胁到基于"协调"的福利分析方法。毕竟，关于琼斯和史密斯协调其行为的任何讨论，都必须考虑各方在相关资源的约束条件下的协调潜力。于是，能否获取信息，以及获取信息的成本，都必须被认定为这些"相关资源约束"的构成部分之一。假如工程师老琼斯与农民史密斯能够实现交易，即用工程换取食品，从而实现互利的交易，那么，似乎只有协调失败才阻碍了这种交易的发生。

但是，假如还在上学的小琼斯因为求学深造的成本过高，而不愿意在中学毕业后继续深造工程学科，那么这种情况就不能认为是没有实现协调。同理，一旦一个人能适当考虑到为弥补知识分散的欠缺而要付出的搜索相关信息的成本，那么，所有由于哈耶克的知识碎片化而导致协调"失败"，实际上根本不能算作是失败。如果老琼斯和史密斯由于知识的分散而未能实现互利的交易，那也许可以声言，从社会的角度来看，他们的行为并非次优；在对彼此的情况了解有限的背景下，他们已经充分利用了各自的条件。宣称某种事态是"社会上无效率"的或者是"不协调"的，似乎屈服了这样一种诱惑，即在不考虑资源稀缺性的情况下轻易做出福利评判，这种诱惑在基础性的经济学中是要加以防备的。只要他们的知识许可，就完全可以相信，经济体中的参与者会开展互利性的交易。此外，只要参与者意识到存在有价值的机会——它们可能会以未被利用的互利机会的形式表现出来——使得他们习得有用的知识，那么就有理由相信，他们会积极从事这种有用的学习。这样看来，信息分散的世界就跟全知的世界一样，我们不能对次优性或不协调状态进行预设（如果我们把信息获取的成本也适当考虑在内）。

事实上可以说，正是哈耶克关于信息分散的观点，才使人们对知识的获取和交流的成本给予了必要的关注。一旦我们放弃了完全知识这个僵化的假设，就不免要应对知识的获取与交流这样的经济学问题。这样一来，我们的观点就是，一旦这种学习和交流的经济学被考虑在内，那么，过度乐观的、永久最优的麻痹症就会再度出现。在任何一个时刻，行为主体的各种选择（包括获取与交流知识的选择）都将处于最优状态。给定学习的成本，任何两个行为主体的选择，都不能说是不协调的。

分散的知识、最优的无知与真正的错误

然而，我们会发现这些声言是不成立的。虽然我们发现过度乐观的麻痹症能对主流福利经济学构成挑战，但不会动摇哈耶克的协调分析法。我们会发现，认为哈耶克的碎片化信息只不过是引入了一种新的成本，从而使问题复杂化了一些的观点是不成立的。相反，知识分散性为一种真正全新的规范性分析提供了可能。

之所以这么说，是因为这种分散的知识牵涉的不仅仅是新的成本（即学习与交流的成本），而且还包括犯下我们所说的"真正的错误"的真实可能性。

笔者在其他作品（Kirzner，1979a：第 8 章；1985a）中曾经说过，在经济分析中很少被人提及的那种真正的错误，事实上应该被置于经济分析的核心地位。**如果一个选择者的无知，并不是由于搜寻、学习或交流的成本所致**，那就出现了真正的错误。在这种情况下，选择者的无知乃是绝对的无知，也就是说，这种无知源自选择者不了解所需信息的可及性、成本效益关系及获取的途径（当然包括他可能根本就不知道存在某种有价值的信息）。在个体选择者层面，当他在事后发现自己当时莫名其妙地错过某些可用良机时，我们就可以说他的行为是次优的。鉴于信息获取的成本状况，他不能"原谅"自己的错误，因为他实际上本可以无须花费成本就能获得这种信息。他对自己的失策只能做这样的解释，即承认自己对真实的环境是绝对无知的（也就是说，他不知道自己可以用划算的低价来获取相关的信息）。这种绝对的无知不能从成本收益比较的角度去解释，因为它完全是给定的。

这种绝对的无知，也就是真正的错误现象，有着两个含义。首先，在经济学推理中引入真正错误的可能性，就为我们理解非常重要的经济过程提供了一定程度的"松垮性"。这样，认为通过设定外生变量、偏好、资源可得性还有技术的可能性等信息，就可以完全确定个体的行为方式那种看法就不再是正确的了。其原因在于，虽然这些信息确实标示出最优机会，但是，我们并不能确定这种最优的机会将会为相关的决策者所了解，即便我们为搜索和学习过程做好了准备。我们也不敢肯定，可行的搜寻和学习过程，会为那些可以从中得利的人所知。第二个含义（源于对真正错误的认识）就是我们现在必须承认，在一个经济体中有可能存在某种矫正行为，它不能被追溯到成本结构的变动问题上去。

矫正行动的出现，可能是由于一个市场参与者突然（"创造性地"）发现了某个尚未被人注意到的纯利润机会。现在，让我们回顾一下哈耶克的分散信息观。

我们要拒绝这样一种观点，即引入高成本搜索、学习和交流的必要性（哈耶克的洞见所强加给我们的做法），不会真的威胁主流的经济性追求观（economizing view）。我们指出，知识的碎片化只是提供了另外一个成本维度——分散的点滴信息的流动和集中的成本。现在，我们看到，知识的碎片化有更严重、更根本性的影响。**知识的碎片化为这个问题注入了"真正的错误"这一概念，而这种真正的错误源于绝对的无知**。再次沿用先前提出（但在前一节中受到质疑）的推理方法，那么知识的分散性和碎片化的情境，将迫使我们不仅仅只认识到在试图描述社会配置效率这个问题时所遇到的现实困难——这种情境恰恰削弱了这种社会的"经济问题"的意义。由于我们现在已经知道，在分散信息的情境中蕴含了真正的错误，我们便会认识到，这种情境的确淡化了社会配置效率概念的意义。甚至在我们开始考虑社会配置效率的意义之前，我们就必须去面对克服绝对无知的问题，因为这个问题会妨碍效率概念对社会政策的关联性。正是在这里，"协调"标准需要得到全新的体悟，它跟前文讨论过的协调标准大不相同。

两 种 协 调

我们必须仔细区分下面两种协调标准，即（a）从事态的协调状态这个意义上看的可能的协调标准，与（b）从检测并纠正存在失调活动的状态的能力这个意义上看的可能的协调标准（还可参见第八章）。这两种可能的协调标准的区分，与"协调"这个词的两种不同含义相对应：协调既可以指事实上已经彼此契合的、正在被实施的活动；也可以指原先相互抵触而不协调的活动得到矫正，趋向更为互契。本文前面的讨论，隐含地是指这两种意义中的前者。（正是由于这一理由，我们才能够注意到协调标准与帕累托效率标准之间形式上的对等性。）现在我们希望人们能注意到，第二种意义上的"协调"标准跟现代奥地利学派的福利经济学方法之间有可能的相关性。

　　一旦我们把真正的错误定义为一种过失责任，即一个社会的经济系统不能成功地实现其职能，那么我们就能够理解第二种协调标准的内涵了。我们发现，如果没有绝对无知的现象，那么，我们的**第一种**协调概念（就像它对应的帕累托最优概念）最后会被证明是没有什么规范意义的。毕竟，我们认识到，假定不存在绝对的无知，那么，所有的活动都将以最优的方式实施。即便有些活动由于信息不充分之故，而被"错误"地执行，我们也几乎不能称这些活动为"次优的"或"错误的"——毕竟，在采取这些行动时，他们都利用了他们认为有价值的每一点滴信息。从这种意义上看，世界永远都处于帕累托最优的状态，或者说处于充分协调的状态中——而考虑到变革的成本，这种状态在所有可能的境况中自然也就是最好的。但是，在引入因完全绝对的无知而导致的"真正的错误"这个观念后，我们也就开始认识到存在真正的失调的可能性——以及根据它诱发真正的发现（先前由于绝对的无知而被忽视的机会）的潜力。由于协调标准使我们能够问这个问题，即一个社会的经济体拥有什么潜力，能够激发这种对先前的真正错误的纯企业家发现，从这个意义上讲，协调标准就处于最核心的位置了。这种福利经济学的方法之所以有可能出现，是因为我们摆脱了"过度乐观"的状态；而这种摆脱之所以成为可能，反过来也是因为我们强调了真正的错误（源于绝对的无知）。在本章中我们已发现，"真正的错误"的范围会因为哈耶克所甄别的信息分散性和碎片化情境而被大大地拓宽。正由于这个原因，我们认为哈耶克在批评标准的福利分析的同时，也为从真正的奥地利学派思想出发重建规范经济学提供了可能，这种重建方式完全遵循下述原则：（a）主观主义，（b）方法论个人主义以及（c）强调动态过程。

第四部分

奥地利学派经济学分析方法
中产生的一些相关问题

第十二章　自利与新的经济学批判：在长期论战中的新机遇？

　　最近人们注意到，对经济学理论中的"理性假设"出现了一连串攻击。其中有些攻击是新出现的，在许多方面表现出一定的新意，但这些攻击所蕴含的核心思想却并不新。这些攻击之所以出现，好像是受到了近年来主流经济学在很多方面的发展方向的触激。另外，这里也暗示，当代经济学的某些发展（特别是在关涉到人们对奥地利学派分析范式的兴趣的回归时）提供了一种全新的理解方式，从而使得理性假设（涉及对它在经济学中的作用的适当理解）能够应对这些既旧又新、新旧交缠的攻击。

　　在经济学历史上，经济学理论中的自利假设，曾经一再激起人们热烈的争论。这种热切的关注最早是在回应古典经济学过程中出现的，当时的古典经济学不仅预设了一个由自利者所组成的世界，而且假定了这些人所关心的只是物质上的满足。对于一个像约翰·罗斯金（John Ruskin）那样的人而言，这一切就意味着古典经济学家及其追随者的灵魂都"一定是已经沦落"到某个"万劫不复的境地"（Ruskin，1934：14n）。在 19 世纪，关于**经济人**（homo oeconomicus）在经济学中的作用所做的批评，从原先的气愤演化为方法论上的敌视。不论在欧洲大陆还是在英国，以及在不久之后的美国，经济学的批评家，包括古典主义与新古典主义思想的经济学批评家，都严厉地批判了作为经济学理论基础的最主要假设，认为这些假设具有不可救药的缺陷。从英国的克里夫·莱斯利（Cliffe Leslie）到美国的托尔斯坦·凡勃伦，历史决定论以及制度主义批评家都要求重建经济学，从而承认人类本性的复杂性，人类目标与动机的多样性，还有社会学与心理学的影响力跟经济理论家所提炼出来的经济学影响力相互交织的程度（乃至包括前者完全吞噬后者）。围绕这些有争议的问题，涌现了大批文献，其中同样的质疑与反对之声可谓一再提起，不绝于耳。

最近有大量作品——诸如罗伯特·弗朗克（Robert Frank，1988）的著作，格莱格与保罗·戴维森（Gregg and Paul Davidson，1988）的著作，还有阿米泰·埃茨奥尼（Amitai Etzioni，1988）的著作——都涉及重提和讨论这些陈旧的话题。这些著述不仅是道德家与历史决定论者的老调重弹；而且他们每一个人都在以一种带有新意的方式攻击20世纪末的主流经济学。然而从根本上讲，这些批评言论的攻击力之主要依据，除了某些明显的例外，依然恰恰是一百年前曾支持过当时的经济学批判的那些要点。虽然诸位作者都对其可能的智识上的先行者没有表现出足够的关注，但他们对主流经济学的否定基本上可以被归结为几项关键而经典性的反对意见——事实上这些反对意见已经被人们反复争论过了。虽然在这些书中的某些地方，提到了可以预想到的、主流经济学支持者方面可能做出的标准回应，但是，后者的这些辩护被认为是不够严肃的，因而不被接受。

在本章中我们的目的并不是要重述这些著作，而是要对这些著作让我们意识到的重大问题再做些思考。尤其是，这些关于标准经济学的批评作品所出现的环境本身就值得我们关注。主流经济学为什么会在今天再次引发了人们提出过去在此方面曾有过的异议呢？或者，换句话来讲，较之19世纪90年代的经济学，或者20世纪30年代的经济学，20世纪90年代的经济学可否让这种批评立足于更加明确的方式呢？事实上，我们的观点是，（a）主流经济学在现代的一些发展可能对这些批评起到了激发作用，但另一方面（b）（并非完全是巧合）现代经济学在其他方面的进展，也就是从对主流经济学所做的某些批评分析中所取得的进展。这两点可以帮助说明：经济学对这些著述提出的批评所做的经典辩护都可以用一种新的方式来被理解和扩展。于是乎，也许就有了这样的可能：虽然在重提原先的批评时，现代经济学的复杂状态使得这些批评的调门更为咄咄逼人了，但与此同时，也有助于人们更深刻地理解这些批评最终都好比是隔靴搔痒、无关要旨。

自私与经济学

如果要给颇有时日的经济学批评勾勒一幅略有不公道的漫画，那就是把这些批评渲染成把经济学理解为关于一个社会的理论，该社会中的每个人都十足自私，过于冷血，工于计算，同时，在他们的血液中似乎不含有丝毫的道德观念或者情感因素。在这些经济学批判中，处于中心的就是经济学中的经济人概念。在批评者看来，经济人是令人讨厌的，因为他们本质上是只关心自己获取越来越多的财富，其动力纯粹是热衷于享受金钱所能买到的种种快乐。任何利他主义的同情心都不能改变其本性；任何道德规范也都不能约束其满足自己欲念的冲动。经济人的行为受到了精密逻辑的指导，这种逻辑绝不会受到情感或者薄弱意志的动摇或脱位。从批判者的视角来看，只要完全用这种经济人观念来建立模型，经济学理论就能得出确定的结论，特别是将一些良性的品质归因于市场经济。上面提到的三本书，大概就是从主流经济学的这种认识说开去的。不过，每本书对这种经济学的批判所表现的出发点稍有不同。

从某种意义上讲，罗伯特·弗朗克的批评，对于信奉主流经济学的人而言是最温和、最没有"危险"的。弗朗克教授认为，经济学没有必要假定人是完全理性的，或者说不必要理解成人们完全不会受其情绪与感性的影响。这样，经济学的适用性也就不会受到现实世界中情绪化行为的影响。通过精巧的理论建构与新奇的假说可以表明，从长远来看，让个人的选择受制于道德同情心、报复心的冲动、良心的驱使、信任或者诸如此类的因素，那是完全有用的，即便在初看起来，较冷静的理性所指向的似乎是不同的行动路径。弗朗克的论述建立在托马斯·谢林（Thomas Schelling）等人的早期作品之上，希望能证明，比如说，道德行为不仅可能对社会有利，而且对躬行道德者本人也会带来巨大的物质利益。显然，这样尽管会让经济学家的模型将传统上未被考虑的各种行为包含进去，而不必对与经济学有关的总体视角加以实质性改变。弗兰克教授的著述根本没有要求将经济学家的模型严格限制适用范围，事实上，他的著述可以说是在展示这些模型对于行为的理性化处理的相关性，而这些模型在从前未曾在考虑范围之内。他的著述在很多方面都表现出很大的独创性，绝不能被认为只是重述了19世纪的经济学批评思想而已。

两位戴维森当然不会想要扩展经济学家的模型所适用的范围。他们对经济学的处理似乎是在赞美纯粹自利行为的社会功用性。经济学会推导出一些原理，用以展示纯粹个人主义行为所产生的社会最优结果。不仅经济学好像对公民道德表示不以为然，而且还会认为技术效率的提高也只是出于对其自身目的的考虑（即便这种技术效率会被用于种族屠杀的目的!），而对社会价值的衡量则只是止于能够按照以美元计价的市场价格来衡量为限。对于两位戴维森而言，经济理论所阐释的世界是一个难以忍受的地方；而在他们看来，一个文明的社会需要一种截然不同的经济学。两位戴维森感觉到，经济学家们在道德与科学上的盲点，不仅仅要对他们推行这种令人生厌、缺乏文明的社会负责。这种盲点还会妨碍经济学家们去认识下面这种情况：他们极力推崇的物质利益，即便在一个缺乏文明价值观念的世界中也会遭受损失。如果没有了信任和公民道德，那么市场也将不能发挥作用。主流经济学中对道德价值观的不以为然，跟人们所追求的繁荣结果，最终也是不相协调的。两位戴维森的批评中的很多观点，都会让读者深深地联想起 19 世纪中叶曾出现过的经济学批判思想，特别是卡莱尔（Carlyle）与拉斯金（Ruskin）的批评。

埃茨奥尼教授对经济学的批判是最大胆的。他的核心批判思想所关注的，就是经济学理论在解释现实世界中的准确性，而不是根据经济学家模型中的构成特点所建立起来的世界在道德（或其他）方面的可取性。对于埃茨奥尼而言，经济学根本就不是好的社会科学；经济学的假设就是错误的，因而其结论也就是无效的。经济学家们的各种假设之所以错误，跟很多因素有关，特别是关系到：（a）消费者的本性（经济学家假定消费者的本性只是追求快乐）和（b）经济行为主体所做的选择（经济学家错误地认为，经济行为主体的选择都是完全理性的，其中不掺杂任何因为情绪与感性而导致的扭曲情况）。虽然本书不可能对埃茨奥尼关于现代经济学所做的彻底的批判式综述和盘托出，但应当指出的是，从根本上说，他的批评跟 19 世纪末出现的那种要求改造经济学的吁求是完全相似的。埃茨奥尼与先前的批评家完全一样，呼吁一种新经济学［他称之为"社会-经济学"（socio-economics）］的出现，而这种科学其实是一种经济社会学（economic sociology）。他跟百年前的那些先辈们一样，实际上是在反对纯粹经济学这种概念本身。确实，这种批评的思路都在一直认定：只有摒弃对这门学科的种种传统限定，才能挽救经济学。在解释社会现象时，为了便于分析，经济学始于假定存在属于严格经济行为的一个单独的领域，这种做法也便从一开始就注定是有灾难性缺陷的。

标准的辩护与标准的反驳

在传统上，当经济学家们因为经济人概念之不现实性而遭遇各种批评时，也会为自己的主张进行辩护，而辩护的逻辑通常表现为下面两种推理之一。

一种辩护方式就是要证明关于理性的假设（或者关于自私的假设，或者关于受攻击之追求经济性的行为所做的任何形式的假设），**充其量**只是代表了对现实的某种有用的**初步逼近**（first approximation）。这种假设可以说对很多人类行为都是大体上适用的，这样，经济理论模型就为人们理解现实世界提供了必要的指导意义。而这种指导意义的确也必须再做一些补充考虑，即认真考虑特定情况下会发生的某些实际行为；不过即便这样，假如要彻底摒弃纯粹的经济学模型，也是不明智的。若是将实际情况中所有相关的社会学与/或心理学特征都涵盖进来，那就只能搅乱那些有力的因果关系链，而那些因果关系之所以能够推演出来，归因于经济学家的假设在经验上跟那些情况具有很大相关性。①

批评经济学的学者（其代表人物就是埃茨奥尼教授）都用这种或者那种方式对这种辩护方式做了反驳。他们否认经济学家所做的假设具有任何经验上的功用。他们指责经济学家没有意识到，其模型在实际中原本有限的相关性被刻意夸大了，至少，在他们进行政策建议时如此。事实上，这些批评家认为：经济学家到处兜售其经济理论模型，这样，他们就更不能够摆脱对这些可疑假设的依赖了。这种驳论因为当代经济学家的研究而变得尖锐化，

---

① 在利用这种辩护思路来反复论证方面，马赫卢普（Machlup，1972）很可能表现得最为全面和细致。

诸如加里·贝克尔（Gary Becker），他就将其经济学模型应用到人类生活领域（比如婚姻与家庭）当中，而（在批评家看来）在这类领域中，经济学家的种种假设就越显得缺乏现实性。而面对这些批评，经济学家们坚决维护自己的主张，不仅坚持不允许引入社会学的洞见来阐释经济现象，而且，实际上还藉其漫画式的人类行为模型，大行"帝国主义"，对传统上被认为归属于其他社会科学的研究领域提出领土主张。

为经济学做传统辩护的两种路径中的第二条，就是主张一种高度精练的经济人假设版本。这派观点认为，经济学并不需要（而且从来也不需要）刻画**经济人**时有时会用到的那种较为粗陋的假设。经济人不一定就是物质主义的，或者自私的；而且从任何客观意义上讲，经济人甚至都不必要是效率型的。他只需要按照其对相关可能性和约束条件的理解，而**有意图地追求其目标**即可。自从莱昂尼尔·罗宾斯根据英国的菲利普·威克斯蒂德（Philip Wicksteed）和 20 世纪二三十年代许多奥地利学派经济学家的思想，于 1932 年提出追求经济性行为主体（economizing agent）这一精练概念以来（Robbins，1935），经济学家们就感觉到有了一种理由支持，从而可以对很多标准的批评意见置之度外。就像米塞斯（罗宾斯曾经借鉴过很多奥地利学派学者的思想，米塞斯就是其中一位）早在 1922 年他就曾阐释过，在经济学家的理论中，根本找不到任何意思说人类可以不要道德约束。在经济学家看来，没有什么事情可以不讲道德，或者说是"不文明"的。米塞斯指出，真正敏感的心灵不需要因经济学家的处理方式感到沮丧。"倘若被要求在面包与荣耀之间做选择，（这些真正敏感的心灵）绝不至于不知所措。如果荣耀是不能吃的，那么为了获得荣耀，至少可以放弃吃面包。"（Mises，1936）

这种辩护没有被批评家所接受。埃茨奥尼（1988：21）就指出（涉及更为现代的辩护路线，即威克斯蒂德—米塞斯—罗宾斯的辩护路线，这种方式将效用视为"完全数学化的概念，就好像是人类所有偏好的公分母一样"），这种辩护的结果，首先是将效用理论简约为同义反复。其次，它泯灭了一种重要的实质性差别，即旨在追求快乐的人类行为跟那些响应道德诉求的人类行为之间的差别（Etzioni，1988：23—50）。如果要坚持"单一效用论"（mono-utilitarian）范式，那么，就等于不仅提供了缺乏实证内容和相关度的理论，而且还模糊了行为模式之间显而易见的重要分野。

我们在随后争议中的立场，基本上站在了经济学辩护者一方，特别是，我们支持那些采用米塞斯—罗宾斯分析进路的那些学者。但我们要指出，对于从社会学与历史决定论角度来批评经济学的人，经济学界给出这种回应的完全意义，还没有得到适当阐释。我们要阐述米塞斯—罗宾斯的论证，就要求我们反对前面提到的第一条辩护进路（作为对拒斥经济学做法的批评）。我们卫护"理性"假设的论据（"理性"一词之所以加上引号，是为了避免卷入有关经济学到底立足于哪种理性概念之争里面），将会突出这种假设的意义——不是对于选择理论的意义，而是对于**市场过程理论**的意义。

"理性"与市场过程：推出一种新阐述

虽然我们可能显得有些固执，但还是要认为，经济理论的核心就是市场理论。即便是对经济学批评最为苛刻的那些批评家也不可能否认，至少有些市场最起码在某些时候，能够有条不紊地发挥作用。我们认为，对其背后的系统性决定力量进行阐释，乃是经济理论的主要思想。对我们来说，系统性的市场决定力量之存在，就意味着存在一种**自发的学习过程**。因此从根本上讲，经济理论要着力解释的，就是交换主体间的相互作用是如何启动自发的学习过程的。说市场能有条不紊地发挥作用，就是说市场参与者在最初在相互之间对对方的能力、态度和迫切度存在错误了解的基础上取得最初的市场经验之后，倾向于能够自发地增进相互了解。**经济学对社会认知的伟大贡献就在于：辨识和解释在各种具体的语境中的这种自发的学习过程**。在解释这一过程的经济理论中，没有丝毫成分依赖于这一过程所据以呈现的任何具体语境。经济理论中根本没有任何意思要将该理论只局限于融入纯粹追求物质满足的个人，或者说，它根本不考虑道德诉求和约束的作用。为了便于解释，或许还需要补充一点，严格地说，**经济理论不是要解释个人在掌握特定信息的情况下应如何做出选择；它只关注信息发生自发变化的型式**，在市场过程中，正是有鉴于这些信息发生自发变化的型式，经济主体才做出这些选择。我们对经济学中的"理性"假设所做的辩护，可以归结为这样一种主张："理性"假设所发挥的唯一的核心作用，并不是体现在选择方式上，而是体现在那些原本可以获利，但却被忽略的机会是怎样逐渐被察觉的。所有这一切都需要详细阐述。不过也要承认，这种关于"理性"原则作用的理解是非常不正统的。

微观经济学与经济理论

人们所一般理解的现代经济理论中"理性"假设的作用——在我们看来这是一种有些误解的作用——源于人们对微观经济学的基本认识。人们认识到（这种认识当然是正确的），经济理论中的核心元素就是微观经济学的组成元素。也就是说，从分析学上看，这些元素可以理解为来自对各市场参与者所作选择的阐释。但是从这个言之成理的出发点，却衍生出一种很不幸的错误看法，即认为经济理论的核心任务，就是要**解释个人选择**，而且是在这样一种意义上，即要从原则上提供一种预测方式，以便预见特定的个人消费者、资源拥有者或者企业主在给定情形下的行为选择。人们一般这样认为，正是对于这样的理解，"理性"假设提供了一种控制原则。在现代经济学批评中，受批评的正是这种控制原则的有效性。我们认为微观经济学的这种理解以及针对这样理解的"理性"假设缺陷而做出的经济学批评，两者从根本上讲都是不准确的。

在我们看来，微观经济学理论中的核心元素，就在于其对系统性的市场趋向的产生方式的阐释。这些趋向源于个体选择之间的相互作用；正是因为这一点才使得微观经济学居于经济理论的核心地位。但是我们认为，微观经济学的主要焦点，还应该是个体选择的这种交互作用系统性地增进彼此的认知。我们应该能够发现，"理性"的核心作用就体现在这种学习过程当中。我们认为，对选择进行解释事实上根本不是经济学的职能，这一点除了在最形式化（同义反复）的意义上，在其他意义来讲都是如此。微观经济学的职能就是解释市场过程中选择是趋向于怎么变动，怎么自发，但不失其系统性地变动，也就是从本来基于（对其他市场参与者的态度所抱有的）更多错误假想的信息做出的选择方式，变化为基于更为准确的信息而做出选择的方式。当然，我们也承认在发展这种微观经济学过程中，设计一个形式上的框架，从而对可能做出的选择更有一种预想，自然也有其重要意义。毕竟，只有通过这种方式，我们才能细致而精确地关注市场参与者原先错误的设想是如何系统地被更为准确的设想所替代的。但是，设计出这种形式上的框架，绝不意味着为个人选择提供了操作性理论。因此，"理性"假设在关于个体选择的微观经济学理论中的作用，恰恰因为其在经验上的空洞无物而显得完全毫无痛痒。这样，我们就完全同意米塞斯和罗宾斯对"理性"假设作用所做的辩护，即强调效用的完全**一般性**（generality），而个体则被认为都在追求这种效用。但我们希望说明两个观点：第一，我们要说这种辩护对于厘清整个事情而言只是开了一个头；第二，从我们的讨论中，可以清楚看到，那些用于反对米塞斯和罗宾斯的辩护意见的驳论，毫无中肯可言，一般都会贬斥它将微观的选择理论变成一种同义反复的套套逻辑，不能够解释不同情况下各种选择之间重要而明显的差别。之所以如此，原因就在于：关于选择的微观经济学理论的职能，**恰恰**就是为随后的市场过程理论提供一种同义反复的套套逻辑框架。在我们看来，要判断"理性"假设的有用性和效力，就必须从其在阐释市场过程方面的成功度来加以衡量。

自利与发现

驱动市场力量发挥作用的学习过程，主要是由市场主体的失望与发现构成的。个体可能会在开始的时候过于乐观地相信其他人愿意出偏高的价格买进其想买进的产品，或者愿意接受他们准备以偏高要价出售的产品。过度的乐观主义会产生失望情绪。冷峻的现实让人们开始认识到事实真相。随后的买卖计划则趋于建立在更切实际的评估基础之上。价格于是就会趋向于市场出清的水平，从而让所有人都不至于失望。这便是市场均衡理论的内容。

或者，个体可能会对市场中其他人的交易意愿做出不必要的悲观估计。他们可能会认为潜在的买家只是有一点点交易意愿，从而认为他们不会购买产品，除非价格很低（他们或者认为潜在的卖家不愿意出售其产品，除非售价很高）。这种过度悲观的情绪，意味着市场参与者可能忽视了一些通过交易原可实现互利的宝贵机遇。可以实现（或者相当于带来）纯利润的这种机遇，会激励市场参与者去发现。当发现发生之后，某种给定商品（或者生产性服务或者其他什么东西）的不同价格就会趋同；投入价格与产出价格会趋同；纯利润将会被挤压，直到在均衡状态时完全为零。这就是一般均衡理论的逻辑。

这些学习过程都是自发的，而不是刻意的。该过程的驱动力并非为获取高成本知识而进行的计划，而是来自对先前错误的自发式察觉（这种觉悟来自经验）。这些过程的驱动力尤其是来自**那些希望达到自己目标的个人所具有的警觉**。没有意愿或者没有目标的人，一般都倾向于不会发现外在状况的各种变化，而这些变化对其意愿或其目标的实现本来会有有利或有害的影响。假如没有一定程度的目的性，就根本甚或完全不可能产生出这种警觉性。自利（在米塞斯和罗宾斯所指的目的性这种精简意义上）能够使人感悟那些先前未被注意到的令人失望的条件，或者使人觉察先前未被人发现的获利机遇。假如没有"理性"假设倾向于让人相信可以逐渐自发地发现有关的实际市场情形，那么经济学家也就没有办法来解释市场过程所呈现的系统性。

这里所说的自利概念，也就是目的性概念，丝毫没有否认人类具有道德追求的意思，也没有否认人类容易受到盲目冲动情绪影响的意思。前面曾提到，该理论并没有为具体的选择方式做任何设定；它只是要求我们认识到"理性"在人类行为中的某种作用。只要"理性"在人类选择中发挥作用，我们就有理由来阐明它如何促成市场参与者之间系统性的相互学习的模式。如果因为人类偶然或者时常具有"非理性"的表现，便以此拒绝科学地论证这种系统性学习模式的威力，就等于是视而不见符合人类全部利益的一种强大趋向。那些"供求规律"的确可以解释很多问题；它们确实仰仗人类目的性所产生的强大影响，而不至于会丝毫淡化道德观念、利他主义，或者其他也许可以通过那些目的心而表达的关切的作用力，也不至于会丝毫否定情感和感性对只由纯粹理性导致的发现所产生的阻碍作用。

在阐释那些供求规律过程中，根本没有任何言辞否认在人类行为方面还可能存在其他的规律（"非经济学"规律）。在经济理论中也根本没有东西要替代其他学科（社会学、心理学或者其他学科）来探索这些其他方面的规律性。但是，与此同时，在实现互相发现的过程中，如果不能解悟"自利"地追求可能利他的目的或者其他目的的作用，那就不能明白经济理论的各种洞见。

对经济学的不充分或不当辩护

有些人虽然要为经济学辩护，但立足于在涉及不存在利他主义或其他道德诉求或者否认人类行为中情绪和感性因素作用这种特定假设的大致精确性，这种辩护从本书所强调的角度来看，说到底其实是在给经济学帮倒忙。只要他们在为经济学辩护时声称，经济学可以在解释人类行为的详细情况时取代其他社会学科，他们就等于授予那些反对自私、算计、无情且不讲道德的经济人的批评意见以口实。在理解具体的社会或经济现象时，不论从运用关于人类行为的那种狭隘且十分具体化的模型当中能得到何种偶然益处，最终都将会产生比其更大的伴生成本（attendant costs）。在这些成本中，特别包括许多门外汉——甚至还有些专业人士——心目中的一些不幸期望，也就是期望单靠经济学就可以解释，且从原则上还能预测人们在具体情况下会做出何种行为。还有一个相关的成本表现为，人们不再关注实际上的确只有经济学才能做到的一项任务：为市场发挥作用的原因和机制提供令人满意的解释。

对经济学所做的这种无效辩护进路，还带来一个特别不幸的成本，这就是让人们长期产生一种错觉，即误认为标准经济理论的规范意蕴是否成立，就取决于这种狭义经济人概念的效力。经济学的批评者之所以肆意反对经济学所得出的关于自由市场的良性社会效应种种洞见，其原因主要就在于：他们认为在现实的人类世界中道德与激情的驱动力都会对选择产生直接影响。当然，自从19世纪70年代以来，这种反对意见常常就是鼓动人们从方法论上来批评经济学的主要因素。

但是，一旦人们认识到，对经济学的米塞斯—罗宾斯式辩护方法才能说准确地阐释了"理性"假设的作用之后，情况就出现了质的变化。前面谈到，对经济学的米塞斯—罗宾斯式辩护方法说明，"理性"假设在选择理论中的地位，不如其在自发学习理论中的地位那么高。"理性"假设让我们认识到，市场鼓励人们自发地发现获利机会——且不管他们感兴趣于哪方面的经济活动。当人们把重点从特定的选择方面转移到**选择赖以做出的、不断变化的信息与感知框架**（且不论这种选择是因何种因素而做出，无论这种因素是逻辑、情绪、冲动或者其他什么），那么，经济学"理性"作用的所谓的虚妄性，就变成一种越来越不能当真的反驳依据。诚然，要假定存在均衡化倾向，就需要人们刻意的目的性能发挥作用，但是，这并不是说要求它发挥排他性的作用。用来说明相互学习过程中的自发性是如何实现的定理，可以被认为关系到人类的各种各样的利益，而且会持续发挥效力，只要人类的目的性在市场参与者心理结构中至少是元素之一。但也不可否认，如果将市场理论随便用来解释特定历史环境中的发展状况，那就简直是一种冒险之举。只要道德和个性化的因素会让商务决策复杂化，那么，要想在经验上确定某些特定"商品"供给领域可以认为存在经济学中所假定的自发学习过程，那就是很不妥当的。但是，经济学的总体推动力肯定是仍然保持牢稳的：市场可以被理解为由彼此作用的各种选择构成的激荡澎湃的大海，虽然持续遭受"外在变化"的缓冲影响，但总是趋向于让所有（出于各自的利益寻求交易的并且）可能实现互利的交易方实现系统性的相互发现。这种趋向性永远不可能完结，也永远不可能中断。虽然它屡屡受到干扰，或者也常常被扭曲，但永远不会停止发挥其影响力。

自利与二十世纪末的经济学

在结束本章之际，不妨对经济学中"理性"假设之作用所做的新一轮辩论的时宜性做些思考。这些思考的核心主题有两个：为什么现代经济学在这一特定时段会重新引发那么多的批评家群起而攻"理性"假设；还有，奥地利学派的传统思想（它同于吸收了前述米塞斯—罗宾斯式辩护思想之养料的传统）在当代的复兴，是如何使得我们有可能为对经济学中的"理性"假设的米塞斯—罗宾斯式经典辩护思想勾勒出一种新的（甚至更为有效的）分析角度。

现代主流经济学引发了围绕着"理性"假设的新一轮群攻，这是非常难以理解的。微观经济学正是在当代才在经济理论中再度承担了主控性（controlling）范式角色。它是通过强调"理性"假设据称可以对实证社会科学做出贡献的方式而做到这一步的。现代的微观经济学还在继续"侵入"其他社会科学的领域，越来越强调约束下的最大化行为这一关键特性，而这一特性被"理性"假设视为中心要点。结果表明，是那些（因为其抱有的经济学思想而）被认为是对自由市场的最热衷的支持者的经济学家（他们往往跟芝加哥大学联系在一起），其经济学理论似乎最为严重依赖于那种最狭义的"理性"假设。正是乔治·斯蒂格勒的一篇作品（Stigler，1984）提出了美元与自由在某种意义上讲是完全同义的。另外，正是理查德·波斯纳还在其关于法律与经济学的著述（Posner，1983）中似乎把市场价值的最大化树立为人类幸福的唯一评判标准。换言之，现代的经济学家似乎允许自身对理性假设做出最为狭义的界定，并由此出发提出社会政策，发号施令，这种做法会很容易被批评者认定为太过危险。难怪所有这些做法都引发了强烈的批评反应。

然而，尽管主流经济学对其理论构建所依赖的理性概念的界定日渐狭义化，而且"理性"一词很危险地接近被事实上视同为"无所不知"，但与此同时，奥地利学派的传统思想也在复兴，这便能够让我们重新积极地来弘扬米塞斯和罗宾斯关于经济学的经典辩护思想。奥地利学派传统的发展所强调的中心点，并不是完全理性（也就是全知全能）的市场参与者所实现的均衡状态，而是由企业家的警觉激发的自发学习的市场过程（Kirzner，1973，1985a）。

在这些过程中，自利确实是一个核心元素。但就像我们已经阐明的那样，在理解这种自利时，必须明确其中某些细微的差别。如果准确地理解自利，那么，就不会排除利他主义的动机；自利的基础就是目的性，而不是自私。要强调的是，激励一个人的行动或激发一个人的警觉的力量正在于其自身的目的心。一个人的目的心可以是利他的，也可以不是；一个人对实现其（也可能是利他的）目标的关切，会激发他自己对可能实现这些目标的机遇的警觉。一个人在市场中聚敛利润的时候或许可以显得有些自私；但假如他获取利润的行为受到纯粹是为资助一项防治疾病的研究计划这样的梦想所驱动，而且这关系到防治一种正在威胁人类健康的可怕疾病，那么，我们恐怕就很难将他的行为归为自私的范畴了。为市场过程提供驱动力的，正是人类的种种梦想和目的心。经济学若要解释市场过程，就要仰仗警觉的目的性，或者说有目的的警觉。在这些过程中，主控原则就是目标驱动的发现。正是强调这些非均衡的相互发现过程，才让我们愈加重视米塞斯和罗宾斯所坚持的有关人类动机的完全普遍性的经典主张。

第十三章 发现、私有制与资本主义社会中的正义论

批评资本主义制度的人会认为它具有很多弊端。在这些所谓的问题当中，有些已经成为经济学家的辩论主题。关于一个缺乏整体计划来做有意识指导的制度在经济上所具有的好处，经济学家们曾有过争论。而资本主义制度的正义性，也常常成为争论的焦点，备受诟病。但是，近年来从总体上看，围绕着资本主义制度下的经济正义问题而展开辩论的人们，多是哲学家，而不是经济学家。其原因可能是这场辩论基本上已经认定，资本主义的经济学已得到了广泛的理解和认同，从而关于资本主义制度是否正义或者缺乏正义的判断，就可能完全被认为归属于哲学或伦理学的范畴了。在本章中我要说，① 在人们对于作为哲学辩论基础的资本主义经济学所掌握的常识性理解中，事实上存在一些严重的缺点。我认为，当这些缺点得到矫正时，那些还未被注意到的一些资本主义关键特征才会呈现出来，应该说这将具有重要的哲学与伦理学意蕴——但在普通的哲学论证中，这些意蕴却被完全忽视了。我要特别说的是，如果能充分理解到资本主义制度的经济学，就会明白在该制度中**发现**所发挥的关键作用。而我要说，一旦准

---

① 本论文大部分内容是从我最近的一部著作——《发现、资本主义与分配正义》（*Discovery*，*Capitalism*，*and Distributive Justice*，1989）——中提炼出来的，关于本文所提出的一些论点和论据，如果读者感觉有些突兀，可以参阅那部书，以便了解更多的说明。

确理解了发现在经济中的作用后，那些曾使人们指责其非正义的大部分资本主义特征，就都将变得明白起来——即便没有经过任何新的论证——但是，对这些特征的理解却会变得大不相同。换言之，资本主义社会中关于正义的发现理论也支持了资本主义的正义性，其间并没有阐述某种全新的哲学或伦理学立场，而是为资本主义经济制度的实际运作机制提供了一种新的经济学认知路径。

关于资本主义非正义性的指责

称资本主义会造成经济上的非正义之说法，在传统上曾表现为不同的形式。从某种程度上讲，资本主义的基本制度，即私有制，在哲学价值观上就受到了根本性的攻击。在这些批评者看来，只要天然赋予的一项资源被私人占用，就会造成一种固有的非正义性。这种占用被认为是让私人攫取了本来属于全人类的资源。（按照这种攻击的逻辑外推，即便个人所拥有的人身所有权，也会因该理由而被剥夺。）如果在一种制度下，所有的交易都依赖于这样一种非正义的基础，那么，这种制度下非正义的后果也将被不断扩大化。

另外一个层面的攻击所针对的对象，是资本主义制度下收入状况难免出现的不均等。这种攻击大大不同于"私有制本来就是非正义制度"的指责，也大大不同于市场允许赤裸裸非正义剥削（比如对劳力的剥削）的谴责，关于收入差异的攻击所关注的，是一种表现为经济上不平等的内在不道德性。按照这种攻击意见，即便在这种私有制下没有任何人试图为非作歹，市场社会中收入方面难免的不平等现象本身，也将会被斥责为道德怪兽（例子可参见 Nielsen，1985）。

　　然而，关于资本主义正义性广为流布的怀疑论所攻击的主要对象，似乎指向了纯利润现象及其后果。即便有些人愿意承认私有制在伦理上可以接受，即便有些人承认道德上并不存在什么压倒一切的要求来实现收入平等，但是对于企业家获利的外在结果，他们也会时常感到不安。而由于人们会出现一种直觉：认为那些利润不是企业家"应该获得"（"赚取"）的，因而一定是用某种方式牺牲了其他市场参与者的利益（特别是牺牲了劳动者的利益）的基础上实现的不正当收入，于是，就让这种道德上的疑忌更加严重起来。① 在资本主义制度下，收入分配方式之所以被认为不公正，原因就在于资本主义允许——事实上其基础就正是——资本家追求利润。收入不平等的情况之所以被认为会产生不平衡感，主要原因就是这种结果是逐利所必然产生的现象，但是，这种结果会让有些人不喜欢。只要私有制被认为是企业家追求利润的手段，就会受到抨击。

　　在我们自己阐释经济正义中的发现理论之前，先让我们简要回顾两种论证资本主义经济正义性的经典依据，这些依据跟两个人的名字联系在一起，分别是约翰·贝茨·克拉克（John Bates Clark）和罗伯特·诺齐克（Robert Nozick）。这两种辩护论据的基础，直接或间接地，都是关于私有财产权和纯利润作用的某些假设。我们还将考察这两个人在面对批评时所做辩护中的某些弱点（特别是有关私有财产与纯利润方面的某些假设）。然后，我们将能够关于资本主义经济学（特别是其中论述经济正义问题方面），在支持资本主义正义的人与反对者之间找到一些共同观点。正是通过揭示出对资本主义的经济学认知中存在可悲的褊狭性，我们才在本章的后面内容中希望为资本主义制度的正义性提供更加到

---

　　① 马克思主义中关于资本主义下劳动剥削的观念，可以被认为是体现这种攻击意见的一种特殊形式。

位的辩护。

私有制、纯利润以及关于资本主义正义的经典辩护

　　在世纪之交，为资本主义收入分配方式做出最鲜明辩护的人，可以说就是经济学家约翰·贝茨·克拉克。他写过一本巨著，专门论述了在市场制度下的静态化均衡中，生产过程中的每一位参与者都获得其边际生产贡献量的全部价值（Clark，1899）。用米尔顿·弗里德曼（Milton Friedman）的话来讲，克拉克用来支持资本主义正义的道理可以表述为："根据每个人和他掌握的工具所生产的产品来分配。"（1962：161f）

　　克拉克的辩护性论证在于揭示：为什么说在均衡状态中每一单位生产性服务的价格，就是其在边际意义上生产贡献量的市场价值量度。（这种论述实际上是新古典资源价格理论发展中的重要一步。）在克拉克看来，正义性所要求的就是：让每个生产要素的拥有者能因为他及其要素所生产的结果而获得相应的市场价值，这一点在他看来是确定无疑的。此外，克拉克也明显认为，在产品都是共同利用资源的结果的世界中，"某种资源的生产结果"之概念就要由该资源的边际产值（也就是当其他资源投入均不变的情况下，通过增加一单位的这种资源所带来的产品增量）来衡量。

　　最后，克拉克丝毫没有怀疑资源所有人对其掌握的资源具备产权之正当性。他完全相信劳动者对其劳动成果的产权是天经地义的，而地主获得其产权也是正当的，同时资本所有人实际上也是其合法的所有权人。

　　可以看出，克拉克对资本主义正义的辩护意见中，忽略了私有制概念本身可能引发的质疑。此外，他也完全没有考虑基于平均主义伦理对资本主义所做的发难。他似乎相信，通过论证边际

生产率的分配方式之正义性，他就能从中为任何有违收入公平分配的相关现象提供合理的论据。从本质上讲，克拉克对资本主义正义的辩护就是要证明一点，即资本主义企业家所投入的每一项资源，都应该索取合理的价格（通过对生产的贡献值来衡量公平度）。假如每一项资源所有者都获得了合理的收入，也就是说其收入量能充分反映出其对产品的贡献值，那么，就不应当以不正义的罪名而该将矛头对准资本主义企业家。假如这种产品中有些部分被其他某些人收入囊中，而没有落入那些辛辛苦苦生产该产品的劳动者手中，那么，这也只能说明这里所谓的其他人对产品做出过某些有益的贡献，而不能被认为他们就是从劳动者身上非法榨取剩余价值。

克拉克的这种辩护所引发的种种问题，是因为他实际上对资本主义经济的两项关键的道德层面没有发表任何意见：（a）资源的合法权权之源头，和（b）纯经济利润的合法性。正如上文所述，克拉克对于资源所有权的来源没有表示任何怀疑。他完全预设了劳动者就拥有其身体、地主就拥有其土地、而资本家则拥有其资本。在克拉克对资本主义的辩护中，根本没有对获得收入之合法性做论证，认为这些收入乃是人们提供资源贡献的回报，而这些人即便对其服务缺乏合法权权，也最终能从其合法所有权人（可能是整个社会）那里获得占用权。人们可能会暂时性地完全接受克拉克的辩护之辞，但之后又会认为，既然对自然资源的私有产权存在着根本上的非正义性，那么这种辩护就缺乏相关性（假如人们认为对这种资源的产权不符合正义）。克拉克的辩护意见中的这种缺陷常常受到指摘。

要理解克拉克在纯经济利润之合法性方面避而不谈的做法，会更为复杂一点，但是，为资本主义正义做辩护也同样会出现麻烦。克拉克没有必要阐述纯利润问题，因为他将其论证限定到了静态的均衡世界中了，而在这种情况下，完全不存在纯利润。对于克拉克而言，利润是一种动态的暂时性瞬变现象，在研究资本主义制度的持久性特征过程中，对于利润这种瞬变现象大可不予考虑。克拉克要阐释的就是组成先前经济学家们所谓利润的主要成分之正义性，也就是说，新古典主义与随后经济学家称为利息①（而非利润）的那一部分之正义性。但是，对资本主义制度正义性的批评家如果要提出纯利润（常常也被叫作企业家利润）就是资本主义经济中一项明显而普遍的特征，那也是有道理的。利润不能被看作某种可被忽略的短期现象。利润的存在很可能就意味着资源性收入在一定程度上并不足以表现相关边际产品的全部价值。

如果完全按照克拉克的观点，纯利润会带来严重的经济和伦理问题。从表面判断，这种纯利润无论从经济上还是从伦理上讲好像都没有道理。从表面看，好像也没有任何经济学上的理论可以解释企业家为什么能发现投入价格与产出价格之间的价差。人们当然可以指望用竞争来消除这种价差。不论以何种方式出现的任何价差，都不能作为某种资源投入的边际产值而得到合理解释。（不要忘记，纯利润系指从产品的市值中扣除该产品制造中所投入的全部资源项目之市场价值所得的余额。）在克拉克为经济正义所设定的标准概念内，好像根本得不到合理的论证。

罗伯特·诺齐克对资本主义收入分配方式的辩护看法，见于他跟克拉克的著作时隔足足 75 年之后所发表的赋权正义论（entitlement theory of justice）当中（1974：第 7、第 8 章）。诺齐克的观点是，在一个系统中，只要任何人都没有侵犯其他任何人的权利，那么，不管最后的收入分配结果有多么不平等，这个系统本身都不应该被认为是不正义的。为了让资本主义制度中的交易完全避免对权利造成非法侵犯，我们必须要求所有的产权都必须符合初次从自然正当获取的原则，以及正当地进行产权转让的原则。假

---

① 关于克拉克对纯利润的意见所做的评议，可以参见柯兹纳（1989：50—55）。

如通过这种方式，那我们就能够说，现在一切私有财产之持有都是正当的，因为每一项私有财产之下，都存在无可指责的正当交易链，往前一直追溯上去的话，可以追到初次从自然获取财产时的正当性。诺齐克对资本主义制度正义性的辩护，可以归结为某些经过仔细推敲的论点，即资本主义经济的制度基础可能真正地遵循了合法所有权的各项原则。

在诺齐克看来，假如两个正当产权持有人自愿就某笔交易达成协议，无论该协议所处的环境如何，由此而出现的所有权重新分配，都绝不能认为是不正当的。假如一位职业篮球球星之所以变成了百万富翁，就是由于很多贫穷但渴望观看其比赛的观众为观看职业篮球赛而从自己微薄的工资中拿出部分血汗钱来购买了赛场门票，那么，按照诺齐克的观点，即便因为上述原因而让球星与观众的收入悬殊，也不能说其中有何不正当性。运动员是自愿交易的受益人；他所得的钱财系由观众为欣赏其高超球技而自愿给出去的。同样，按照赋权理论，假如变成百万富翁的人不是一个职业运动员，而是将公寓出租给贫困房客的房主（房主合法地拥有该房产），那么房主的致富与房客的贫困之间也不会存在什么不正当性。任何人都没有侵犯其他人的任何权利；房客自愿地缴纳房租，为的是取得住所。赋权理论不考虑事情中的动机因素，或许这些动机会"迫使"一名房客（或者一名购票者）为住所缴纳房租（或者为看篮球赛而购买门票）。就所有权转让中的正义性评价而言，对所购买物品的需要之迫切度，并不会损害交易的自愿性。"一个人的行为是否出于自愿，要看限制其选择的因素是什么。如果是自然因素使然，那么行为就是自愿的……如果一个人可选择的范围受到其他人的限定，这是否会让一个人随后的行为失去自愿性，要看这里所说的其他人有没有权利那样做。"（Nozick，1974：262）由于在资本主义的定义中，不允许侵犯他人的权利，就可以从中推导出市场交易的自愿性根本没有受到影响。

只要资本主义游戏规则得到认真遵行，那么，因之而出现的收入分配方式也就绝不会是不正当的。

就赋权理论本身而言，无疑它堪称是为资本主义制度的正义性做辩护的众多理论中一项非常重要的新贡献。然而，我们也必须地谨慎地注意到该理论中的一些局限性。首先，该理论有一个预设前提，就是初次从自然获取某项资源的所有权的行为可能具有正当性。无论随后的一切资本主义市场交易多么完好地遵循了自愿的标准，私有财产的所有权的正义性终归还是要取决于后来在市场转让物之最初私有化时的情况。在产权理论本身中，并没有为我们提供一个理论原则来证明初次从自然界占取资源时所具备的正当性。诺齐克在这一点上引用了约翰·洛克（John Locke）的古典主义思想，但是在"洛克条件"（Lockean proviso）限制之下最终还是修正了洛克原先的理论（Nozick，1974：177）。洛克关于初次财产所有权（基于"将个人的劳动与无主的自然资源融为一起"的事实而导出的）的原则，也并非显然的或者普适的公理。①赋权理论中最初的一些理论前提，好像还要求一些独立的论据。但是，对于赋权理论在为资本主义正义做辩护时的可信度的怀疑，还有着其他原因。这就必须考虑在何种意义上市场交易可真正被视为自愿。

从赋权角度对资本主义的辩护意见认为，按照定义，市场交易必然会达到自愿的法律要求。这种辩护无疑是正确的。但对于许多（如果不是全部）市场交易的自愿性之道德意义，还是可能存在疑点。这是因为有些交易之所以导致某些人赚到纯经济利润，若反观其实情则可发现：这至少是由于某个市场参与者"纯粹失误"的结果。当一名企业家成功地卖出某商品时，若其卖价超过

---

① 关于这一点曾出现的批评讨论，可参见诺齐克（1974：174f）与埃普斯顿（1979：1227f）。

买家获得该物品所需要各个环节的价格之和，那就出现了纯利润。如果给企业家提供原材料的供货商知道了企业家从其买家获得的价格，或者如果企业家的买家知道了其原材料供货商所接受的实际价格，那么，纯利润是几乎出现不了的。纯利润一定意味着，低价售出某种商品的人并不清楚其商品更高的真实价值；而那些以高价买进的人也并不了解他们本来可以在市场中其他地方用更低价格买到同样商品。这就是说，那些跟追求利润的企业家做交易的人，在随后明白了其中的利润之后，一定会"懊悔"他们已经做的那些交易。那些低价抛售的人，假如事先就能知道随后他们才了解的实际情况，就绝不可能做出那种选择；同样，那些高价买进的人，假如当初就知道他们后来才发现的实际情况的话，也绝不会那样做的。只要一种行为的做出，是出于错误的臆测，那么就可质疑这种行为的真正自愿性。可以说，行为主体并不是"真正"地愿意做他已做的那种事情——即便他当初在那样做时是满心欢喜的。无可否认，法律（或许也包括某种约定俗成的道德观念）可能不会认为这种错误非常严重（或者说不严重）以至于要让交易无效，然而，有观察者认为：这种情况下交易的正当性是否能够得到充分保证（就好像要求交易中的自愿性一样），还是一个不能确定的问题。毕竟，我们不妨认为基于错误假想的同意（即便在任何人都没有故意欺诈的情况下）也可能算不上是知情同意，而一项交易中若能实现知情同意，那我们才可以讲，该交易从正义性要求方面来看是充分自愿的。

但必须指出，赢得纯利润的可能性恰恰是资本主义市场制度运作的核心所在。从这种视角来看，赋权理论好像并不能分析纯利润现象，因为该理论只局限于这样一种资本主义，即其中所有的交易从定义上讲都是完全自愿的。

正是考虑到约翰·贝茨·克拉克和诺齐克为资本主义给出的古典主义辩护中的局限性，我们才认为应该关注一下我们所谓的市场制度中的发现元素。如果我们为了阐述这种关于发现的观点，而利用对比方法，在赞同资本主义正义说的人与严厉批评资本主义正义说的人之间找到共同观念，那自然是有益的。我们要说的是，这种观点忽视了资本主义体制经济学中一个非常重要的典型特征。

"给定的馅饼" 之观点

我们批判资本主义体制经济学的观点，好像就是迄今所有参与过关于资本主义制度正义性的辩论的人所共同持有的观点，不妨称之为"给定馅饼"的观点（given-pie perspective）。在此之前所展开的辩论中要考虑的问题，似乎就是为了实现分配正义，如何将一块给定的馅饼在所有应得者之间进行分配。馅饼是给定的，也就意味着馅饼是怎么来的问题与分配的正义性无关。

现在，我们肯定不能说辩论者都没意识到正义性可能要求我们承认提出分享要求者为产品的制造所作出生产性贡献的可能途径。自然，人们已经认识到制作馅饼的人可以理所应当地分得一些。但同样不能否认，至少在考虑馅饼制作所需的配料时，也就是说，在考虑到社会的最初生产性资源时，人们已经简单地假定最初的生产性资源原本就"存在"，是现成的。好像正义标准并没有考量这些资源最初是如何"出现"的。更具体点讲，就是在这些关于分配正义的辩论中，根本就没有考虑到存在这样一种可能，即产品分配的正当性，取决于生产资料的投入由谁来提供的问题。关于生产资料投入之来源的这个问题，更准确地说，就是在关心一个人对这些生产资料的正当产权（在它们以某种方式"出现"之后）是如何确立的，或者说是在探问当这些生产资料"出现"之后，是否就一定属于整个社会。

关于是谁提供了最初生产投入的问题，好像并没有人提出过，因为这个问题似乎是没有意义的。最初生产资料的投入，也就是那些自然存在而非人为制造出来的生产资料，不可能由任何人来创造，因为人为制造出这种生产资料有悖于它们还没有经过人工制造的事实。产品的制造一定需要有某些生产资料的投入。这些投入本身也可能是从其他生产投入中制造出来的。而最初的投入，也就是不是通过生产而得到的投入，是不可能被创造出来的——因为它原先就"存在"。

这样，"给定馅饼"的观点虽然看似没有什么毛病，但是，在分析产出的所有权方面的正义性过程中，我们迟早都会被从原则上追问，去考虑原初投入的产权之正义性问题。或许，只要正义标准能够对原初资源的产权之正义性做出确定的解释，人们在由原初资源所得的产品方面也就能够同意这种正义标准。但是，为了论述原初资源的正当所有权，那么按照"给定馅饼"的观点，我们必须记住这些原初资源都是——给定的馅饼。同时，由于产出之正义性方面的判断，取决于我们有理由认定原初资源方面具有正当产权，结果就使得我们的分配正义理论最终归结到了关于给定馅饼的分配正义原则。罗尔斯认为，在无知之幕下，人们对优劣程度不同的个人品质和高低程度不同的个人才能具有正当的所有权。诺齐克则认为，洛克关于最初对自然赋予的土地资源的私人占取是正当的。无论是按照前一种还是后一种逻辑，我们那些研究正义的学者们，都会同意将所有非人类制造的资源视为与人造观（notion of human origination）无关的范畴。在下文中我们要指出，这种立场并没有考虑先前未被发现的资源，除了出于侥幸的情况外，它们一般都会进入经济交易过程。与此相反，我们认为在经济过程中一项极为重要的人的因素，就在于个人发现了先前未被觉察的资源或者其他获利机会（包括纯利润机会）。接下来，让我们转而研究一下关于发现的这种理念。

发现的含义

在经济学讨论中，人们通常认为：如果一个人拥有优越的条件，那么，他之所以能达到如此幸福的状态，原因不外乎二：要么是因为先前的一项计划而着意实现，要么是由于撞了大运。经济学家门按照生产理论来论述第一种可能性。结果之产生可归因于投入物的着意配置。按照前文所谈到的克拉克之道德观，产品的正当所有权源于种种生产性投入物的所有权以及它们的边际贡献。另外，如果幸福条件完全来自于运气的情况，绝不会被认为是人类意志与动机的作用。从这种观点来说，人们常常认为这些幸运的宠儿们对于他们侥幸获得的财产并不具有天然的所有权。在此，我们希望提出一种虽被忽略却极为重要的第三种选择。一种理想的条件可能并非通过刻意的生产计划得来，也不是纯粹幸运的结果，而是通过一个人警觉的发现使然。如果将一个发现行为与一个刻意的生产行为相对照，将很能说明问题。

1. 生产行为是计划的结果；发现行为是自发的。（专门的搜寻也是一种特殊的生产行为，因为在搜寻过程中，为了梳理可用信息以便找到要求的目标，就需要系统地调用已知的资料。按照这里对"发现"词义的理解，刻意的信息生产过程，比如在字典中查找某个单词的意思，或者在电话本中查找某个电话号码，并不能算是发现。）

2. 生产行为可以被认为与经济效率的标准相一致：生产者以最优的组合来调用投入物；他能够将任意给定的投入物组合的产出最大化；他还能将预期的任何一种投入组合的生产成本最小化。发现行为并不包括约束条件下的最大化（constrained maximization）这种表现形式；它不需要计划、不需要分配——只需要把握某个察觉到的可用目标。

3. 纯粹的生产行为（其中不掺杂任何发现的元素）的得益归功于各种组合投入的所有者。因为按照克拉克的理论，此时所有的产出都是由于所拥有投入物所做的生产性贡献而得的。而来自发现的得益则归功于敏于发现新机会的人。但是从资源拥有的性质上讲，这种警觉本身在性质上不同于一种被调用来实现有计划结果的、已有所有人的投入物。警觉是不能被调用的。发现者只是注意到了先前未被人们（包括他自己）了解的机会而已。所以说，在发现的语境下，人们并不会将"警觉"理解为要实现某个计划结果而与其他生产要素混用的一种东西，因而，也不会将其看作一种当前采取的体现其未来边际贡献的那种固定形式（就像理解边际生产率理论中的生产性资源那样）。

4. 一个生产行为的预期结果，可以被认为**原本就已经存在了**，只不过是雏形，存于用在实现预期结果的各种生产投入物组合当中。决定要生产，只不过是决定启动一个开关而已，从而可以毫不费力地将投入转换为产出。如果在一个完全由生产选择决定的世界中，未来的状况就完全寄寓在当前的状况里面。历史不过是现在已具备的状况之延展，以固定不变的形式，属于一种必然现象，无法逾越。但是，发现行为就大大不同了。每一次发现都是一次真正的新奇；它并不体现在将原有的生产性投入加以转换或延展。在发现行为方面，根本没有什么事情是必然发生的；我们不能事先将结果说成只是由先前存在的某种事物**导致**而已。在发现之前，世界的状态——即便考虑到发现者（包括后来变成发现者的人）的警觉——不能确保随后的事态发展朝着会出现这些发现的方向发展。发现者事实上给历史注入了全新的因素。从特定意义上讲，历史就是由一连串完全不可预知的绝对惊奇构成的。[1]

---

① 要了解这样一种历史观，可参见沙克尔的著作（Shackle, 1972：351f），还可参见沙克尔（1970）。

发现和运气

但是，假如一件发现行为不能够被归入"生产"的范畴，那也不能够就被归入"运气"的范畴。这种发现行为确实需要有其自己的属性范畴。当一个人的警觉促成一项发现时，并不能认为他就是幸运的宠儿。研究正义的理论家们，往往不会承认那些从好运中得利者的权利要求之正义性；他们拒绝这些权利要求，因为在他们看来，这些权利要求者并没有付出任何努力以达至他们当前的幸运状况，因此他们的幸运并非"理所应当"。正是因为我们的这种关注才没有让这种拒斥演变为一种对发现者所提出权利要求的**完全不同性质**的全盘拒斥（summary dismissal）。一件发现行为即便不是一种特意的生产行为，也能表现出人的动机与警觉。如果没有这种动机与警觉，那么，已有的一些发现或许根本就不可能做出；若将发现只看作是"撞大运"的产物，那就大错特错了。

为了理解为什么一个发现者也许对其发现之物是"理所应得"的（即便在发现过程中并非由他特意制造），不妨对下面的论证做个考量。如果因为发现完全是幸运使然，便得不到认可，那么也可从中推导出：原先**没有**能够发现（后来被发现的事物）一定只能被解释为是运气不好造成的。不管是谁，一旦不能及早有所发现，都不会怪罪是自己过去犯了错，行为有差失，因为早先未能有所发现不会被归结为行为人过去的缺点，而只会被归结为倒霉的运气。但事实上，我们从日常的经验中可以知道，人们的确会犯十分糟糕的错误——当然，这种判断是由犯错者后来才意识到的。那也就是说，我们知道理想的状态本来完全可以实现，但就是因为人的疏忽才失之交臂。我们因为过去的这些失策而自责，我们惋惜自己的运气不佳，而不会仅仅耸耸肩就打发过去。但是，假如我们先前之所以看不到摆在我们面前的机会，是因为我们犯了一系列可叹的"愚蠢"错误所造成，那就可以得出结论：我们之所以能够警觉地发现摆在我们面前的机会，也应该认为是由于我们自己的因素，而不应该归功于纯粹的运气。

也就是说，我们必须清楚地区分两种人：一种人不事生产、无所发现——这种人简直处在毫不警觉、完全休眠的状态——偶然醒来却发现天上掉下来一张馅饼，结果发了横财；[①] 而另一种人则是对出现的良机敏锐地加以捕捉。有人获得纯粹的横财，可以说实在"受之有愧"（也就是说，这笔财富绝不能被认为可以由幸运儿所有），但是我们要说，倘若是一个人敏锐地捕捉到了机会，则这种情况可能应被认为属于完全不同的伦理范畴了。

当然，尽管我们强调发现行为的核心，即对机会的敏锐而主动的觉察力，但也必须承认，有待于发现的机会之存在本身，也许就的确只能归为幸运。当然，能够发现好机会的人，可能会觉得自己恰好身处合适的时间、合适的地点，算得上是个幸运儿。但我们要特别指出的是，只是身处合适的时间和地点，并不能够成为发现机会的充分条件，不能说有运气便可以发现潜藏于实际情形中的机会。我们认为，实际上把那些能发现"原未觉察到的机会"的人看成**创造者**或原创者。从某种意义上讲，发现者所捕捉到的机会，在其发现之前甚至可以认为并不存在。

发现即为创造

为了理解发现行为的创造性，只需要明白一点就足够了，那

---

① 要发现天上掉馅饼的机会，实际上也必须具备（可能很重要的）发现因素，但为了当前行文需要，对这种因素姑且存而不论。

就是：未被发现的机会，或者说未被注意到的资源，在某种重大意义上，是无关乎人类历史的机会或者资源。按照我们对人类历史事件的理解，不可能有什么事件所依赖的基础，居然是人们当时并不知道其存在的某种资源。

让我们回顾一下前面提到的内容，即在发现行为（有别于生产行为）中，产出是不能归功于投入的。任何投入都不能确保会达致一项发现。发现的成果并不是原本已经以雏形的形式嵌入于某种资源组合中的结果。这样，一项发现行为的成果，就完全是这种行为原创的产物。如果新发现了一座自然资源富饶的岛屿，那么，从社会科学意义上说，这座岛屿的财富正是在被发现之后才被创造出来的。该岛屿原先就是有形存在之事实，可能会对众多的纯粹物理上的因果链具有重要意义；当然即便任何人都不知道该岛屿的存在，也不能改变其"本来就存在"的事实。无论是否有人了解到该岛屿的存在，它都很可能影响到天气的变化或者洋流的流向。但是，从该岛屿要与人类的选择和经济价值考量（以及与人类的道德判断）发生直接关系这一点去衡量，它在被发现的那一刻起才成为现实存在。从对人类直接的影响角度看，该岛屿的发现者可以说就是其创造者。

虽然发现岛屿的人确实会认为自己能够发现该岛屿有幸运的成分，但他也可能说，即便具备了那些幸运条件，也未必就能保证该岛屿的发现。对于从有关的社会意义来看尚未被发现的岛屿，很可能永远不会为人所发现，除非遇上主动和警觉的发现者。正是这种警觉才将该岛屿及其各种资源纳入人类面向未来的关注、评价和规划范围之内。

在其他人只看到云雾一片的时候，发现者却凭借灵感发现了岛屿，或者当其他人还处在懵懂之际，发现者却注意到了某些机会，从而可以让新产品问世，或让技术具备新的用途，那么，在这些情况下，发现者能够具备了创造性，就好像雕塑家独具慧眼，在大理石与凿子当中所看到的，不仅仅是石头和工具，而是一件美轮美奂的艺术品的坯子。如果承认发现行为中的这种创造性，那么，好像也就支持了一种广为接受的道德信条，而这种信条就体现在"发现者即占有者"（finders, keepers）的观念当中。

"发现者即占有者"的伦理与私有制

第一个发现无主物的人就是该物的正当所有者，这是一种广为接受的观点，而我们好像可以将这种观点理解为一种道德信条，也就是说，得到无主物的人就是发现者，因而也就相当于是该物体的创造者。做出这样的解释似乎是有道理的。我们要指出的是，这种"发现者即占有者"的伦理，可以作为私有财产合法性之广受认同的依据，因而，也就可以进一步成为论证资本主义体制的正义性的依据。在本节中，我们将探讨"发现者即占有者"的伦理跟私有财产制度的关系。

约翰·洛克认为，私人通过把个人的劳动投入附着于那些有用的无主物（也就是自然界所提供的有用物品）之上就可以实现对这些无主物的正当私人占有。人们在传统上都是依靠这种观点来为私有财产权的正义性做辩护的。我们已经（在提到诺齐克的赋权理论时）讲过，批评家对洛克分析理路之正确性产生了怀疑，而且还指出，若将洛克本人所阐释的限制条件（proviso）加诸其本人的分析理路之上，实际上就会削弱该种分析理路对于论证现实世界中私有财产正当性的效力。洛克理论之正确性的基础在于(a) 有关个人对其自身具有所有权之正义性的（有些武断的？）假设（假如没有这一假设，人们就很难奢谈个人将其"劳动力"与自然赋予的物体相结合的事情）；和（b）他坚信，个人将劳动力与一件物品相结合后，的确是将该件物品的所有权赋予了劳动者。

批评家则质疑这种想法，认为其太过主观和武断。

　　洛克条件中存在的问题，源于洛克对其学说设置了限定性条件，其目的在于只让其学说适用于某些特定的情形，在其中，即便某个人已经将其劳动力跟自然赋予的物品相结合，仍然有很多同类物品可以被其他人占有（Lock，1937）。但一些评论家指出，在现实世界中，由于经济稀缺性，洛克的这项条件就会让其对私人占取的正当性论证变得几乎完全不关紧要。我们想说的是，有一种"发现者即占有者"的观点，其基础就是承认"发现具备创造性"这一观念所具备的道德意义，而如果用这种观念来论证从自然状态中先行占取财产的正当性，可能会更有说服力。

　　"发现者即占有者"的思维路径，将会给那些能够发现无主（因为不为人所知）的资源、因而便先行占取了该资源的人，赋予正当的所有权。其所有权之正义性，被视为源于纯粹发现行为的创造性（而非源于先占者将其自身所有的资源与这些无主资源的结合）①关于先占财产之正当性所抱有的这种观点，并不需要套用洛克条件。该条件背后的理念是这样一种解释（Nozick，1974：177），即假如这种私有财产的占取方式会危害他人（而且，如果不是有充分的资源留给他人，那么，私人占取之后就必然会限制可供他人支配的公共资源），那它就是不正当的。但是，从以发现的创造性为基础的"发现者即占有者"之伦理视角来看，这种理念可以被合理地认为对于纯粹的发现行为无关紧要。发现行为（即使它会导致对先前未被发现的稀缺资源的私人占取）未必会危害他人，因为这种资源在原先对于其他人来讲，相当于根本就不存在。甲现在发现一项资源后，并不妨碍乙现在的利用状况（甚至也不影响其未来情况），因为现在（例如，就在甲发现该项资源前的一秒钟）就乙而言，该项资源并不存在（而其在未来出现的

----

　　① 个人对自身的所有权，可以被看成是一般"发现"分析理路中的特例。

情况也没有被预知）。一种可能是，假如甲现在还没有发现这种资源，那么乙很可能会在随后不久发现它（这样的话，甲对发现物的占取就限制了乙未来对它可能所做的利用），但这种可能性似乎也根本不是一种重要的情形。甲现在正在创造的物品，即便乙在未来某个时间或许也能创造出来，但也很难说甲现在（因为"妨碍"乙创造该事物而）危害到乙。一旦甲通过发现而创造出该物品，那么乙就绝不可能独立地创造它，因为对于人类而言，该物品已经存在了，而且本着人类的目的。在假定未来会发现该物品之前，事实上任何人都不能够预见其被发现。当它发生时，它肯定是一种纯粹的创制，这样一旦甲现在完成了发现，那么未来乙可能会发现的情况就完全是一种臆测。现在如果乙说其"将要"在未来做出同一发现，就相当于要根据未来的事件来重写历史——而这些事件绝不可能寄寓在先前历史的发展进程当中。在"发现者即占有者"的伦理框架内，根本就不适用洛克条件。

"发现者即占有者"与资本主义的正义性

一旦我们在发现行为中为先占产权的正义性理念——因而也就为私有制——找到了稳固的依据，接下来就该为资本主义市场制度的正义性提供更加综合的论证了。这种论证可能会利用诺齐克的赋权理论分析理路，但是，需要加上一些修正，从而能够弥补我们在赋权理论中所发现的那种缺憾。这项缺憾就是该理论在纯利润方面可能具有的弱点。我们认为，纯利润在赋权理论当中可能并不完全能够立足，因为（在导致纯利润的交易当中所出现的）纯粹失误可能会被认为足以削弱相关交易当中表面上的自愿性。现在，我们有了关于发现的观察视角，就能够让我们理解到利润中的一个新维度，而这种维度在我们已经批评过的"给定馅饼"视角中并没有被注意到。

纯利润的那些性质似乎就是造成赋权理论缺陷的原因，而从发现的视角来看，那些性质足以证明利润乃是一项完全因发现而实现的得益。我们再回顾一下，纯利润的问题就在于，从提供的生产性贡献角度看，好像根本无法"证明"纯利润的正当性（因为按照定义，利润就是抛除**全部**必要的生产成本后所留下的部分，包括让产品流转到最终的买家环节中所发生的必要交通成本和交易成本）。此外，我们再回顾一下，从剩余利润的性质来讲，（转手卖掉的产品产生利润后）纯利润并不一定要求付给最初的卖家以劝动他们售出（后来会被转售的）产品，因为即便不给他们这些利润，他们也会愿意出售，似乎正是这种情况才引发了有关知情自愿（informed voluntariness）的种种疑问。（或者换句话来讲就是，最终买家愿意支付较高价格、而最初的卖家愿意索取较低价格的情况，引发有关知情自愿的种种疑问。）从我们现在的视角来看，可以明白，正是因为原先的卖家根本不知道获取更高价格的可能信息，以及最终的买家根本不知道他们本来可能以较低的价格获得某件商品，所以，高价与低价之间的价差在他们看来就成为尚未被发现的机会。企业家低价购进、高价卖出，其实就是在利用其发现的商机。从"发现者即占有者"的观点来看，企业家就有权占用他的获利，因为从某种意义上讲，这部分价值就是他创造出来的。

的确，只要我们了解一下企业家精神在市场体制中所发挥的重要作用，就能够让我们理解整个资本主义制度**基本上就是由很多发现行为所构成的**。从事前视角来看，所有的市场交易都会要求在某种程度上透过不确定性的迷雾来展望未来，以便抓住很可能稍纵即逝的机会。在动态竞争的过程中，卖家会调整其要价方面的判断，而买家也会调整其出价方面的判断。这些出价和要价的变化就构成了已在尝试的发现行为。这些发现行为所带来的利益，在很大程度上符合了"发现者即为所有者"的原则。如果不考虑这一点，就不能评估市场结果的正义性。

关于资本主义制度正义性的标准理论，似乎认为市场无论什么时候都完全处于一般均衡状态。这样一种市场模型，并没有考虑企业家的作用，没有考虑纯粹犯错，没有考虑那些受到忽视但可不费成本即可利用的机会——简言之，没有考虑发现及其伦理意蕴。一旦我们从对市场正义的讨论中剔除了"给定馅饼"阴影的束缚——这种阴影的束缚就潜藏在完全均衡的市场观念当中——那么，我们就可以郑重地引入考量"发现者即占有者"原则可能具有的重要性了。"发现者即占有者"的伦理观，为证明资本主义制度的正义性提供了一种可信的依据。这样一种伦理观为初次从自然获取产权提供了新的支持——且不受任何洛克条件的限制。此外，这样一种伦理观还提供了一种坚实的理论，用来论证纯利润可能的正义性。只要资本主义制度下的资源性收入中含有发现元素，那么按照"发现者即为所有者"的伦理观，这些收入就可以被认为是正义的，至少从部分意义来说是如此。这些观点综合起来，将构成辩护资本主义制度正义性的标准理论的重要补充。这些见解并不认为资本主义已经全无瑕疵了（因为无论在什么情况下，严格意义上的正义并不是评判人际道德的唯一标准）。这些洞见当然也并不认为资本主义制度史上的所有行为都是道德的、甚或正义的。然而，这些洞见都在努力说明一点，即不必因为资本主义制度中含有内在不公平因素便对其弃而不用。在私有制与自由交换的框架内，可以实现道德水平的提高，而不必要坚持认定选择资本主义就等于选择了注定错误的人类制度。

参 考 文 献

Addleson, M. (1984) 'Robbins's essay in retrospect: on subjectivism and an "economics of choice"', *Rivista Internazionale Di Scienze Economiche e Commerciali* 31 (6).

Andrews, J. K. (ed.) (1981) *Homage to Mises, the First Hundred Years*, Hillsdale, MI: Hillsdale College Press.

Bernholz, P. (1971) 'Superiority of roundabout processes and positive rate of interest. A simple model of capital and growth', *Kyklos* 24 (4): 687-721.

Bernholz, P. and Faber, M. (1973) 'Technical superiority of roundabout processes and positive rate of interest. A capital model with depreciation and n-period horizon', *Zeitschrift für die gesamte Staatswissenschaften* 129 (1), February: 46-61.

Bien (Greaves), B. (1969) *The Works of Ludwig von Mises*, Irvington-on Hudson, NY: Foundation for Economic Education.

Boehm, S. (1985) 'The political economy of the Austrian School', in P. Roggi (ed.) *Gli Economisti e la Political Economica*, Naples: Edizioni Scientifiche Italiene.

Böhm-Bawerk, E. von (1886) 'Grundzuge der Theorie des Wirtschaftlichen Guterwerths', *Conrad's Jahrbuch* 1-88, 477-541.

Böhm-Bawerk, E. von (1889) *Positive Theorie des Kapitales*, Innsbruck: Wagner.

Böhm-Bawerk, E. von (1891) 'The Austrian economists', *Annals of the American Academy of Political and Social Science*, January: 361−84.

Böhm-Bawerk, E. von (1949) *Karl Marx and the Close of His System*, New York: Kelley, ed. P. Sweezy (originally published as *Zum Abschluss der Marxschen Systems*, 1896: trans. as *Karl Marx and the Close of His System*, 1898).

Böhm-Bawerk, E. von (1959) *Capital and Interest*, South Holland, IL: Libertarian Press (originally published as *Geschichte und Kritik der Kapitalzins Theorien*, 1884).

Bostaph, S. (1978) 'The methodological debate between Carl Menger and the German Historicists', *Atlantic Economic Journal* 6 (3), September: 3−16.

Buchanan, J. A. (1982) 'Order defined in the process of its emergence', *Literature of Liberty* 5 (4): 5.

Buchanan, J. M. (1964) 'What should economists do?', *Southern Economic Journal* 30, January: 213−22.

Buchanan, J. M. (1977) 'Law and the invisible hand', in *Freedom in Constitutional Contract*, College Station, TX: Texas A & M University Press.

Buchanan, J. M. (1982) 'The domain of subjective economics: between predictive science and moral philosophy', in I. M. Kirzner (ed.). *Method, Process, and Austrian Economics: Essays in Honor of Ludwig von Mises*, Lexington, MA: D. C. Heath.

Buchanan, J. M. (1986) 'Cultural evolution and institutional reform', in *Liberty, Market and State*, New York: New York University Press.

Buchanan, J. M. and Vanberg, V. J. (1990) 'The market as a

creative process', unpublished manuscript, April.

Bukharin, N. (1972) *The Economic Theory of the Leisure Class*, New York: Monthly Review Press (first published in Russian, 1914; translated by M.Lawrence, 1927).

Clark, J.B. (1899) *The Distribution of Wealth*, New York and London: Macmillan.

Coase, R.H. (1937) 'The nature of the firm', *Economica* (NS) 4: 386-405.

Davidson, G.and Davidson, P. (1988) *Economics For a Civilized Society*, New York: W.W.Norton.

Dobb, M. (1973) *Theories of Value and Distribution since Adam Smith*, Cambridge: Cambridge University Press.

Dolan, E. (1983) *Basic Economics*, 3rd edn, London: Dryden Press.

Ebeling, R.M. 'Action analysis and economic science, the economic contributions of Ludwig von Mises', unpublished doctoral dissertation, University College, Cork.

Epstein, R.A. (1979) 'Possession as the root of title', *Georgia Law Review* 13: 1221.

Etzioni, A. (1988) *The Moral Dimension: Toward a New Economics*, New York: Free Press.

Faber, M. (1979) *Introduction to Modern Austrian Capital Theory*, Berlin: Springer.

Fisher, F.M. (1983) *Disequilibrium Foundations of Equilibrium Economics*, Cambridge and New York: Cambridge University Press.

Fisher, I. (1930) *The Theory of Interest*, New York: Macmillan.

Frank, R.H. (1988) *Passions within Reason: The Strategic Role of the Emotions*, New York: W.W.Norton.

Friedman, M. (1962) *Capitalism and Freedom*, Chicago, IL: University of Chicago Press.

Frydman, R. (1982) 'Towards an understanding of market processes: individual expectations, learning and convergence to rational expectations equilibrium', *American Economic Review* 72: 652–68.

Garrison, R.W. (1978) 'Austrian macroeconomics: a diagrammatical exposition', in L.M.Spadaro (ed.) *New Directions in Austrian Economics*, Kansas City, KS: Sheed, Andrews & McMeel.

Garrison, R. W. (1982) 'Austrian economics as the middle ground: comment on Loasby', in I.M.Kirzner (ed.) *Method, Process and Austrian Economics, Essays in Honor of Ludwig von Mises*, Lexington, MA: D.C.Heath.

Garrison, R. W. (1985) 'Time and money: the universals of macroeconomic theorizing', *Journal of Macroeconomics* 6 (2), Spring: 197–213.

Garrison, R. W. (1987) 'The kaleidic world of Ludwig Lachmann', *Critical Review* 1 (3): 77–89.

Grassl, W. and Smith, B. (eds.) (1986) *Austrian Economics, Historical and Philosophical Background*, New York: New York University Press.

Gray, J. (1982) 'F.A.Hayek and the rebirth of classical liberalism', *Literature of Liberty* 5 (4): 56–9.

Greaves, P.L.Jr (1978) 'Introduction', in *Ludwig von Mises, On The Manipulation of Money and Credit*, Dobbs Ferry, NY: Free Market Books.

Gross, G. (1884) *Die Lehre von Unternehmergewinn*, Leipzig.

Grossman, S. (1976) 'On the efficiency of competitive stock markets where traders have diverse information', *Journal of Finance*

31: 573-85.

Grossman, S.and Stiglitz, J.E. (1976) 'Information and competitive price systems', *American Economic Review*, *Proceedings* 66: 246-53.

Grossman, S.and Stiglitz, J.E. (1980) 'On the impossibility of informationally efficient markets', *American Economic Review* 70: 393-402.

Gwartney, J.D.and Stroup, R. (1982) *Economics, Private and Public Choice*, 3rd edn, New York: Academic Press, Chapter 3.

Hausman, D. M. (1981) *Capital, Profits, and Prices*, New York: Columbia University Press.

Hayek, F. A. (1931) *Prices and Production*, London: Routledge.

Hayek, F.A. (1933) *Monetary Theory and the Trade Cycle*, London: Jonathan Cape.

Hayek, F. A. (1935) *Collectivist Economic Planning*, London: Routledge & Kegan Paul.

Hayek, F.A. (1939) *Profits, Interest and Investment: and Other Essays on the Theory of Industrial Fluctuations*, London: Routledge & Kegan Paul.

Hayek, F. A. (1949a) *Individualism and Economic Order*, London: Routledge & Kegan Paul.

Hayek, F.A. (1949b) 'The use of knowledge in society', in *Individualism and Economic Order*, London: Routledge & Kegan Paul (originally published in *American Economic Review* 35 (4) (1945): 519-30).

Hayek, F.A. (1949c) 'Economics and knowledge', in *Individualism and Economic Order*, London: Routledge & Kegan Paul

(originally published in *Economica* 4, February 1937).

Hayek, F.A. (1949d) 'Socialist calculation III: the competitive "solution"', in *Individualism and Economic Order*, London: Routledge & Kegan Paul.

Hayek, F.A. (1949e) 'The meaning of competition', in *Individualism and Economic Order*, London: Routledge & Kegan Paul.

Hayek, F. A. (1949f) 'Socialist calculation I: the nature and history of theproblem', in *Individualism and Economic Order*, London: Routledge & Kegan Paul.

Hayek, F.A. (1955) *The Counter-Revolution of Science.Studies on the Abuse of Reason*, Glencoe, IL: Free Press.

Hayek, F.A. (1960) *The Constitution of Liberty*, Chicago, IL: University of Chicago Press.

Hayek, F.A. (1967a) 'Kinds of rationalism', in *Studies in Philosophy, Politics and Economics*, Chicago, IL: University of Chicago Press.

Hayek, F.A. (1967b) 'The results of human action but not of human design', in *Studies in Philosophy, Politics and Economics*, Chicago, IL: University of Chicago Press.

Hayek, F. A. (1968) 'Economic thought VI: the Austrian School', in D. L. Sills (ed.) *International Encyclopedia of the Social Sciences*, New York: Macmillan.

Hayek, F. A. (1973) *Law, Legislation and Liberty*, Vol. 1, *Rules and Order*, Chicago, IL: University of Chicago Press.

Hayek, F.A. (1978a) *New Studies in Philosophy, Politics, Economics, and the History of Ideas*, Chicago, IL: University of Chicago Press.

Hayek, F.A. (1978b) 'Competition as a discovery procedure',

in *New Studies in Philosophy*, *Politics*, *Economics and the History of Ideas*, Chicago, IL: University of Chicago Press (first presented as a lecture, 1968).

Hayek, F.A. (1978c) 'Dr Bernard Mandeville', in *New Studies in Philosophy*, *Politics*, *Economics and the History of Ideas*, Chicago, IL: University of Chicago Press.

Hayek, F.A. (1979) *Law, Legislation and Liberty*, Vol.3, *The Political Order of a Free People*, Chicago, IL: University of Chicago Press.

Hayek, F.A. (1981) 'Introduction', in C.Menger, *Principles of Economics*, New York and London: New York University Press (originally published as 'Introduction', in *Collected Works of Carl Menger*, London: London School of Economics, 1934).

Hicks, J. (1973) *Capital and Time: A Neo-Austrian Theory*, Oxford: Clarendon Press.

Hicks, J.R.and Weber, W. (1973) *Carl Menger and the Austrian School of Economics*, Oxford: Clarendon Press.

Hutchison, T.W. (1953) *A Review of Economic Doctrines*, 1870–1929, Oxford: Clarendon Press.

Jaffé, W. (1976) 'Menger, Jevons, and Walras de-homogenized', *Economic Inquiry* 14 (4): 511–24.

Jevons, W.S. (1871) *The Theory of Political Economy*, London: Macmillan.

Kauder, E. (1965) *A History of Marginal Utility Theory*, Princeton, NJ: Princeton University Press.

Kirzner, I.M. (1960) *The Economic Point of View*, Princeton, NJ: Van Nostrand.

Kirzner, I.M. (1963) *Market Theory and the Price System*, Princeton, NJ: Van Nostrand.

Kirzner, I. M. (1973) *Competition and Entrepreneurship*, Chicago, IL: University of Chicago Press.

Kirzner, I. M. (1978) *Wettbewerb und Unternehmertum*, Walter Eucken Institut, Wirtschaftswissenschaftliche und wirtschaftsrechtliche Untersuchungen 14, Tubingen: J.C.B.Mohr/P.Siebeck (translation of Competition and Entrepreneurship).

Kirzner, I.M. (1979a) *Perception, Opportunity and Profit*, Chicago, IL: University of Chicago Press.

Kirzner, I.M. (1979b) 'The entrepreneurial role in Menger's system', in *Perception, Opportunity and Profit*, Chicago, IL: University of Chicago Press, pp.62-9 (originally published in *Atlantic Economic Journal*, September 1978).

Kirzner, I. M. (1981) 'Mises and the renaissance of Austrian economics', in J.K.Andrews Jr (ed.) *Homage to Mises, the First Hundred Years*, Hillsdale, MI: Hillsdale College Press.

Kirzner, I. M. (1984a) 'Prices, the communication of knowledge, and the discovery process', in K. R. Leube and A. H. Zlabinger (eds.) *The Political Economy of Freedom, Essays in Honor of F.A.Hayek*, Munich: Philosophia Verlag.Reprinted here as Chapter 8.

Kirzner, I.M. (1984b) 'Economic planning and the knowledge problem', *Cato Journal* 4 (2): 407-18.Reprinted here as Chapter 9.

Kirzner, I.M. (1985a) *Discovery and the Capitalist Process*, Chicago, IL: University of Chicago Press.

Kirzner, I.M. (1985b) 'Comment on R.N.Langlois, "From the knowledge of economics to the economics of knowledge: Fritz Machlup on methodology and on the 'Knowledge Society' " ', in W.J.Samuels (ed.) Research *in the History of Economic Thought and Methodology*,

Greenwich, CT: JAI Press .

Kirzner, I.M. (1987) 'Spontaneous order and the case for the free market', *Ideas on Liberty: Essays in Honor of Paul L.Poirot*, Irvington-on-Hudson, NY: Foundation for Economic Education.

Kirzner, I. M. (1989) *Discovery, Capitalism, and Distributive Justice*, Oxford: Basil Blackwell.

Knight, F. H. (1935) 'Marginal utility economics', in *The Ethics of Competition and Other Essays*, New York: Harper, Chapter v (originally published in *Encyclopedia of the Social Sciences*, 1931).

Knight, F.H. (1950) 'Introduction', in C.Menger, *Principles of Economics*, Glencoe, IL: Free Press.

Kohler, H. (1982) *Intermediate Microeconomics, Theory and Applications*, Glenview, IL: Scott, Foresman.

Komorzynski, J.von (1889) *Der Werth in der isolirten Wirthschaft*, Vienna: Manz.

Kregel, J.A. (1986) 'Conceptions of equilibrium: the logic of choice and the logic of production', in I. M. Kirzner (ed.) Subjectivism, *Intelligibility, and Economic Understanding, Essays in Honor of Ludwig M.Lachmann on His Eightieth Birthday*, New York: New York University Press.

Lachmann, L. (1973) *Macro-economic Thinking and the Market Economy*, London: Institute of Economic Affairs.

Lachmann, L.M. (1976) 'From Mises to Shackle: an essay on Austrian economics and the kaleidic society', *Journal of Economic Literature* 14 (10), March: 54-62.

Lachmann, L. (1977) 'Austrian economics in the present crisis of economic thought', in *Capital, Expectations, and the Market Process*, Kansas City, KS: Sheed, Andrews & McMeel.

Lachmann, L.M. (1978) 'Carl Menger and the incomplete revolution of subjectivism', *Atlantic Economic Journal* 6 (3), September: 57.

Lachmann, L.M. (1986a) *The Market as an Economic Process*, Oxford: Basil Blackwell.

Lachmann, L.M. (1986b) 'Austrian economics under fire: the Hayek – Sraffa duel in retrospect', in W.Grassl and B.Smith (eds.) *Austrian Economics, Historical and Philosophical Background*, New York: New York University Press.

Lange, O. (1964) 'On the economic theory of socialism', in B. E.Lippincott (ed.) *On the Economic Theory of Socialism*, New York: McGraw-Hill.

Lavoie, D. (1985a) *Rivalry and Central Planning: The Socialist Calculation Debate Reconsidered*, Cambridge: Cambridge University Press.

Lavoie, D. (1985b) *National Planning: What is Left?*, Cambridge, MA: Ballinger.

Leser, N. (ed.) (1986) *Die Wiener Schule der Nationalökonomie*, Vienna: Hermann Böhlau.

Little, I.M.D. (1957) *A Critique of Welfare Economics*, 2nd edn, Oxford: Clarendon Press.

Loasby, B.J. (1982) 'Economics of dispersed and incomplete information', in I.M.Kirzner (ed.) Method, *Process and Austrian Economics, Essays in Honor of Ludwig von Mises*, Lexington, MA: D.C. Heath.

Loasby, B.J. (1989) *The Mind and Method of the Economist, A Critical Appraisal of Major Economists in the 20th Century*, Aldershot: Edward Elgar.

Locke, J. (1937) *An Essay Concerning the True Original Extent and End of Civil Government*, New York: Appleton Century Crofts, section 27.

Machlup, F. (1963) 'Statics and dynamics: kaleidoscopic words', in *Essays in Economic Semantics*, Englewood Cliffs, NJ: Prentice-Hall (originally published in *Southern Economic Journal*, October 1959).

Machlup, F. (1972) 'The universal bogey: economic man', in M.Peston and B.Corry (eds.) *Essays in Honour of Lord Robbins*, London: Weidenfeld & Nicolson.

Machlup, F. (1976) 'Hayek's contribution to economics', in *Essays on Hayek*, New York: New York University Press (originally published in *Swedish Journal of Economics* 76, December 1974).

Machlup, F. (1981) 'Ludwig von Mises: the academic scholar who would not compromise', *Wirtschaftspolitischen Blätter* 4.

Machlup, F. (1982) 'Austrian economics', in D. Greenwald (ed.) *Encyclopedia of Economics*, New York: McGraw-Hill.

Mäki, U. (1990) 'Mengerian economics in realist perspective', in B. Caldwell (ed.) *Carl Menger and his Legacy in Economics*, Durham, NC: Duke University Press.

Mataja, V. (1884) *Der Unternehmergewinn*, Vienna.

Mayer, H. (1932) 'Der Erkenntniswert der Funktionellen Preistheorien', in H.Mayer (ed.) *Die Wirtschaftstheorie der Gegenwart*, Vienna.

McCulloch, J.H. (1977) 'The Austrian theory of the marginal use and of ordinal marginal utility', *Zeitschrift für Nationalökonomie* 3-4.

Menger, C. (1884) *Die Irrthümer des Historismus in der deutschen*

Nationalökonomie, reprinted in *Gesammelte Werke* 3: 93.

Menger, C. (1891) 'Die Social-Theorien der classischen National-Oekonomie und die moderne Wirtschaftspolitik', reprinted in *Gesammelte Werke* 3: 245.

Menger, C. (1981) *Principles of Economics*, New York: New York University Press (originally published as *Grundsätze der Volkswirtschaftslehre*, Wien: Wilhelm Braumüller, 1871: translated and edited by J. Dingwall and B. F. Hoselitz, Glencoe, IL: Free Press, 1950).

Menger, C. (1985) *Investigations into the Method of the Social Sciences with Special Reference to Economics*, transl. F. J. Nock, New York: New York University Press (originally published as *Untersuchungen über der Methode der Socialwissenschaften und der Politischen Oekonomie insbesondere*, Leipzig: Duncker and Humblot, 1883; translation first published as *Problems of Economics and Sociology*, Urbana, IL: University of Illinois, 1963).

Menger, K. Jr (1973) 'Austrian marginalism and mathematical economics', in J.R. Hicks and W. Weber (eds.) *Carl Menger and the Austrian School of Economics*, Oxford: Clarendon Press.

Meyer, R. (1887) *Das Wesen des Einkommens: Eine volkswirthschaftliche Untersuchung*, Berlin: Hertz.

Mises, L. von (1920) 'Economic calculation in the socialist commonwealth', translated in F. A. Hayek (ed.) (1935) *Collectivist Economic Planning*, London: Routledge & Kegan Paul.

Mises, L. von (1936) *Socialism: An Economic and Sociological Analysis*, London: Jonathan Cape (translation from the German of *Die Gemeinwirtschaft*, 1st edn 1922, 2nd edn 1932).

Mises, L. von (1940) *Nationalökonomie, Theorie des Handelns und Wirtschaftens*, Geneva: Editions Union.

Mises, L. von (1943) ' "Elastic expectations" and the Austrian theory of the trade cycle', *Economica* 10, August: 251-2.

Mises, L. von (1960) *Epistemological Problems of Economics*, Princeton, NJ: Van Nostrand (translation of Grundprobleme der Nationalökonomie, 1933).

Mises, L. von (1966) *Human Action, a Treatise on Economics*, 3rd edn, Chicago, IL: Henry Regnery (originally published as Human Action, New Haven, CT: Yale University Press, 1949).

Mises, L. von (1969) *The Historical Setting of the Austrian School of Economics*, New Rochelle, NY: Arlington House.

Mises, L. von (1978) *Notes and Recollections*, South Holland, IL: Libertarian Press.

Mises, L. von (1980) *Theory of Money and Credit*, Indianapolis, IN: Liberty Classics (originally published as Theorie des Geldes und der Umlaufsmittel, 1912: translated as *Theory of Money and Credit*, 1934; also New Haven, CT: Yale University Press, 1953).

Moss, L. (ed.) (1976) *The Economics of Ludwig von Mises, Toward a Critical Reappraisal*, Kansas City, KS: Sheed and Ward.

Mydral, G. (1954) *The Political Element in the Development of Economic Theory*, Cambridge, MA: Harvard University Press.

Nelson, R.R. (1981) 'Assessing private enterprise: an exegesis of tangled doctrine', *Bell Journal of Economics* 12 (1): 93-111.

Nielsen, K. (1985) *Equality and Liberty, A Defense of Radical Egalitarianism*, Totowa, NJ: Rowman & Allanheld.

Nozick, R. (1974) *Anarchy, State and Utopia*, New York: Basic Books.

O'Driscoll, G.P.Jr (1977) *Economics as a Coordination Problem*,

The Contributions of Friedrich A.Hayek, Kansas City, KS: Sheed, Andrews & McMeel.

O'Driscoll, G. P. Jr (1978) ' Spontaneous order and the coordination of economic activities', in L.M.Spadaro (ed.) *New Directions in Austrian Economics*, Kansas City, KS: Sheed, Andrews & McMeel.

O'Driscoll, G.P. Jr and Rizzo, M.J. (1985) *The Economics of Time and Ignorance*, Oxford: Basil Blackwell.

Orosel, G.O. (1981) ' Faber's modern Austrian capital theory: a critical survey', *Zeitschrift für Nationalökonomie* 141-55.

Pareto, V. (1927) *Manual d'économie politique*, 2nd edn, Paris.

Parsons, T. (1934) 'The nature and significance of economics', *Quarterly Journal of Economics* May: 512.

Philippovich, E.von Philippsberg (1893) *Grundriss der Politischen Ökonomie*, Freiburg: Mohr.

Posner, R.A. (1983) ' Utilitarianism, economics and social theory', *The Economics of Justice*, Cambridge, MA: Harvard University Press.

Robbins, L. (1935) *An Essay on the Nature and Significance of Economic Science*, 2nd edn, London: Macmillan (1st edn 1932).

Rothbard, M.N. (1956) ' Toward a reconstruction of utility and welfare economics', in M.Sennholz (ed.) *On Freedom and Free Enterprise*, Princeton, NJ: Van Nostrand, pp.224-62.

Rothbard, M.N. (1962) *Man, Economy, and State: A Treatise on Economic Principles*, Princeton, NJ: Van Nostrand.

Rothbard, M.N. (1973) *The Essential von Mises*, Bramble Minibooks.

Ruskin, J. (1934) *Unto This Last*, Oxford: Humphrey Milford, Oxford University Press.

Sax, E. (1887) *Grundlegung der Theoretischen Staatswirtschaft*, Vienna: Holder.

Schultz, T.W. (1975) 'The value of the ability to deal with dis-equilibria', *Journal of Economic Literature* 13 (3) September: 827-46.

Schumpeter, J.A. (1908) *Das Wesen und der Hauptinhalt der Theoretischen Nationalökonomie*, Leipzig: Duncker & Humblot.

Schumpeter, J.A. (1934) *The Theory of Economic Development*, Cambridge, MA: Harvard University Press (originally published as *Theorie der Wirtschaftlichen Entwicklung*, Leipzig: Duncker & Humblot, 1912).

Schumpeter, J.A. (1950) *Capitalism, Socialism and Democracy*, 3rd edn, New York: Harper & Row.

Schumpeter, J.A. (1954) *History of Economic Analysis*, New York: Oxford University Press.

Sennholz, H.F. (1978) 'Postscipt', in Ludwig von Mises, *Notes and Recollections*, South Holland, IL: Libertarian Press.

Shackle, G.L.S. (1970) *Decision, Order and Time in Human Affairs*, 2nd edn, Cambridge: Cambridge University Press (originally published 1969).

Shackle, G.L.S. (1972) *Epistemics and Economics: A Critique of Economic Doctrines*, Cambridge: Cambridge University Press.

Shackle, G.L.S. (1983) 'The bounds of unknowledge', in J. Wiseman (ed.) *Beyond Positive Economics?*, London: Macmillan.

Shackle, G.L.S. (1986) 'The origination of choice', in I.M. Kirzner (ed.) *Subjectivism, Intelligibility and Economic Understanding*,

Essays in Honor of Ludwig M.Lachmann on his Eightieth Birthday, New York: New York University Press.

Souter, R.W. (1933) 'The nature and significance of economic science in recent discussion', *Quarterly Journal of Economics* 47: 377.

Sowell, T. (1980) *Knowledge and Decisions*, New York: Basic Books.

Stigler, G. J. (1959) 'The politics of political economists', *Quarterly Journal of Economics*, November.

Stigler, G.J. (1982) 'The economist as preacher', in *The Economist as Preacher and other Essays*, Chicago, IL: University of Chicago Press.

Stigler, G.J. (1984) 'Wealth, and possibly liberty', *The Intellectual and the Marketplace*, Cambridge, MA: Harvard University Press.

Streissler, E. (1969) 'Structural economic thought: on the significance of the Austrian School today', *Zeitschrift für Nationalökonomie* 29 (3-4), December: 237-66.

Streissler, E. (1972) 'To what extent was the Austrian School marginalist?', *History of Political Economy* 4 (2), Fall: 426-61.

Streissler, E. (1973) 'The Mengerian Tradition', in J.R.Hicks and W. Weber (eds.) *Carl Menger and the Austrian School of Economics*, Oxford: Clarendon Press.

Streissler, E. (1986) 'Arma virumque cano. Friedrich von Wieser, the bard as economist', in N.Leser (ed.) *Die Wiener Schule der Nationalökonomie*, Vienna: Hermann Böhlau.

Streissler, E. (1988) 'The intellectual and political impact of the Austrian School of economics', *History of European Ideas* 92.

Streissler, E. (1990) 'Menger, Böhm-Bawerk, and Wieser: the origins of the Austrian School', in K.Hennings and W.J.Samuels (eds.)

Neoclassical Economic Theory, *1870 to 1930*, Boston, MA: Kluwer.

Vaughn, K.I. (1976) 'Critical discussion of the four papers', in L.S.Moss (ed.) *The Economics of Ludwig von Mises: Toward a Critical Reappraisal*, Kansas City, KS: Sheed and Ward.

Walras, L. (1874) *Eléments d'économie politique pure*, Lausanne: Corbaz.

Walsh, V.C. (1970) *Introduction to Contemporary Microeconomics*, New York: McGraw-Hill.

White, L. H. (1984) *The Methodology of the Austrian School Economists*, revised edition, Auburn, AL: The Ludwig von Mises Institute of Auburn University (originally published 1977).

Wieser, F. von (1884) *Ursprung des Wirtschaftlichen Wertes*, Vienna: Hölder.

Wieser, F.von (1956) *Natural Value*, New York: Kelley (originally published as *Der Naturliche Werth*, Vienna: Holder, 1889, trans.as *Natural Value*, ed.W.Smart, London: Macmillan, 1893).

Wieser, F. von (1967) *Social Economics*, New York: Kelley (originally published as *Theorie der Gesellschaftlichen Wirtschaft*, Tubingen: J.C.B.Mohr, 1914: trans.by A.F.Hinrichs as *Social Economics*, New York: Adelphi; London: Allen & Unwin, 1927).

Wiseman, J.A. (1990) 'General equilibrium or market process: an evaluation', in A.Bosch, P.Koslowski and R.Veit (eds.) *General Equilibrium or Market Process, Neoclassical and Austrian Theories of Economics*, Tubingen: J.C.B.Mohr, pp.145–63.

Zuckerkandl, R. (1889) *Zur Theorie des Preises*, Leipzig: Stein.

Zweig, M. (1970) 'A New Left critique of economics', in D. Mermelstein (ed.) *Economics: Mainstream Readings and Radical Critiques*, New York: Random House.

索　引

Addleson, M. 埃德尔森，M. 124-5, 230

Aggregate well-being, in welfare economics　总福利，见“福利经济学”92

Alertness, entrepreneurial see entrepreneurship　警觉，企业家的，见“企业家才能”，或“企业家精神”

Andrews, J. K. 安德鲁斯，J. K.

Arbitrage; intertemporal　套利的；跨期的，50

Austrian economics, and classical liberalism　奥地利学派经济学，和古典自由主义，10, 86-99

　and co-ordination thought　和协调思想 67-8

　and libertarian thought　和自由至上主义思想 67-8

　and Marxism　和马克思主义 61, 68

　and subjectivism　和主观主义 119-36

　(see also Austrian economics, radical subjectivist criticism of)（还可参阅奥地利学派经济学，极端主观主义的批判）

　and welfare economics　和福利经济学 111-15, 180-92

　apolitical stance of　无关政治的立场 68, 89, 96

　as absorbed into the mainstream　被吸收进主流经济学 63, 64, 67, 84

　as "middle ground"　作为“中间立场”3-37

　central ideas of　核心思想 64, 66

contemporary revival　现代复兴 66-7

emergence of　出现 57-136

founders　创立者 58-62

in interwar period　两战的间期 62-6

major representatives of　主要的代表人物 57-69

modern　现代 66-9，100，119-36

radical subjectivist criticism of　极端主观主义批判 8，19-20

theory of business cycle　商业周期理论 63

used as pejorative　作为贬义词的 59

various meanings of　各种含义 66-9

versus equilibrium and neoclassical economics　与均衡的和新古典经济学比较 68

view of market as a process　市场作为一种过程的观点 3-37，105-11

see also methodenstreit　还可参阅"方法论大论战"

Bastiat, F.　巴斯夏，F. 35

Becker, G.　贝克尔，G. 199

Bernholz, P.　伯恩霍尔兹，P. 67

Bien (Greaves), B.　宾恩（格利乌斯），B. 230

Boehm, S.　伯姆，S.　87，89，95，98-9，227，229

Böhm-Bawerk, E. von　庞巴维克，E. 冯　57，59，60，61，62，63，67，80-3，84，87，88，125，229

Bostaph, S.　鲍斯特夫，S. 59

Buchanan, J. M.　布坎南，J. M. 16，17，18，21，122，165，184，230，232

Bukharin, N.　布哈林，N. 61，89，93，96，97

Calculation, see Socialist economic calculation　计算，见"社会主义经济计算"

Capital theory 资本理论 60, 63, 67

Carlyle, T. 卡莱尔, T. 198

Cassel, G. 卡塞尔, G. 110

Causal-genetic see genetic-causal 因果的—发生学的 见"发生学的—因果的"

Central planning 集中计划 153

　　absence of necessary for spontaneous co-ordination 缺乏必要的自发协调 51

　　and the knowledge problem 和知识问题 157-9, 161-2

　　see also socialist economic calculation 还可参阅"社会主义经济计算"

Chamberlin, E. H. 张伯伦, E. H. 228

Clark, J. B. 克拉克, J. B. 211-12, 232

Classical economics 古典经济学 58, 71, 181-2

Coase, R. 科斯, R. 161

Competition, as dynamic discovery process 竞争, 作为发现的过程 150, 159-61

　　Entrepreneurial 企业家的 79, 85

　　perfect 完全 39

Conrad, J. 康拉德, J. 110

Consumer needs 消费者需要 73, 74-5

Consumer sovereignty 消费者主权 9-10, 11, 71-4, 92-7

Co-ordination 协调 5, 19-34, 114, 135, 141-6

　　as welfare criterion 作为福利标准 184-92

　　held to be continually full 视为连续完全的 6, 143-4

　　two meanings of 两种含义 141, 190-2

Cost, of search see search 成本, 搜寻的, 见"搜寻"

　　opportunity 机会 60, 64

Creation, in production　创造，在生产中 50

　　see also discovery　还可参阅"发现"

Davidson, G.　戴维森，G. 196-8 .

Davidson, P.　戴维森，P. 196-8

Dickinson, H. D.　迪肯森，H. D. 105, 108, 110

Diehl, K.　迪尔，K.　110

Dietzel, M.　迪策尔，M. 110

Discovery　发现 42, 66, 218-19, 231

　　and equilibration　和均衡 44-5

　　and justice　和正义 209-25

　　and luck　和幸运 219-20

　　and self-interest　和自利 203-5

　　as creation　作为创造 221

　　in the market process　在市场过程中 44-6, 105-11, 139-51, 159-61, 201

　　nature of　性质 46-9

　　see also equilibration　还可参阅"均衡"

　　disequilibration　均衡化，趋于均衡

　　disequilibrium　非均衡

　　competition　竞争

Disequilibrium, and entrepreneurial discovery　非均衡，和企业家发现 117

　　and mutual ignorance　和相互的无知 44

　　prices and market coordination　价格和市场协调 144-6

　　see also equilibrium　还可参阅"均衡"

Distribution, marginal productivity theory of　分配，~的边际生产率理论

Dobb, M.　多布，M. 229

Dolan，E.　多兰，E. 231

Durbin，E.　德宾，E.

Ebeling，R.　埃贝林，R 122，126，230

Economic calculation see socialist economic calculation　经济计算，见"社会主义经济计算"

Economic policy，possibility of under uncertainty　经济政策，不确定下的~可能性 24

Economics，and volatility of data　经济学，和数据的易变性 5

　　as science of choice　作为选择的科学　124-5

Entitlement theory　给予权益理论 211-16

Entrepreneurship，and alertness　企业家才能，企业家精神，和警觉 5，27，50，76，79，135，161-2，228

　　and Austrian middle ground　和奥地利的中间地带、中间立场 6-7

　　and coordination　和协调 13-14

　　and entrepreneurial ability　和企业家能力 26

　　see also error；profit　还可参阅"错误"；"利润"

Epstein，R.　爱泼斯坦，R.　232

equilibration　均衡化，趋于均衡 8，34-5，78

　　see also subjectivism　还可参阅"主观主义"

equilibrium，view of market　均衡，市场观　3，39-41，102

　　prices　价格 143-4

　　see also disequilibrium　还可参阅"非均衡"

Error，and profit opportunities　错误，和利润机会 79

　　by the consumer　消费者的 94

　　entrepreneurial　企业家的 13-14，19，21-3，36，45，95-6

　　in Menger　在门格尔的理论里 78

　　in regard to unknown future　涉及不可知的未来的 16-17

essentialism see methodological essentialism 实在论，见"方法实在论"

Etzioni, A. 埃齐奥尼，A. 196-200

externalities, and the knowledge problem 外部性，和知识问题 174-5

Faber, M. 费伯，M. 60, 67

Fetter, F. A. 费特，F. A. 125

Finders, keepers ethic 发现者即占有者伦理 222-6

Fisher, F. M. 费雪，F. M. 228

Fisher, I. 费雪，I. 81

Frank, R. 弗兰克，R. 196-7

Friedman, M 弗里德曼，M.

Frydman, R. 弗里德曼，R. 148

functional price theories 功能性的价格理论 65

future, and possibility of choice 未来，和选择的可能性 24, 25

    as non-existont 作为不存在的 25-6

    unknowability of ~的不可知性 16

Garrison, R. 加里森 R. 3, 5, 68, 227

    see also Garrison thesis 还可参阅"加里森命题"

Garrison thesis 加里森命题 3-37

genetic-causal approach 遗传发生学—因果分析方法

German Historical School 德国历史学派 9, 10, 58, 88-9, 90, 227

Gottl, F. 戈特尔，F. 110

Grassl, W. 格拉斯尔，W. 58

Gray, J. 格雷，J. 232

Greaves, P. L. Jr. 格利乌斯，P. L. Jr. 230

Gross, G. 格罗斯，G. 59

Grossman, S. 格罗斯曼, S. 148

Gwartney, J. D. 格瓦特尼, J. D. 231

Haberler, G. 哈伯勒, G. 62

Hamann, B. 哈曼, B. 88

Hausman, D. M. 豪斯曼, D. M. 60

Hayek, F. A. 哈耶克, F. A. 10, 12, 15, 51, 53, 61, 62, 63, 64, 65, 66, 68, 70, 75-6, 84-5, 90, 91, 100-18, 228, 229, 231, 232

  and discovery 和发现 231

  and the knowledge problem 和知识问题 152-79

  and Mises 和米塞斯 119-36

  critique of welfare economics 批判福利经济学 183-92

  on function of prices 关于价格的功能 139-51; Hicks, J. R. 希克斯, J. R. 60, 67

Hildebrand, B. 希尔德布兰特, B. 58

homo oeconomicus 经济人 195-208

human action, science of see praxeology 人的行为, 关于~的科学, 见 "人类行为学"

Hutchison, T. W. 哈奇森, T. W. 80, 112

  ignorance, and the knowledge problem 无知, 和知识问题 155-7

  invincible 不可改变的 5

  In neoclassical economics 在新古典经济学中 40

  in market process 在市场过程中 44-6

  optimal 最优 189-90

  sheer, utter, and unknown 完全的、彻底的和不可知的 22, 47, 51-2, 190

  subjectivism and 主观主义 84-5

see also disequilibrium 还可参阅 "非均衡"

search 寻找

Ikeda, S. 池田, S. 230

Illy see Schönfeld 伊利, 见 "舍恩菲尔德"

institutions, spontaneous emergence of 制度, ~的自发产生 163-79

interest theory 利息理论 60, 67, 81

Jaffé, W. 雅非, W. 58, 66, 110, 228

Jevons, W. S. 杰文斯, W. S. 58, 59, 80, 123, 228

justice 公正 209-25

see also entitlement theory 还可参阅 "给予权益理论"

Kauder, E. 考德尔, E. 80

Kaufman, F. 考夫曼, F. 63

Kirzner, I. M. 柯兹纳, I. M. 6, 12, 13, 53, 66, 68, 76, 77, 95, 112, 123, 129, 131, 185, 189, 208, 227, 228, 230, 232

Knies, K. 克尼斯, K. 58

Knight, F. H. 奈特 F. H. 71, 74, 80

knowledge, and market co-ordination 知识, 和市场协调 4-5, 75-6

communication of ~的交流 75-6, 139-51

dispersed 分散的 15, 52, 76, 113, 139-79

Hayek on 哈耶克关于 132-3

perfect 完全的 4, 77-9; tacit 隐含的 231

see also knowledge problem 还可参阅 "知识问题"

the knowledge problem, 知识问题 152-79

and evolution of social institutions 和社会制度的演化 164-79

basic 基本的 154-7

Hayek's 哈耶克的 154-7

Problem A and Problem B 问题 A 和问题 B 166-79

see also externalities　还可参阅"外部性"

Kohler, H. 科勒, H. 231

Komorzynski, J. von　科摩琴斯基, J. 冯 59

Kregel, J. 克雷格尔, J. 15, 16, 17, 18, 28, 227

labor theory of value　劳动价值论 61, 232

Lachmann, L. M. 拉赫曼, L. M. 4, 42, 43, 61, 68, 135, 227, 228, 230

laissez-faire　自由放任 86-96

　　see also Austrian economics and classical liberalism　还可参阅奥地利经济学和古典自由主义

　　Austrian economics and libertarian thought　奥地利经济学和自由至上主义思想

Lange, O. 兰格, O. 66, 102, 105, 108, 110, 117

Lavoie, D. 拉沃耶, D. 51, 66, 100-2, 106, 115, 116, 118, 136, 139-40, 152, 164, 231

learning, deliberate see search　学习, 着意的, 见搜寻

spontaneous see discovery　自发的, 见发现

Lerner, A. P. 勒纳, A. P. 102, 108, 110, 112, 117

Leser, N. 莱塞, N. 67

Leslie, Cliffe　莱斯利, 克利夫 195

　　liberty, market process and　自由, 市场过程与 38, 51-2

　　meaning of 53-4　~的含义

Liefman, R. 利夫曼, R. 110

Little, I. M. D. 利特尔, I. M. D. 112

Loasby, B. 劳斯比, B. 3, 13, 14, 21

Locke, J. 洛克, J. 214, 222-3

　　see also Lockean proviso　还可参阅"洛克条件"

Lockean proviso　洛克条件 215, 222-3

luck, and discovery 幸运，和发现 219-21

Machlup, F. 马赫卢普，F. 62, 64, 67, 122, 125, 230, 232

Mäki, U. 马基，U. 80

marginal utility theory of value 边际效用理论 73, 74

    see also marginalist revolution 还可参阅"边际主义革命"

marginalist revolution 边际主义革命 58, 89-91

marginalism 边际主义 64

market see market process 市场，参阅"市场过程"

market process, and liberty 51-2

    as concern of Austrian school 181, 187

    as entrepreneurial process 101

    meaning of 38-54

    theory of 3-37

    two competing meanings for 38-44

    see also discovery 市场过程，和自由；作为奥地利学派关注的；作为企业家过程；含义；理论；两种竞争性的含义；还可参阅"发现"

Marshall, A. 马歇尔，A. 92, 110, 112, 182

    see also Marshallian economics 还可参阅"马歇尔经济学"

Marshallian economics 马歇尔经济学 60

Marxism 马克思主义 61, 68, 89, 93, 96-7, 232

Mataja, V. 马塔亚，V. 59

maximization see Robbinsian economizing 最大化，见"罗宾斯式的经济性追求行为"

Mayer, H. 迈耶，H. 62, 64, 65, 67, 125, 126

McCulloch, J. H. 麦卡洛克，J. H. 60

Menger, C. 门格尔，C. 9, 57, 58, 59, 60, 67, 68, 121, 125, 134, 175-8, 228-9 and consumer sovereignty　和消费者主权 9-10，71-83

and higher order goods　和高级财货 60，71

and perfect knowledge　和完备知识 77-9

and social policy　和社会政策 86-99，229

and subjectivism　和主观主义 70-85

　　theory of needs 74-5　需要理论

Menger, K. Jr. 门格尔，K. Jr. 60

methodenstreit　方法论之争，方法论大论战 59

methodological essentialism　方法实在论 80-4

methodological individualism　方法论个人主义 64，181

methodological subjectivism see subjectivism　方法论主观主义，参阅
　　"主观主义"

Meyer, R. 梅耶，R. 59

Mises, L. 米塞斯，L. 11，12，27，51，61，62，63，64，65，66，
　　67，84-5，88，93，96，99，100-18，200

　　and Hayek　和哈耶克 119-36，227，228，230，231

mistake see error　错误，见"错误"

money, spontaneous emergence of　货币，～的自发产生 175-8

Morgenstern, O. 摩根斯坦，O. 62，64，125

Moss, L. 莫斯，L. 230

Myrdal, G. 缪尔达尔，G. 68，89，96

needs see consumer needs　需要，见"消费者需要"

Nelson, R. R. 尼尔森，R. R. 118

neo-Austrians see Austrian economics　新奥地利学派经济学，参阅
　　"奥地利学派经济学"

neoclassical economics　新古典经济学 3，13，82

　　see also equilibrium；还可参阅"均衡"

Nielsen, K. 尼耳森，K. 210

Nozick，R. 诺齐克，R. 211-16，223，232

O'Driscoll，G. P. 奥德里斯科尔，G. P. 68，112，122，185，227，230

Oppenheimer，F. 奥本海默，F. 110

opportunity costs see costs 机会成本，参阅"成本"

optimal allocation，in welfare economics 最优配置，福利经济学中 92，153

Orosel，G. O. 奥洛塞尔，G. O. 67

Pareto，V. 123；see also Pareto optimality 帕累托，V；还可参阅 "帕累托最优"

Pareto optimality 帕累托最优 182-3

Parsons，Talcott 帕森斯，塔尔科特 126

paths in the snow 雪地小路 175-8

Philippovich，E. von 菲利波维奇，E. 冯 59

Pigou，A. C. 庇古，A. C. 92，112，182

Polanyi，M. 波兰尼，M. 231

Posner，R. 波斯纳，R. 207

post Keynesians 后凯恩斯主义 4，15

praxeology 人类行为学 119，130

prices，function of 价格，的功能 115-18，139-51，160

process see market process 过程，参阅"市场过程"

profit 利润 26

justice of ～的正义性 212-25

motivates entrepreneurial alertness 激励企业家的警觉 50，161-2

　　see also arbitrage 还可参阅"套利"

property rights 产权 94，211-12

purposefulness 目的性 130

　　see also teleology 还可参阅"目的论"

rationality, in economic theory 理性, 经济理论中的 195-208

　　under uncertainty 不确定下的 4

Rizzo, M. J. 里佐, M. J. 68, 122, 232

Robbins, L. 罗宾斯, L. 63, 65, 113, 124 - 35, 154, 183, 200, 230

　　see also Robbinsian economizing 还可参阅 "罗宾斯式的经济性追求行为"

Robbinsian economizing 罗宾斯意义上的经济性追求行为 125-30, 154, 183, 230

Roscher, W. 罗雪尔, W. 58, 90-1

Rosenstein-Rodan, P. 罗森斯坦-罗丹, P. 62, 126

Rothbard, M. N. 罗斯巴德, M. N. 68, 230

Rudolph, Crown Prince 鲁道夫, 皇储 57, 87, 92, 98, 229

Ruskin, J. 拉斯金, J. 195, 198

Sax, E. 萨克斯, E. 59

Schams, E. 沙梅斯, E. 62

Schelling, T. 谢林, T. 197

Schmoller, G. 施穆勒, G. 58, 87, 88, 94

Schönfeld, L. 舍恩菲尔德, L. 62, 125

Schultz, T. W. 舒尔茨, T. W. 6

Schumpeter, J. A. 熊彼特, J. A. 60-1, 62, 75-6, 229

Schutz, A. 舒茨, A. 63

search 搜寻 4, 22, 40, 46, 53, 131, 162, 187-8

　　and the basic knowledge problem 和基本的知识问题 155-7

selfishness, in economics 自私, 经济学中的 197-201

self-interest 自利 195-208

　　and discovery 203-4 和发现

Sennholz, H. 森霍尔茨, H. 230

Shackle, G. L. S. 沙克尔, G. L. S. 4, 6, 7, 16, 23, 24, 25, 27, 68, 122, 123, 135, 227, 230, 232

Smith, Adam 亚当·斯密 181

Smith, B. 斯密, B. 58

social efficiency, meaning of 社会效率, 的含义 14-17

socialist economic calculation, debate over 社会主义经济计算, 的论争 51, 61, 65, 75, 85, 100-18, 163

Souter, R. W. 苏特尔, R. W. 125

Sowell, T. 索威尔, T. 148-9

Spann, O. 施潘, O. 110

state, economic role of 86, 93-5 国家, 经济角色

Stigler, G. J. 9, 207, 228 斯蒂格勒, G. J

Stiglitz, J. 148 斯蒂格利茨, J

Streissler, E. 9, 60, 62, 67, 87-8, 90, 91, 94, 98, 229 施特赖斯勒, E

Strigl, R. 62, 125, 126 施特里格尔, R

Stroup, R. 231 斯特鲁普, R

subjectivism 64, 181

　　and Menger 70-85, 229

　　and methodological essentialism 80-4

　　and possibility of equilibration 12-14

　　limited in earlier Austrian economics 121-6

　　modern Austrian extension of 119-36

　　radical 8, 19-20

　　static or dynamic 122-4, 125, 126, 133

　　see also ignorance 主观主义; 和门格尔; 和方法论本质主义; 和均衡的可能; 限制于早期的奥地利经济学; 现代奥地利的扩展; 极端的; 静态或动态的; 还可参阅 "无知"

surprise see discovery 惊奇，见"发现"

teleology, in Buchanan 目的论，布坎南的 17-19

    in Menger 门格尔的 71

    in Mises 米塞斯的 130

Uhr, C. 乌尔，C. 229

uncertainty 不确定性 4, 66, 68

utility 效用 64

    aggregate 总量 182

    see also marginal utility 还可参阅"边际效用"

Vanberg, V. 范伯格，V. 16, 18, 21

Vaughn, K. 沃恩，K. 100

Veblen, T. 凡勃伦，T. 110, 195

Voegelin, E. 沃格林，E. 63

Walras, L. 瓦尔拉斯，L. 58, 59, 80, 92, 110, 123, 228

Walsh, V. C. 沃尔什，V. C. 124

wealth, in welfare economics 92, 181-2 财富，在福利经济学中

Weber, W. 韦伯，W. 67

welfare economics, history of 福利经济学，的历史 14, 92, 111-
15, 181-3

    and dispersed knowledge 和分散知识 15, 183-92

    modern Austrian perspective on 现在奥地利学派对～的视角
180-92

    see also social efficiency; 还可参阅"社会效率"

White, L. H. 怀特，L. H. 68

Wicksell, K. 威克塞尔，K. 63

Wicksteed, P. 威克斯蒂德，P. 200

Wieser, F. 维塞尔，F. 57, 59, 60, 61-2, 67, 68, 84, 88, 229

Wiseman, J. 怀斯曼，J. 23, 227

Zuckerkandl，R. 楚克坎德尔，R. 59

Zweig，M. 茨威格，M. 9